中外哲学典籍大全

总主编 李铁映 王伟光

外国哲学典籍卷

# 国家篇 法律篇

〔古罗马〕西塞罗 著

沈叔平 苏力 译

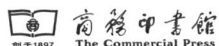

Cicero
**DE RE PUBLICA**
**DE LEGIBUS**

根据威廉·海涅曼出版公司和 G. P. 帕特南之子出版公司
1928 年版译出
London：William Heinemann
New York：G. P. Putnam's Sons

# 中外哲学典籍大全

**总主编** 李铁映 王伟光

**顾　问**（按姓氏笔画排序）

　　　干树人　邢贲思　汝　信　李景源　杨春贵　张世英　张立文
　　　张家龙　陈先达　陈晏清　陈筠泉　黄心川　曾繁仁　楼宇烈

**学术委员**（按姓氏笔画排序）

　　　万俊人　马　援　丰子义　王立胜　王南湜　王柯平　王　博
　　　冯颜利　任　平　刘大椿　江　怡　孙正聿　李存山　李景林
　　　杨　耕　汪　晖　张一兵　张汝伦　张志伟　张志强　陈少明
　　　陈　来　陈学明　欧阳康　尚　杰　庞元正　赵汀阳　赵剑英
　　　赵敦华　倪梁康　徐俊忠　郭齐勇　郭　湛　韩庆祥　韩　震
　　　傅有德　谢地坤

## 总编辑委员会

**主　任**　王立胜

**副主任**　张志强　冯颜利　王海生

**委　员**（按姓氏笔画排序）

　　　甘绍平　仰海峰　刘森林　杜国平　李　河　吴向东　陈　鹏
　　　陈　霞　欧阳英　单继刚　赵汀阳　郝立新

# 外国哲学典籍卷

**学术委员会**

主　任　汝　信

委　员（按姓氏笔画排序）

马寅卯　王　齐　王　颂　冯　俊　冯颜利　江　怡　孙向晨
孙周兴　李文堂　李　河　张志伟　陈小文　赵汀阳　倪梁康
黄裕生　韩水法　韩　震　詹文杰

**编辑委员会**

主　任　马寅卯

委　员（按姓氏笔画排序）

邓　定　冯嘉荟　吕　超　汤明洁　孙　飞　李　剑　李婷婷
吴清原　佘瑞丹　冷雪涵　张天一　张桂娜　陈德中　赵　猛
韩　骁　詹文杰　熊至立　魏　伟

# 中外哲学典籍大全
# 总　　序

《中外哲学典籍大全》的编纂，是一项既有时代价值又有历史意义的重大工程。

中华民族经过了近一百八十年的艰苦奋斗，迎来了中国近代以来最好的发展时期，迎来了奋力实现中华民族伟大复兴的时期。中华民族只有总结古今中外的一切思想成就，才能并肩世界历史发展的大势。为此，我们须要编纂一部汇集中外古今哲学典籍的经典集成，为中华民族的伟大复兴、为人类命运共同体的建设、为人类社会的进步，提供哲学思想的精粹。

哲学是思想的花朵、文明的灵魂、精神的王冠。一个国家、民族，要兴旺发达，拥有光明的未来，就必须拥有精深的理论思维，拥有自己的哲学。哲学是推动社会变革和发展的理论力量，是激发人的精神砥石。哲学能够解放思想，净化心灵，照亮人类前行的道路。伟大的时代需要精邃的哲学。

## 一　哲学是智慧之学

哲学是什么？这既是一个古老的问题，又是哲学永恒的话题。追问"哲学是什么"，本身就是"哲学"问题。从哲学成为思维的那一天起,哲学家们就在不停的追问中发展、丰富哲学的篇章,给出一张又一张答卷。每个时代的哲学家对这个问题都有自己的诠释。哲学是什么,是悬在人类智慧面前的永恒之问,这正是哲学之为哲学的基本特点。

哲学是全部世界的观念形态、精神本质。人类面临的共同问题,是哲学研究的根本对象。本体论、认识论、世界观、人生观、价值观、实践论、方法论等,仍是哲学的基本问题,是哲学的生命力所在!哲学研究的是世界万物的根本性、本质性问题。人们已经对哲学作出许多具体定义,但我们可以尝试再用"遮诠"的方式描述哲学的一些特点,从而使人们加深对"何为哲学"的认识。

哲学不是玄虚之观。哲学来自人类实践,关乎人生。哲学对现实存在的一切追根究底、"打破砂锅问到底"。它不仅是问"是什么(being)",而且主要是追问"为什么(why)",特别是追问"为什么的为什么"。它关注整个宇宙,关注整个人类的命运,关注人生。它关心柴米油盐酱醋茶和人的生命的关系,关心人工智能对人类社会的挑战。哲学是对一切实践经验的理论升华,它关心具体现象背后的根据,关心"人类如何会更好"。

哲学是在根本层面上追问自然、社会和人本身,以彻底的态度反思已有的观念和认识,从价值理想出发把握生活的目标和历史的趋势,从而展示了人类理性思维的高度,凝结了民族进步的智慧,寄托了人们热爱光明、追求真善美的情怀。道不远人,人能弘道。哲学是把握世界、洞悉未来的学问,是思想解放与自由的大门!

古希腊的哲学家们被称为"望天者"。亚里士多德在《形而上学》一书中说:"最初人们通过好奇—惊赞来做哲学。"如果说知识源于好奇的话,那么产生哲学的好奇心,必须是大好奇心。这种"大好奇心"只为一件"大事因缘"而来。所谓"大事",就是天地之间一切事物的"为什么"。哲学精神,是"家事、国事、天下事,事事要问",是一种永远追问的精神。

哲学不只是思想。哲学将思维本身作为自己的研究对象之一,对思想本身进行反思。哲学不是一般的知识体系,而是把知识概念作为研究的对象,追问"什么才是知识的真正来源和根据"。哲学的"非对象性"的思维方式,不是"纯形式"的推论原则,而有其"非对象性"之对象。哲学不断追求真理,是认识的精粹,是一个理论与实践兼而有之的过程。哲学追求真理的过程本身就显现了哲学的本质。天地之浩瀚,变化之奥妙,正是哲思的玄妙之处。

哲学不是宣示绝对性的教义教条,哲学反对一切形式的绝对。哲学解放束缚,意味着从一切思想教条中解放人类自身。哲学给了我们彻底反思过去的思想自由,给了我们深刻洞察未来的思想能力。哲学就是解放之学,是圣火和利剑。

哲学不是一般的知识。哲学追求"大智慧"。佛教讲"转识成智","识"与"智"之间的关系相当于知识与哲学的关系。一般知识是依据于具体认识对象而来的、有所依有所待的"识",而哲学则是超越于具体对象之上的"智"。

公元前六世纪,中国的老子说:"大方无隅,大器晚成,大音希声,大象无形,道隐无名。夫唯道,善贷且成。"又说:"反者道之动,弱者道之用。天下万物生于有,有生于无。"对"道"的追求就是对有之为有、无形无名的探究,就是对"天地何以如此"的探究。这种追求，使得哲学具有了天地之大用，具有了超越有形有名之有限经验的大智慧。这种大智慧、大用途，超越一切限制的篱笆，具有趋向无限的解放能力。

哲学不是经验科学，但又与经验有联系。哲学从其诞生之日起，就包含于科学形态之中，是以科学形态出现的。哲学是以理性的方式、概念的方式、论证的方式来思考宇宙与人生的根本问题。在亚里士多德那里，凡是研究"实体（ousia）"的学问，都叫作"哲学"。而"第一实体"则是存在者中的"第一个"。研究"第一实体"的学问被称为"神学"，也就是"形而上学"，这正是后世所谓"哲学"。一般意义上的科学正是从"哲学"最初的意义上赢得自己最原初的规定性的。哲学虽然不是经验科学，却为科学划定了意义的范围，指明了方向。哲学最后必定指向宇宙、人生的根本问题，大科学家的工作在深层意义上总是具有哲学的意味，牛顿和爱因斯坦就是这样的典范。

哲学既不是自然科学，也不是文学、艺术，但在自然科学的前头，哲学的道路展现了；在文学、艺术的山顶，哲学的天梯出现了。哲学不断地激发人的探索和创造精神，使人在认识世界的过程中不断达到新境界，在改造世界的过程中从必然王国到达自由王国。

哲学不断从最根本的问题再次出发。哲学史在一定意义上就是不断重构新的世界观、认识人类自身的历史。哲学的历史呈现，正是对哲学的创造本性的最好说明。哲学史上每一个哲学家对根本问题的思考，都在为哲学添加新思维、新向度，犹如为天籁山上不断增添一只只黄鹂、翠鸟。

如果说哲学是哲学史的连续展现中所具有的统一性特征，那么这种"一"是在"多"个哲学的创造中实现的。如果说每一种哲学体系都追求一种体系性的"一"的话，那么每种"一"的体系之间都存在着千丝相联、多方组合的关系。这正是哲学史昭示于我们的哲学之多样性的意义。多样性与统一性的依存关系，正是哲学寻求现象与本质、具体与普遍相统一的辩证之意义。

哲学的追求是人类精神的自然趋向，是精神自由的花朵。哲学是思想的自由，是自由的思想。

中国哲学是中华民族五千年文明传统中最为内在、最为深刻、最为持久的精神追求和价值观表达。中国哲学已经化为中国人的思维方式、生活态度、道德准则、人生追求、精神境界。中国人的科学技术、伦理道德、小家大国、中医药学、诗歌文学、绘画书法、武术拳法、乡规民俗，乃至日常生活都浸润着中国哲学的精神。华夏文明虽历经磨难而能够透魄醒神、坚韧屹立，正是来自于中国哲学深邃的思维和创造力。

先秦时代，老子、孔子、庄子、孙子、韩非子等诸子之间的百家争鸣，就是哲学精神在中国的展现，是中国人思想解放的第一次大爆发。两汉四百多年的思想和制度，是诸子百家思想在争鸣过程中大整合的结果。魏晋之际玄学的发生，则是儒道冲破各自藩篱、彼此互动互补的结果，形成了儒家独尊的态势。隋唐三百年，佛教深入中国文化，又一次带来了思想的大融合和大解放。禅宗的形成就是这一融合和解放的结果。两宋三百多年，中国哲学迎来了第三次大解放。儒释道三教之间的互润互持日趋深入，朱熹的理学和陆象山的心学，就是这一思想潮流的哲学结晶。

与古希腊哲学强调沉思和理论建构不同，中国哲学的旨趣在于实践人文关怀,它更关注实践的义理性意义。在中国哲学当中,知与行从未分离,有着深厚的实践观点和生活观点。伦理道德观是中国哲学的贡献。马克思说:"全部社会生活在本质上是实践的。"实践的观点、生活的观点也正是马克思主义认识论的基本观点。这种哲学上的契合性,正是马克思主义能够在中国扎根并不断中国化的哲学原因。

"实事求是"是中国的一句古话,在今天已成为深邃的哲理,成为中国人的思维方式和行为基准。实事求是就是解放思想,解放思想就是实事求是。实事求是是毛泽东思想的精髓,是改革开放的基石。只有解放思想才能实事求是。实事求是就是中国人始终坚持的哲学思想。实事求是就是依靠自己,走自己的道路,反对一切绝对观念。所谓中国化就是一切从中国实际出发,一切理论必须符合中国实际。

## 二 哲学的多样性

实践是人的存在形式,是哲学之母。实践是思维的动力、源泉、价值、标准。人们认识世界、探索规律的根本目的是改造世界、完善自己。哲学问题的提出和回答都离不开实践。马克思有句名言:"哲学家们只是用不同的方式解释世界,而问题在于改变世界。"理论只有成为人的精神智慧,才具有改变世界的力量。

哲学关心人类命运。时代的哲学,必定关心时代的命运。对时代命运的关心就是对人类实践和命运的关心。人在实践中产生的一切都具有现实性。哲学的实践性必定带来哲学的现实性。哲学的现实性就是强调人在不断回答实践中的各种问题时应该具有的态度。

哲学作为一门科学是现实的。哲学是一门回答并解释现实的学问；哲学是人们联系实际、面对现实的思想。可以说哲学是现实的最本质的理论，也是本质的最现实的理论。哲学始终追问现实的发展和变化。哲学存在于实践中，也必定在现实中发展。哲学的现实性要求我们直面实践本身。

哲学不是简单跟在实践后面，成为当下实践的"奴仆"，而是以特有的深邃方式，关注着实践的发展，提升人的实践水平，为社会实践提供理论支撑。从直接的、急功近利的要求出发来理解和从事哲学，无异于向哲学提出它本身不可能完成的任务。哲学是深沉的反思、厚重的智慧，是对事物的抽象、理论的把握。哲学是人类把握世界最深邃的理论思维。

哲学是立足人的学问，是人用于理解世界、把握世界、改造世界的智慧之学。"民之所好，好之，民之所惠，惠之。"哲学的目的是为了人。用哲学理解外在的世界，理解人本身，也是为了用哲学改造世界、改造人。哲学研究无禁区，无终无界，与宇宙同在，与人类同在。

存在是多样的，发展亦是多样的，这是客观世界的必然。宇宙万物本身是多样的存在，多样的变化。历史表明，每一民族的文化都有其独特的价值。文化的多样性是自然律，是动力，是生命力。各民族文化之间的相互借鉴、补充浸染，共同推动着人类社会的发展和繁荣，这是规律。对象的多样性、复杂性，决定了哲学的多样性；即使对同一事物，人们也会产生不同的哲学认识，形成不同的哲学派别。哲学观点、思潮、流派及其表现形式上的区别,来自于哲学的时代性、地域性和民族性的差异。世界哲学是不同民族的哲学的荟萃。多样性构成了世界,百花齐放形成了花园。不同的民族会有不同风格的哲学。恰恰是哲学的民族性,使不同的哲学都可以在世界舞台上演绎出各种"戏剧"。不同民族即使有相似的哲学观点,在实践中的表达和运用也会各有特色。

人类的实践是多方面的,具有多样性、发展性,大体可以分为:改造自然界的实践、改造人类社会的实践、完善人本身的实践、提升人的精神世界的精神活动。人是实践中的人,实践是人的生命的第一属性。实践的社会性决定了哲学的社会性,哲学不是脱离社会现实生活的某种遐想,而是社会现实生活的观念形态,是文明进步的重要标志,是人的发展水平的重要维度。哲学的发展状况,反映着一个社会人的理性成熟程度,反映着这个社会的文明程度。

哲学史实质上是对自然史、社会史、人的发展史和人类思维史的总结和概括。自然界是多样的,社会是多样的,人类思维是多样的。所谓哲学的多样性,就是哲学基本观念、理论学说、方法的异同,是哲学思维方式上的多姿多彩。哲学的多样性是哲学的常态,是哲学进步、发展和繁荣的标志。哲学是人的哲学,哲学是人对事物的自觉,是人对外界和自我认识的学问,也是人把握世界和自我的学问。哲学的多样性,是哲学的常态和必然,是哲学发展和繁荣的内在动力。一般是普遍性,特色也是普遍性。从单一性到多样性,从简单性到复杂性,是哲学思维的一大变革。用一种哲学话语和方法否定另一种哲学话语和方法,这本身就不是哲学的态度。

多样性并不否定共同性、统一性、普遍性。物质和精神、存在和意识,一切事物都是在运动、变化中的,是哲学的基本问题,也是我们的基本哲学观点!

当今的世界如此纷繁复杂,哲学多样性就是世界多样性的反映。哲学是以观念形态表现出的现实世界。哲学的多样性,就是文明多样性和人类历史发展多样性的表达。多样性是宇宙之道。

哲学的实践性、多样性还体现在哲学的时代性上。哲学总是特定时代精神的精华,是一定历史条件下人的反思活动的理论形态。在不同的时代,哲学具有不同的内容和形式。哲学的多样性,也是历史时代多样性的表达,让我们能够更科学地理解不同历史时代,更为内在地理解历史发展的道理。多样性是历史之道。

哲学之所以能发挥解放思想的作用,原因就在于它始终关注实践,关注现实的发展;在于它始终关注着科学技术的进步。哲学本身没有绝对空间,没有自在的世界,只能是客观世界的映象、观念的形态。没有了现实性,哲学就远离人,远离了存在。哲学的实践性说到底是在说明哲学本质上是人的哲学,是人的思维,是为了人的科学!哲学的实践性、多样性告诉我们,哲学必须百花齐放、百家争鸣。哲学的发展首先要解放自己,解放哲学,也就是实现思维、观念及范式的变革。人类发展也必须多途并进、交流互鉴、共同繁荣。采百花之粉,才能酿天下之蜜。

## 三 哲学与当代中国

中国自古以来就有思辨的传统,中国思想史上的百家争鸣就是哲学繁荣的史象。哲学是历史发展的号角。中国思想文化的每一次大跃升,都是哲学解放的结果。中国古代贤哲的思想传承至今,他们的智慧已浸入中国人的精神境界和生命情怀。

中国共产党人历来重视哲学。1938年,毛泽东同志在抗日战争最困难的时期,在延安研究哲学,创作了《实践论》和《矛盾论》,推动了中国革命的思想解放,成为中国人民的精神力量。

中华民族的伟大复兴必将迎来中国哲学的新发展。当代中国必须要有自己的哲学,当代中国的哲学必须要从根本上讲清楚中国道路的哲学内涵。中华民族的伟大复兴必须要有哲学的思维,必须要有不断深入的反思。发展的道路就是哲思的道路;文化的自信就是哲学思维的自信。哲学是引领者,可谓永恒的"北斗",哲学是时代的"火焰",是时代最精致最深刻的"光芒"。从社会变革的意义上说,任何一次巨大的社会变革,总是以理论思维为先导。理论的变革总是以思想观念的空前解放为前提,而"吹响"人类思想解放第一声"号角"的,往往就是代表时代精神精华的哲学。社会实践对于哲学的需求可谓"迫不及待",因为哲学总是"吹响"新的时代的"号角"。"吹响"中国改革开放之"号角"的,正是"解放思想""实践是检验真理的唯一标准""不改革死路一条"等哲学观念。"吹响"新时代"号角"的是"中国梦""人民对美好生活的向往,就是我们奋斗的目标"。发展是人类社会永恒的动力,变革是社会解放的永恒的课题,思想解放、解放思想是无尽的哲思。中国正走在理论和实践的双重探索之路上,搞探索没有哲学不成!

中国哲学的新发展,必须反映中国与世界最新的实践成果,必须反映科学的最新成果,必须具有走向未来的思想力量。今天的中国人所面临的历史时代,是史无前例的。14亿人齐步迈向现代化,这是怎样的一幅历史画卷!是何等壮丽、令人震撼!不仅中国亘古未有,在世界历史上也从未有过。当今中国需要的哲学,是结合天道、地理、人德的哲学,是整合古今中外的哲学,只有这样的哲学才是中华民族伟大复兴的哲学。

当今中国需要的哲学,必须是适合中国的哲学。无论古今中外,再好的东西,也需要经过再吸收、再消化,经过现代化、中国化,才能成为今天中国自己的哲学。哲学的目的是解放人,哲学自身的发展也是一次思想解放,也是人的一次思维升华、羽化的过程。中国人的思想解放,总是随着历史不断进行的。历史有多长,思想解放的道路就有多长;发展进步是永恒的,思想解放也是永无止境的;思想解放就是哲学的解放。

习近平同志在2013年8月19日重要讲话中指出,思想工作就是"引导人们更加全面客观地认识当代中国、看待外部世界"。这就需要我们确立一种"知己知彼"的知识态度和理论立场,而哲学则是对文明价值核心最精炼和最集中的深邃性表达,有助于我们认识中国、认识世界。立足中国、认识中国,需要我们审视我们走过的道路;立足中国、认识世界,需要我们观察和借鉴世界历史上的不同文化。中国"独特的文化传统"、中国"独特的历史命运"、中国"独特的基本国情",决定了我们必然要走适合自己特点的发展道路。一切现实的、存在的社会制度,其形态都是具体的,都是特色的,都必须是符合本国实际的。抽象的或所谓"普世"的制度是不存在的。同时,我们要全面、客观地"看待外部世界"。研究古今中外的哲学,是中国认识世界、认识人类史、认识自己未来发展的必修课。今天中国的发展不仅要读中国书,还要读世界书。不仅要学习自然科学、社会科学的经典,更要学习哲学的经典。当前,中国正走在实现"中国梦"的"长征"路上,这也正是一条思想不断解放的道路!要回答中国的问题,解释中国的发展,首先需要哲学思维本身的解放。哲学的发展,就是哲学的解放,这是由哲学的实践性、时代性所决定的。哲学无禁区、无疆界。哲学关乎宇宙之精神,关乎人类之思想。哲学将与宇宙、人类同在。

## 四　哲学典籍

《中外哲学典籍大全》的编纂,是要让中国人能研究中外哲学经典,吸收人类思想的精华;是要提升我们的思维,让中国人的思想更加理性、更加科学、更加智慧。

中国有盛世修典的传统,如中国古代的多部典籍类书(如《永乐大典》《四库全书》等)。在新时代编纂《中外哲学典籍大全》,是我们的历史使命,是民族复兴的重大思想工程。

只有学习和借鉴人类思想的成就,才能实现我们自己的发展,走向未来。《中外哲学典籍大全》的编纂,就是在思维层面上,在智慧境界中,继承自己的精神文明,学习世界优秀文化。这是我们的必修课。

不同文化之间的交流、合作和友谊,必须在哲学层面上获得相互认同和借鉴。哲学之间的对话和倾听,才是从心到心的交流。《中外哲学典籍大全》的编纂,就是在搭建心心相通的桥梁。

我们编纂的这套哲学典籍大全包括四个方面的内容:一是中国哲学,整理中国历史上的思想典籍,浓缩中国思想史上的精华;

二是外国哲学,主要是西方哲学,以吸收、借鉴人类发展的优秀哲学成果;三是马克思主义哲学,展示马克思主义哲学中国化的成就;四是中国近现代以来的哲学成果,特别是马克思主义在中国的发展。

编纂《中外哲学典籍大全》,是中国哲学界早有的心愿,也是哲学界的一份奉献。《中外哲学典籍大全》总结的是经典中的思想,是先哲们的思维,是前人的足迹。我们希望把它们奉献给后来人,使他们能够站在前人的肩膀上,站在历史岸边看待自身。

《中外哲学典籍大全》的编纂,是以"知以藏往"的方式实现"神以知来";《中外哲学典籍大全》的编纂,是通过对中外哲学历史的"原始反终",从人类共同面临的根本大问题出发,在哲学生生不息的道路上,彩绘出人类文明进步的盛德大业!

发展的中国,既是一个政治、经济大国,也是一个文化大国,也必将是一个哲学大国、思想王国。人类的精神文明成果是不分国界的,哲学的边界是实践,实践的永恒性是哲学的永续线性,敞开胸怀拥抱人类文明成就,是一个民族和国家自强自立,始终伫立于人类文明潮流的根本条件。

拥抱世界、拥抱未来、走向复兴,构建中国人的世界观、人生观、价值观、方法论,这是中国人的视野、情怀,也是中国哲学家的愿望!

李铁映

二〇一八年八月

# 关于外国哲学
## ——"外国哲学典籍卷"弁言

### 李铁映

有人类,有人类的活动,就有文化,就有思维,就有哲学。哲学是人类文明的精华。文化是人的实践的精神形态。

人类初蒙,问天究地,思来想去,就是萌昧之初的哲学思考。

文明之初,如埃及法老的文化;两河流域的西亚文明;印度的吠陀时代,都有哲学的意蕴。

欧洲古希腊古罗马文明等,拉丁美洲的印第安文明,玛雅文化,都是哲学的初萌。

文化即一般存在,而哲学是文化的灵魂。文化是哲学的基础,社会存在。文化不等同于哲学,但没有文化的哲学,是空中楼阁。哲学产生于人类的生产、生活,概言之,即产生于人类的实践。是人类对自然、社会、人身体、人的精神的认识。

但历史的悲剧,发生在许多文明的消失。文化的灭绝是人类最大的痛疾。

只有自己的经验,才是最真实的。只有自己的道路才是最好的路。自己的路,是自己走出来的。世界各个民族在自己的历史上,也在不断的探索自己的路,形成自己生存、发展的哲学。

知行是合一的。知来自于行,哲学打开了人的天聪,睁开了眼睛。

欧洲哲学,作为学术对人类的发展曾作出过大贡献,启迪了人们的思想。特别是在自然科学、经济学、医学、文化等方面的哲学,达到了当时人类认识的高峰。欧洲哲学是欧洲历史的产物,是欧洲人对物质、精神的探究。欧洲哲学也吸收了世界各民族的思想。它对哲学的研究,对世界的影响,特别是在思维观念、语意思维的层面,构成了新认知。

历史上,有许多智者,研究世界、自然和人本身。人类社会产生许多观念,解读世界,解释人的认识和思维,形成了一些哲学的流派。这些思想对人类思维和文化的发展,有重大作用,是人类进步的力量。但不能把哲学仅看成是一些学者的论说。哲学最根本的智慧来源于人类的实践,来源于人类的生产和生活。任何学说的真价值都是由人的实践为判据的。

哲学研究的是物质和精神,存在和思维,宇宙和人世间的诸多问题。可以说一切涉及人类、人本身和自然的深邃的问题,都是哲学的对象。哲学是人的思维,是为人服务的。

资本主义社会,就是资本控制的社会。资本主义社会的文化、哲学,有着浓厚的铜臭。

有什么样的人类社会,就会有什么样的哲学,不足为怪。应深思"为什么?""为什么的为什么?"这就是哲学之问,是哲学发展的自然律。哲学尚回答不了的问题,正是哲学发展之时。

哲学研究人类社会,当然有意识形态性质。哲学产生于一定社会,当然要为它服务。人类的历史,长期是阶级斗争的历史,而哲学作为上层建筑,是意识形态。阶级斗争的意识,深刻影响着意识形态,哲学也如此。为了殖民、压迫、剥削……社会的资本化,文化也随之资本化。许多人性的、精神扭曲的东西通过文化也资本化。如色情业、毒品业、枪支业、黑社会、政治献金,各种资本的社会形态成了资本社会的基石。这些社会、人性的变态,逐渐社会化、合法化,使人性变得都扭曲、丑恶。社会资本化、文化资本化、人性的资本化,精神、哲学成了资本的外衣。真的、美的、好的何在?!令人战栗!!

哲学的光芒也腐败了,失其真!资本的洪水冲刷之后的大地苍茫……

人类社会不是一片净土,是有污浊渣滓的,一切发展、进步都要排放自身不需要的垃圾,社会发展也如此。进步和发展是要逐步剔除这些污泥浊水。但资本揭开了魔窟,打开了潘多拉魔盒,呜呜!这些哲学也必然带有其诈骗、愚昧人民之魔术。

外国哲学正是这些国家、民族对自己的存在、未来的思考,是他们自己的生产、生活的实践的意识。

哲学不是天条,不是绝对的化身。没有人,没有人的实践,哪来人的哲学?归根结底,哲学是人类社会的产物。

哲学的功能在于解放人的思想,哲学能够使人从桎梏中解放出来,找到自己的自信的生存之道。

欧洲哲学的特点,是欧洲历史文化的结节,它的一个特点,是与神学粘联在一起,与宗教有着深厚的渊源。它的另一个特点是私有制、个人主义。使人际之间关系冷漠,资本主义的殖民主义,对世界的奴役、暴力、战争,和这种哲学密切相关。

马克思恩格斯突破了欧洲资本主义哲学,突破了欧洲哲学的神学框架,批判了欧洲哲学的私有制个人主义体系,举起了历史唯物主义、唯物辩证法的大旗,解放了全人类的头脑。人类从此知道了自己的历史,看到了未来光明。社会主义兴起,殖民主义解体,被压迫人民的解放斗争,正是马哲的力量。没有马哲对西方哲学的批判,就没有今天的世界。

二十一世纪将是哲学大发展的世纪,是人类解放的世纪,是人类走向新的辉煌的世纪。不仅是霸权主义的崩塌,更是资本主义的存亡之际,人类共同体的哲学必将兴起。

哲学解放了人类,人类必将创造辉煌的新时代,创造新时代的哲学。英特纳雄耐尔就一定会实现,这就是哲学的力量。未来属于人民,人民万岁!

# 国家篇 法律篇

# 译者前言

就了解西方政治法律文化的发展脉络和源流来说,西塞罗的《国家篇》和《法律篇》这两部著作早就该翻译了。然而,只是到了20世纪末,中国进入了一个社会稳定、经济迅速发展的时期才得以完成。这其中的意蕴不是一两句话就能说清楚的,但这至少表明了学术发展与社会发展之间有一种比学术自身的价值更为紧要的关系。

而西塞罗(公元前106—前43)以及他的这两部著作在西方政治法律史上的价值可以说就是上述命题的另一个证据。今天,几乎所有的政治法律学说史家都不认为这位古罗马时期的思想家对西方政治法律思想传统有什么独到的重大贡献,但是又几乎所有的重要的政治法律思想史的著作都不能不提到西塞罗。他在西方思想史中占据了一个他人无法替代的地位。这就是因为,他几乎是从古希腊时期到欧洲进入中世纪这一历史时期唯一具有代表性的政治思想人物。他并不是一位非常深刻的思想家,但由于他继承了古希腊的理性主义的思想传统,对当时的各派希腊哲学学说作了详细解释,因此是希腊文化的传承人;他将斯多葛学派的自然法思想发扬光大,就其目的而言是为当时的罗马共和制服务,但这种思想经过他以及受其影响的罗马法学家的发展,客观上却是为他身后即将出现的罗马帝国奠定了一种政治法律哲学基础;他又是一位政治家,曾经以最低的法定年龄出任罗马共和国的最高职务执政官,并一直担任重要职务,而且在罗马共和国的政治权力角逐中几度沉浮(最终遭杀害),这种经历使他具有通常的学者所不具有的政治观察力和务实的精神。所有这些,构成了西塞罗的独特魅力,构成了他在西方政治法律史中无法回避的地位。他有不少著作,而最能反映他的政治思想的,同时也最为人们重视的,就是我们翻译的《国家篇》和《法律篇》。

对于西塞罗的思想,我们不打算在此作一番常见于许多有关著作中的系统概述。我们想特别指出的是,根据这两部著作,我们应当重新对西塞罗的通常评价作出某种修正或补充。通常的评价认为西塞罗强调理性。他的著作中的确有不少关于理性的论述,认为最好的国家和法律可能是某个缔造者个人智慧的产物。但是从这两部著作中,我们还看到常常被人们忽视或淡化的一面:他对历史和习俗的尊重,他作为政治家的务实和机智。例如,他表示对自己的关于自然法的评论并无把握,要求批评他的人不要深究;他认为理性同传统是相结合的,认为在罗马共和国得以长期坚持的惯例、法律制度就是理性的体现。这实际上是拒绝了个人的理性,而将理性同一个民族的长时期的实践结合起来了。他对宗教法(大致相当于中国古代的"礼")给予更多的重视,将其列为首要的法律(见《法律篇》第二卷),即使其中有些宗教法存在的先前的理由已经无法成立,他仍然坚持,只要这种宗教法事实上已经衍生出了不为人所意识的且有利于当时社会的功用。因此,他明确表示他不是翻译前人的论证,而是要给予他自己的理解和论证,而这种论证又总是带有他作为务实政治家的特征。例如，他认为宗教法的作用更多是对这个民族具有一种精神上的凝聚力，对个人有一种精神的净化和升华的作用。这种说法表明他认为一个民族仅有理性是不够的，而需要一种"虚幻的"情感因素；这种观点后来在卢梭那里得到深入的发展和阐述。他禁止向神敬献土地和贵重的财物；尽管他说了许多理由，这些理由在今天看来颇为荒谬，但他最终的理由是，担心耕地减少，担心人们会为"贿赂"神而浪费了大量的人力物力。又如，他对有关葬礼作了相当细致的规定，而在这些宗教法规定的背后，都是关于节省土地、防止奢华排场、防止因财富不均引起阶级对立、甚至防止火灾这样极为具体的实际考虑。所有这些都表现了他的务实，表现了对于传统礼俗的政治家的眼光，而并不拘泥于规则、文字和信条。而所有这些，都是我们在翻译西塞罗之前未意想到、也未能充分领略的。

如果从这个角度来看，西塞罗关于理性、正义、自然法的论述，也许应当给予重新的考虑。我们也许应当将之作为一种支持他具体政治主张的修辞——要知道西塞罗也是古罗马时期最著名的雄辩家和律师之一——而未必是他的确信。并且因此，以往的学者关于西塞罗缺乏独创性、缺乏思想的一贯性之类的评论既是事实，又不是事实。如果仅仅从其思想在西方思想源流中的贡献和其思想的逻辑体系来说，这种评价是公允的；但如果从西塞罗的一生及其所面临的问题——一位政治活动家所面临的实际问题，而不是脱离直接政治活动的思想家所思考的问题——来看，这种独创性之缺乏是与他的务实相联系的，是他首先作为一位政治活动家之必需，他的思想不一贯恰恰体现出的是一种实践上的一贯。

因此，历史不是一堆固定的材料，许多史学家的盖棺定论也并不一定恰当或精当，历史材料可以在新的背景和思路下作出新的解释，而且这种解释不会有终结。

也正因此，翻译2000多年以前这位古罗马人的著作才可能具有超越其文本自身的意义。也正因此，我们才在翻译时，并没有感到是在同一位完全的陌生人例行公事，而是小心翼翼地试图与他沟通，试图理解他，同时也是理解自己和他人。

西塞罗原作为拉丁文，我们是从英译本转译的，依据的是《洛布经典丛书》(The Loeb Classical Library)的译本，英译者是克林顿·沃克·凯斯(Clinton Walker Keyes)。此书的翻译始于1993年初，由沈叔平统筹安排了这一选题。为统一译名，苏力首先翻译了有关的人名地名索引，沈叔平翻译了《国家篇》，苏力翻译了《法律篇》，最后由苏力对两篇译文作了全面校订。由于种种限制，翻译难免错误，还请读者方家指正。

译　者

1997年元月15日于北大

# 目　录

## 国　家　篇

英译本导言 ················································· 3
第一卷 ····················································· 11
第二卷 ····················································· 58
第三卷 ····················································· 94
第四卷 ····················································· 116
第五卷 ····················································· 122
第六卷 ····················································· 127
未能确定其位置的残篇 ································· 141

## 法　律　篇

英译本导言 ················································· 145
第一卷 ····················································· 150
第二卷 ····················································· 184
第三卷 ····················································· 225
残篇 ························································· 253

专有名词索引 ·············································· 254

# 国家篇

# 英译本导言

公元前 44 年,西塞罗说"当他正为国家掌舵"[①]时他已经写完了《国家篇》。他的话仅仅在相对的意义上是真的。对西塞罗说来,似乎后来的一段时期,即自公元前 57 年他被放逐归来至公元前 49 年内战爆发的那一段时期,才是他进行国务活动的时期。但是,正是国家的"舵"转移到更为强有力的第一次三头同盟之手(前 59 年),[*]才使得西塞罗有余暇追随他敬爱的柏拉图的足迹去写第二本《国家篇》。

公元前 54 年(很可能是 5 月),《国家篇》的写作才真正开始。[②]可是,西塞罗发现此书很难写,所以这项工作由于写作计划的多次变动而耽搁了。公元前 54 年 10 月,他写完两卷并计划再写七卷,每一卷容纳一天的谈话。谈话的人将是小阿非利加努斯、莱利乌斯以及他们的几位朋友。可是,当西塞罗向朋友戈内乌斯·塞拉斯蒂乌斯诵读上述二卷全文时,他被告知,如果以他本人的身份,而不是通过一位先前的政治家之口,来叙述他对国

---

[①] Sex de re publica, quas tum scripsimus cum gubernacula rei publicae tenebamus. *De Divin*. II, 3.——英译者(以下注释除特别注明者外均为英译者注)

[*] 指恺撒、庞培与克拉苏三人的政治联盟。——中译者

[②] *Ep. ad Quintum Fr.* II, 12, 1; III, 5, 1—2。根据前注所引文字,看来不能必然认定这一著作的第一稿完成于西塞罗执政期间(公元前 63 年)或在此后不久。这是 J. P. 埋查兹的观点(*De politicorum Ciceronis librorum tempore natali*, Wuerzburg, 1829, p. 9)。

家事务的看法,那么文章会生动得多。这个建议为西塞罗所采纳,他把书中的对话人改为他的兄弟昆图斯和他本人。可是后来他仍按原计划写成此书,只是把那些虚构的谈话缩短为三天,全书六卷,每一天的谈话分别写成两卷。① 我们无法了解此书写成的准确日期。阿提库斯似乎在公元前 51 年曾第一次读过此书,②凯利乌斯·鲁夫斯在同年也曾提及此书广为流行。③

此书是献给西塞罗年轻时的友人的,这位友人说他曾经在士麦那从普布利乌斯·鲁提利乌斯·鲁夫斯那里听到这一全部对话的报告;从此迹象看,此人有可能是西塞罗的弟弟昆图斯。④

这个对话假定发生于普布利乌斯·利内利乌斯·小西庇阿·埃米利安努斯的花园,时间为公元前 129 年拉丁假日间。在场的人为西庇阿、盖尤斯·莱利乌斯、露西·菲卢斯、曼尼乌斯·马尼利乌斯、昆图斯·埃厄利乌斯·图伯罗、普布利乌斯·鲁提利乌斯·鲁夫斯、斯普里乌斯·穆米乌斯、盖尤斯·范尼乌斯和昆图斯·穆西乌斯·斯凯沃拉。⑤ 每一天谈话开始之前(即在第 1、3 和 5 卷之前)西塞罗自己都有一个前言。

由于此书现已残缺不全,下面为读者列出此书内容的大纲。⑥

---

① 《国家篇》II,70;VI,8;*De Amicit*,14。
② *Ep. ad Att.* V,12,2。
③ Tui politici libri omnibus vigent,*Ep. ad Fam.* VIII,1,4。
④ 《国家篇》I,13。参见 R. Hirzel,*Der Dialog*,Leipzig,1895,I,p.469,注 2。
⑤ 《国家篇》I,14。关于这些人物的简介,见本书索引。西塞罗之所以将对话置于昔日,因为他担心会触犯什么人(*Ep. ad Quintum Fr.* III,5,2)。
⑥ 如果想知道更为完整的提纲请看 T. Petersson,*Cicero: A Biography*,Berkeley,Cal.,1920 年,第 445—451 页和第 457—461 页。

# 第 一 天

## 第 一 卷

第1—12节\*,西塞罗的前言:为政治家的生活辩护。

第13—14节,进入对话的过渡。

第15—34节,初步对话:关于"两个太阳";天文学概论,阿基米德的天球仪;日食;研究天体与大地的各自意义;话题转入国家问题;要求西庇阿谈谈他关于最佳政体的观点。

第35—71节,几句开场白之后,西庇阿界定了国家,并开始讨论下述题目:三种简单的良好政体(君主政体贵族政体和民主政体);它们向各自相应的坏形式蜕化的趋向;拥护和反对这三种简单政体的各自论证;它们蜕化的具体过程;均衡政体是这三种简单形式的混合体;它的稳定性;它的理想特征;罗马作为这种政体生动范例。然后,他表明有意在以后的讨论中以罗马共和政体作为他理想国家的类型。

## 第 二 卷

第1—63节,按照这一意图,他简略地追寻了罗马国家出现以来的历史。

第64—70节,他从罗马的历史中概括出一些结论,支持他讨

---

\* 这里所说的节,即本书边码所标示的段落。下同。——中译者

论过的政体;此后,他谈及理想的政治家以及在各国支持正义的必要性。

# 第 二 天

## 第 三 卷①

第3—7节,西塞罗的前言:人性;人类理性;从实践型政治家才能中发现人类理性的卓越作用,实践型政治家优于仅仅关注政治理论的人;因此,强调实践的罗马人被置于强调理论的希腊人之上;探究正义的基础。

第8—28节,对话转到拥护与反对各国内的正义两派之间的争论。菲卢斯,违背他的信念,提出卡涅阿德斯(Carneades)的赞同政府必定不正义的论点。

第32—41节,莱利乌斯为正义辩护,认为在一国家中必须有正义。

第42—48节,西庇阿用实例说明,任何正义的政府便是好的政府,而没有正义,无论什么形式的政府都必然是坏政府;事实上,没有什么政府可以不依赖于正义而存在——如果它还值得被称为国家的话。

---

① 参见圣奥古斯丁对此书内容的概括(De Civ. Dei Ⅱ.21)。

### 第 四 卷

只有片断残存。公民的社会分类，保持道德高标准，青年教育，以及戏剧的影响，这些都明显地是讨论的题目。

## 第 三 天

### 第 五 卷

这一卷几乎全部遗失。开始为前言（第1—2节），西塞罗谈论古代时兴的德行。这一对话似乎讨论了法律与法律执行，以及理想的政治家。①

### 第 六 卷

本卷讨论了政治家辛劳的巨大价值以及崇高回报，最后以西庇阿的梦结束。这个梦使讨论的主题超越了这个世界以及人类短暂易逝的生命，进而融化于整个宇宙与永恒之中。

---

① 关于西塞罗的理想政治家，见 T. Zielinski, *Cicero im Wandel der Jahrhunderte*, 第 3 版, 柏林, 1912 年, 第 5、151 页; R. Beitzenstein, *Die Idee des Principats bei Cicero und Augustus*, Nachrichten der Gött. Ges. der Wiss., 1917 年, 第 399 页以下, 第 186 页以下; R. Heinze, *Ciceros "Staat" als politische Tendenzschrift*, Hermes, 59(1924 年), 第 73—94 页; E. Meyer, *Cäsars Monarchie u. das Prinzipat des Pompeius*, Stuttgart, 1918 年, 第 176 页以下。

## 渊　源

西塞罗的《国家篇》得益于柏拉图,这显然是巨大的。[①] 西塞罗有意写这样的一本著作,很明显是他读了柏拉图的《国家篇》[*]而产生的,此书的形式和安排在很大程度上受柏拉图同名著作的影响。下面指出一些明显模仿的地方:对话过程中出现的人物相当多,而实际参加谈话的却限于几个人;一个神圣节日而带来的闲暇为这一对话提供了机会;对话从远离国家这个问题的一些题目开始;关于正义与非正义争辩的引入,以及政体、理想政治家、教育和戏剧的影响之争辩的引入;最后,对话描述了一个神秘性的体验,把读者带到现实生活范围之外。漫长的专题论述不时被打断,是为了保持对话的特点。此外,主要谈话人西庇阿,也像苏格拉底那样,拒绝扮演其他参加对话的人的老师,[②]这一点也值得一提。

也许,在公元前54年的政治背景下阅读柏拉图的《斐德若篇》对西塞罗也有某些细微的影响。例如,此书可能提示,把这一对话置于主要谈话人的晚年生活,并提示读者集中关注死后的生活——这一对话的高潮。[③] 此外,西庇阿关于君主政体优于贵族

---

[①] 参见 R. Hirzel,前引著作,Ⅰ,第 463 页以下。

[*] *Republic*,中译本通常译为《理想国》。——中译者

[②] 《国家篇》Ⅰ,70。

[③] 见 R. Hirzel,前引著作,第 467 页,注 3。

政体和民主政体的命题,与柏拉图的《国家篇》也非常相近。①

关于书中对话内容的主要来源,西塞罗本人也给了我们一点提示,他提到西庇阿曾经常与帕奈提奥斯讨论国家这个题目,波利比阿斯也在场。② 事实上看来很有可能,卷1至卷3中的哲学和政治理论来自著名的斯多葛派哲学家帕奈提奥斯,而在历史资料及实际政治问题上,很大部分可能是借用了波利比阿斯的观点。③ "西庇阿之梦"的一般来源如何,这是一个猜测的问题,人们提出了各种说法,但没有一种获得普遍的认可。④

西塞罗感到《国家篇》的写作是一件慢且难的工作,⑤把希腊的观念移到拉丁时代并非易事,不像他后来写作哲学著作时那样容易。⑥ 除《法律篇》可能是一个例外,《国家篇》是他著作中最具独创

---

① 《国家篇》Ⅰ,56—64;柏拉图:《政治家》,302E。对柏拉图、亚里士多德以及其他古希腊作者著作的其他较小借用,见有关的注。

② 《国家篇》Ⅰ,34。

③ 见 Polybius, Book Ⅵ。关于帕奈提奥斯和波利比阿斯是西塞罗思想渊源,见 A. Schmekel, *Die Philosophie der mittleren Stoa*, 柏林, 1892年, 第47—85页; R. J Schubert, *Quos Cicero in libro Ⅰ et Ⅱ de re publica auctores secutus esse videatur*, Diss., Wuerzburg, 1883年; C. Hintze, *Quos scriptores graecos Cicero in libris de re publica componendis adhibuerit*, Diss., Halle, 1900年; R. Hirzel, 前引著作, Ⅰ, 第464页以下。有关西塞罗学术的渊源问题的彻底讨论,见 Ioh. Galbiatius(= G. Galbiati), *De fontibus M. Tullii Ciceronis librorum qui manserunt de re publica et de legibus quaestiones*, Milan, 1916年。

④ 有关这一问题的参考文献,见 M. Schanz, *Geschichte der roemischen Litteratur*(Mueller 的 *Handbuch der Klassischen Altertumswissenschaft* 一书的第8卷), 第3版, Munich, 1909年, Ⅰ, Ⅱ, 第345页。但无论如何,看来都可以肯定西塞罗运用了一些或更多的"哲学规劝",这是亚里士多德和其他哲学家构建的。(关于西塞罗自己的"规劝",即 *Hortensius*, 只留下一些残篇。)

⑤ *Ep. ad Quintum Fr.* Ⅱ, 12, 1.

⑥ *Ep. ad Att.* ⅩⅢ, 52, 2.

性的，如果本书全文得以保存，我们将毫无疑问地发现它是西塞罗全部著作中最为辉煌和引人入胜的，与该书的崇高结论十分相配。

## 手　　稿

《国家篇》一书，除了"西庇阿之梦"一段及后来的作家零散引用的段句外，一直遗失不知去向。1820年卡迪纳尔·安吉洛·梅——当时他是梵蒂冈图书馆的馆长——在一个书录圣·阿奎那评论赞美诗的古板上，发现了此书残篇，大约为原书的四分之一或三分之一。这个梵蒂冈手抄本5757（V）号的年代是公元五世纪或六世纪。[①]

"西庇阿之梦"保留于西塞罗的手稿之中，也保留于麦克罗比斯的手稿中，后者为它写了一篇注释。本版书中的文本注释所提到的"西庇阿之梦"手稿，来自下列出版物（从略）。

---

[①] 这一手稿已经为第二次抄写所改动，关于第一稿和第二稿（即V1和V2）各自的价值，人们意见很不一致。关于这一争论的有关文献以及对《国家篇》一般性文本批评的文献，见C. Pascal版，载于 *Corpus Paravianum*，Turin，1916年，G. Galbiati作序，第viii页，注2；第ix页，注2；又见K. Ziegler版，Teubner，Leipzig，1915年，*Praefatio*。

# 第 一 卷

　　在此版本中,开头的部分大约有十页,已经遗失。我们的手稿是从西塞罗为此对话所作的前言中间开始的;在这里,他显然极力反对伊壁鸠鲁学派对爱国主义和一个政治家的生活的敌意。

　　一、[没有积极的爱国主义]①……[就从来也不]可能把我们的[祖国]从敌人的进攻中解救出来;盖尤斯·杜依利乌斯、奥卢斯·阿蒂利乌斯或卢修斯·梅特卢斯②也不可能使[罗马]免除对迦太基人的恐惧;那两位西庇阿③也无法以他们的热血扑灭第二次布匿战争的熊熊战火;当这种爱国主义以更大的愤怒再次喷发时,昆图斯·马克西姆④也不能减少它的重要性,马库斯·马塞卢斯⑤也不能将之粉碎;普布利乌斯·埃米利安努斯也无法将之与这个城市分离,无法将之约束于敌人的城墙之内。

　　还有马库斯·加图,这位曾出身低微、默默无闻⑥的人——由

---

① 为保证残篇意义通顺,猜测恢复的文字置于[]括号之内。
② 正文中所提到的这些人以及其他人,请参看本书索引。
③ 普布利乌斯·科内利乌斯·西庇阿(公元前218年任执政官)以及他的兄弟格奈厄乌斯·科内利乌斯·西庇阿·卡尔沃斯(公元前222年任执政官)。
④ 昆图斯·费边·马克西姆。
⑤ 即普波利乌斯·科内利乌斯·小西庇阿·埃米利安努斯。
⑥ 原文 *novus homo*,指的是他是其家庭中第一个获得高职的人。

于他为我们树立了仿效的样板,我们所有献身同样追求的人都获取了勤奋和勇敢——很可能就在离罗马很近的图斯库卢姆住下去了,在这个有益健康的地方,享受他悠闲的生活。可是,他这位被我们某些朋友①认为是疯子的人,尽管并非出于强制,即使在高龄,却宁愿投身于公共生活的狂风暴浪之中,而不愿意过一种退休的安静与闲散的、完全幸福的生活。我不用提很多人,他们多到数不清,他们每个人都是这个共和国的救星;由于他们的事迹离开现一代人的记忆尚不算远,我就不打算说出他们的姓名了,免得有人埋怨没有提到他,或者没有提到他家庭中某位成员。我只满足于声称:自然已经给人类植入了对于品德的如此强烈的需求,植入了对维护公共安全的如此强烈的愿望,这种需求和愿望超过了一切来自欢乐与闲散的诱惑。

2　　二、但是,就如同一种技艺一样,除非你运用它,否则不足以拥有它。尽管它确实是一种技艺,即使你从来没有使用过,只要你了解它,你仍然可以拥有它,但是,品德的存在完全取决于对它的使用;而对它最高贵的使用便是治理国家,是把那些哲学家在其各自角落喋喋不休地向我们耳朵所灌输的那些东西变为现实,而不是变为语词。因为哲学家阐发的原则,无一——至少,那些正义与荣耀原则——不曾为那些为国家起草法典的人们发现过并确立起来了。我们从哪里获得了责任感?我们又是从谁那里获得宗教的种种原则?从哪里出现了万民法(law of nations)甚

---

① 伊壁鸠鲁派,他们的理想是没有痛苦的安宁生活,这使得他们对参与政治不屑一顾。

或那些我们称之为"市民的"(civil)的法律？① 从哪里有了正义、荣誉、公平交易？从哪里有了体面、自律、畏惧不光彩、渴望赞扬与荣誉？从哪里有了对困苦与危险的忍耐？我说，都是来自这些人，当通过一个训练体制来灌输这些东西时，他们或者通过风俗来认可或者通过成文法来实施这些东西。色诺克拉底，最卓越的哲学家之一，当有人问他他的学生学了些什么时，据说他的回答是："依据法律对他们的要求，做他们自己的事情。"因此，依据行政权威以及法律施加的惩罚而迫使所有他人服从法规（即使哲学家也感到这些法律告诫的正确性不令人信服）的公民，必须被认定为高于阐明这些原则的老师。是什么原因使他们的话如此出众而为一个有很好法律和习惯的国家所用？事实上，正如我认为"那些伟大并居支配地位的城市"②(恩尼乌斯这样称呼它们)在小村庄与要塞之上，所以，我相信统治这类城市的聪明的执政官及权威，即使在智慧上，都应当被认为是远远高于那些从来不参与政府事务的人。既然我们感觉到有一个巨大冲动促使我们去增加人类资源，既然我们渴望通过我们的思考和努力使人类的生活更为安全与富足，并且为大自然所驱使去实现这种愿望，那么，让我们坚持这一曾为所有杰出人物走过的进程，而对那些大声嚷嚷撤退——其目的只是想计划过他们的人退回来——的人视而不见，充耳不闻。

三、和他们对这些论证的第一个反驳一样有根据且明显有

---

① *ius gentium*（万民法）是对一切民族都适用的法律；*ius civile* 是罗马的私法。
② 可能引自恩尼乌斯的《编年史》。

理,那些攻击这些论证的人又强辩说,为保卫国家而必须履行的劳作太严酷了。对一个小心而勤奋的人来说,这些事实上只是一个微小的障碍,而且是只配藐视的障碍,他不仅在上述时刻应该如此,就是在那些并不大重要的事情上亦该如此,例如在他的研究中,或者职责中,或者甚至在他的商业事务中。当然,他们也会在生命受威胁时叫喊危险,当面对勇敢者时会表现出不光彩的对死亡的畏惧;可是,这样的人习惯于视生命在自然进程和年老中消散是更大的不幸,还不如有机会为他们的祖国捐躯,这比其他情况更好。因为不管怎样,生命总要还给自然的。然而,对于这一点,反对者话多了起来,他们设想种种理由,口若悬河,不断地指出杰出人物之不幸以及他们在其不知报恩的同胞公民中所遭受的不公正。对于这一点,他们提出了史例,首先是希腊历史上的一个著名例证——米太亚德的故事,他是击败与征服波斯人的将领,他在其光荣取胜的战争前线所受的伤尚未痊愈,却已被他的同胞公民投入了铁锁链之中,并就在这些人的手中失去了连敌人的武器也未能伤害的生命;还有地米斯托克利,当他因恐怖而被迫离开他曾从敌人手中解放的国度时,他并不是在为他的勇武而拯救的希腊港口避难,而是在他曾使之臣服的最蛮荒的土地上。雅典人反复无常地并残酷地对待其最卓越的公民的例子确实不少。他们说,这种罪恶出自并遍布希腊,如今甚至在我们强大的共和国也泛滥起来了。因为我们记得对卡米卢斯的放逐,记得阿哈拉所忍受的耻辱,记得对奈西卡的仇恨,记得莱奈斯的被放逐,记得对奥庇米乌斯的定罪,记得梅特卢斯的外逃,记得降于盖尤斯·马略的痛苦灾难,以及记得此后不久,很多杰出人物的被害与毁灭。① 实际上他们现在也纳入了我的名字,推想起来,因为他们认为正是由于我的建议和我的冒险,他们才得以保持了安宁的生活,他们以更大的仁爱更为激烈地抱怨我所受到的待遇。可是,我很难说为什么、什么时候这些人会仅仅为取得知识而漂洋过海并访问别的国家;②[他们应当想到我们会因考虑到这些危险而不再从事非常重要的保卫我们国土的任务。因为,如果哲学家因为漫游的危险而得到其中的知识回报,那么政治家更应在他们同胞公民的感谢中获得更多的报答。

四、由于我遭受到的一切,很少有人曾想象过,]当我从执政官职位退休而在一次民众集会上宣誓,罗马人民也同样宣誓时,[只是由于我独自努力的结果,]共和国是安全的,③由此,我得到了充分回报,尽管有对我的不公正及其引起的一切不安与苦恼。然而,我的不幸给我带来的更多是荣誉而不是麻烦,更多是光荣而不是苦恼,从善良公民们对我深情期望中我感受到的快乐,④要大于奸诈之徒的洋洋得意给我带来的痛苦。不过,正如我前面所说的,假如事情发展是另一种情况,我又怎能埋怨?因为,对于在我的重要服务之后而落在我身上的种种不幸,我都并非毫无预感,而且也不比我的预测更为严重。这就是我的天性,由于我自童年起就从研究学问中享受到多种快乐,一方面,我不可能,从一

---

① 关于这些人物的不幸,见本书索引。最后一句话显然指的是苏拉于公元前 81 年被剥夺公民权。
② 这里大约漏失了 15 行;括号中是猜测性的复原。
③ 参见 Cicero, *In Pisonem* III, 6。
④ 在此,西塞罗说的是他的被流放(公元前 58 年 3 月至公元前 57 年 8 月)。

种安静无为的生活中获得较他人为多的收益,或者,另一方面,如果万一有什么灾难落在我们大家头上,我也不会因这一共同的灾难而受难更多。尽管如此,我还将毫不犹豫地献身于最凶猛的暴风雨,而且,我甚至还要说,我可以面对雷电的轰击,为了我的同胞公民的安全,我愿意以个人的危险换取所有人的安宁生活。老实说,我们的祖国生养教育我们,并非不期望——在某种程度上——我们给予某些积极的回报;祖国并非仅仅为了使我们便利,给我们的闲适一个安全的庇护所,为我们的安宁提供一个安静的隐居地;相反,她给予了我们这些有利条件,她就可以在她需要时使用我们的勇敢和才华中的更大和更重要的部分,留给我们个人使用的,仅仅是她的需要得到满足之后而可能留下来的那些。①

五、此外,我们肯定不应该听信一些人找到的其他借口,即他们可以更自由地享用安宁的生活。例如,他们说参与政治的人最没价值,同这些人相比人就降格了,如果和他们冲突,特别是当暴民被激发起来之后,将是一种糟糕和危险的事。因此,他们坚持,一个聪明人不要试图驾驭他们,因为他无法限制一大群疯狂与野性暴躁的牲畜;对一个自由人来说也不适合与那些卑劣及狡猾的人争辩,忍受谩骂污辱,或者让自己受到对于智者来说无法忍受的不公对待,在那些善良、勇敢、思想高尚的人看来,似乎参与公共生活的任何动机都要比决心不受小人统治、不让小人摧毁共和国更为崇高,当这样看问题时,哲学家自身,哪怕他们可能有意帮

---

① 参见 Plato,*Crito* 51 A—C。

助,也无法做到。

六、当他们说除非有某种紧急情况迫使智者参加,他们不会参与公共事务,在这个世界上,谁能够赞同他们作出的这唯一例外呢?似乎有什么人可能遇到任何比我所遇到的更为紧急的情况;如果当时我不是执政官,在这种危机中,我又能做些什么呢?若非我自小就拥有一种生活方式,这种生活方式使我尽管出身于骑士,却得以获得国家的最高职务,我又怎么可能成为一个执政官呢?所以,很清楚,为国服务的机会——不论这种服务有多大的危险——并不是突然来临的,或者,当我们希望为国服务时,如果我们不是处于这样的职位,我们就不可能采取行动。我一向认为,在有学问的人的教诲中,最令人吃惊的是他们否认自己有大海风平浪静时掌舵的能力,说自己从未学过、也不想了解这种技能,可是他们同时向我们保证说,惊涛拍天时,他们就会出来掌舵。他们已习惯于公开宣称,甚至以此自夸,说他们既未学过,也未教过任何有关国家原则的内容,无论是建立国家还是保卫国家,他们认为这种知识对博学智慧者不合适,最好是留给那些受国家公务训练出来的人们。因此,他们承诺在国家为紧急情况所迫时帮助国家,而在没有危机威胁国家时他们并不懂得如何统治国家,尽管这一任务比起前一任务来说要容易的多,这又怎么合乎情理呢?按一般道理,聪明人确实不愿降低其高尚位置而从事治国术,但是如果情况迫使他承担,他也不拒绝这种责任;即使真的如此,我仍然认为他完全不应轻视政治这门科学,因为他的义务就是事先获得未来什么时候对他来说也许是必须使用的一切知识。

12　　七、对这些问题,我讨论的时间已经够长了,因为在这本书中我计划讨论国家并进行了这一讨论;因此,为了这个讨论不至于没有价值,我首先就必须清扫一切在参与国家事务上迟疑的理由。但是,如果还有什么人为哲学家的权威所左右,那么就让他再聆听并关注一下那些在博学者中具有最高权威与声望的人物吧;这些人,即使他们并未亲自治理过国家,但是由于他们在许多研究和著作中都讨论过国家,我认为他们在国家中已经履行了他们自己的某些职能。事实上,我还注意到希腊人称之为"智者"的七个人,都曾在治国事务中承担过重要角色。的确,就职业的品德来看,这个世界上没有别的行当比建立新国家或维护那些现存国家更接近于诸神的庄严职责了。

13　　八、因此,既然这是我的好运,通过对共和国的实际治理,去成就某种值得为人们记忆的事业,并且通过实践和我热衷于学习和教学的缘故,我也获得了一些确立政治原则的技艺,[我认为我本人并非适宜承担我现在所承担的工作;事实是,在一个人身上汇集了这些成就,这即使在那些被认为是治国]权威[的人当中也是很少见的],因为虽然过去时代里某些人在理论阐述中表现出技巧高超,可是人们发现他们在实践中却一无建树,另外一些人,他们在行动上很出色,但在理论阐述上却很笨拙。确实,我将要陈述的原则并非全新,也非我一人所独见,不过,我的意图在于追忆我们共和国中一些最杰出、最聪明的人物在某个时期曾进行过的讨论。当你年轻的时候,普布利乌斯·普提利乌斯·鲁夫斯曾报告你我——当时我们正一起在士麦那度日;我认为在那次讨论中,对这全部论题的逻辑分析会有巨大贡献的论点很少被忽略。

九、当图第塔努斯及阿奎利乌斯担任执政官的那一年,①保罗的儿子,普布利乌斯·阿非利加努斯,②决定在他的乡村住所度过拉丁节日,③有好几位他最密切的友人表示他们有意在那期间去拜访他。节日那天早晨,他的侄子昆图斯·图伯罗比其他人来得更早。西庇阿热烈欢迎他,因为他确实很高兴见到他,然后问道:图伯罗,为什么你来得这么早?这几天假期肯定给你提供一次极好的机会让你从事文学研究。

图伯罗:我的书本在任何时候都在家等着我,因为它们从来不忙碌,可是,你有空闲,特别是在这个政治不安定的时候,那倒是一个很大的荣幸。

西庇阿:是的,你发现我有空闲,只是我人闲心不闲。

图伯罗:不过,你有责任松弛一下自己。我们很多人都决定并且准备好了,要和你一起度过这段闲暇,如果你方便的话。

西庇阿:我会非常高兴,因为我们至少有机会对一些有益的问题进行讨论。

十、图伯罗:真不错,普布利乌斯·阿非利加努斯,既然你很像是给了我一个邀请,并且鼓励我对你抱有希望,那么在其他人尚未来到之前,我们是否可以探讨关于第二个太阳的一些事实?——这些事实已经报告了元老院。因为那些声称看到两个太阳的人既不是少数也并非不可信赖,因此,我们一定要解释这

---

① 即公元前129年。
② 即普布利乌斯·科内利乌斯·小西庇阿·埃米利安努斯·阿非利加努斯。
③ 这些拉丁城市的古代节日似乎一般有三四天;欢庆时间是由执政官们的宣告规定的。

个事实而不是不相信这件事。

西庇阿：要是我们的朋友帕奈提奥斯和我们在一起就好了！对这种天体现象以及其他问题作仔细观察是他的习惯。可是，图伯罗，坦率地对你说，我的意见是，我完全不赞成我们的朋友对这类事情的习惯：在研究那些依靠推测对其性质不能得出些许真实结果的事物时，他说得如此肯定以至于使人认为他可以亲眼看到，或者亲手摸到它们。我总觉得苏格拉底表现了更大的智慧——他对这类事物不表示任何兴趣，并认为这类自然现象的难题，或者是人类的理解力难以领会，或者是对人类生活没有丝毫紧要。①

图伯罗：普布利乌斯·阿非利加努斯，我不明白，为什么一向的传说都是，苏格拉底拒绝沉溺于任何这种性质的讨论，他限定自己只研究人类生活和人类道德。关于苏格拉底的事，除了柏拉图的著作，我们还有什么更值得信赖的权威可以引证呢？在柏拉图的著作中，在苏格拉底讨论道德、品德甚至国家的许多章节中，苏格拉底都说得很清楚，他渴望依照毕达哥拉斯的方法，把这些论题的讨论同关于数学、几何以及和谐的考虑结合起来。

西庇阿：图伯罗，你所说的都很对；不过我想你听说过这一点：苏格拉底死后，柏拉图出外旅行，为了研究，首先到了埃及，然后到了意大利和西西里，②其用意就是要使自己熟悉毕达哥拉斯

---

① 见 Xenophon, *Memorabilia* Ⅰ,1,11—12；Ⅰ,1,16；Ⅳ,7,2—4。

② 关于柏拉图的旅行，这段文字是我们现有的最早的可信资料。现在人们一般接受柏拉图访问西西里是一个事实，但其埃及之行被认为非常可疑。

的一些发现；你可能也听说,他与塔兰托的阿契塔、洛克里的提麦奥斯相伴度过了很长一段时间,并且还得到了菲洛劳斯的笔记。由于毕达哥拉斯当时在该国声望很高,柏拉图便全身心关注这位大师的门徒和学说。并且,虽然他对苏格拉底有一种独特的热爱并希望将一切荣誉都归功于苏格拉底,他却因此在如此之多的知识领域中把苏格拉底论证上的生动与精妙同毕达哥拉斯学识上的暧昧与沉闷结合在一起。

十一、说完这之后,西庇阿发现卢修斯·弗里乌斯·菲卢斯未加通告就进来了;向他热情问候之后,西庇阿牵着菲卢斯的手带他到他自己的躺椅坐下。这时普布利乌斯·鲁提利乌斯也来了(他后来把谈话告诉了我们),他在接受了西庇阿的欢迎之后,被安排坐在图伯罗身旁。

菲卢斯:你们在谈论什么?我希望我们的到来没有打断你们的谈话。

西庇阿:当然没有;刚才图伯罗开始探讨的问题,属于你一向有兴趣研究的那类题目。至于我们的朋友鲁提利乌斯,他有时也常常和我谈论这种论题,甚至就在努曼提亚城内。

菲卢斯:具体题目是什么?

西庇阿:两个太阳,菲卢斯,我很希望听听你对它们的看法。

十二、他刚说完此话,一个仆人通报说莱利乌斯已经离开他的住所,正在来路上。于是,西庇阿穿好衣服和靴子,离开卧室,在门廊间踱了一会儿步。莱利乌斯来到时,西庇阿问候了莱利乌斯以及同来的斯普里乌斯·穆米乌斯(西庇阿很喜欢他)、盖尤斯·范尼乌斯和莱利乌斯的女婿昆图斯·斯凯沃拉,他们都是受过出色教育的青年,现在已到了担任会计官的恰当年龄。① 在所有这些招呼问候之后,西庇阿回到门廊附近,他让莱利乌斯坐在中央,因为这几乎是他们友谊的一个规则,根据这一规则,在战场上莱利乌斯把西庇阿当作神,因为西庇阿在战争中有辉煌功绩;而在家时,由于莱利乌斯的高龄,西庇阿把他当作父亲来尊重。他们来回走动着谈了一阵,对他们的到来感到非常快乐的西庇阿认为在这冬天最好是让他们坐在草坪上阳光最充足的地方。他们都很愿意。就在这时,曼尼乌斯·马尼利乌斯来了,这是一位思维敏捷的朋友,和他们都很合得来并为他们喜爱。接受了西庇阿和其他人的问候之后,马尼利乌斯靠着莱利乌斯坐下了。

十三、菲卢斯:这些朋友来了,我看不出我们有什么理由要改变谈话的主题,但我认为,我们必须更为仔细地讨论,务必使得我们的发言值得他们关注。

莱利乌斯:你们在讨论什么?什么样的谈话被我们打断了?

菲卢斯:西庇阿刚才问我对那一般为人们所承认的事实,就是人们看到两个太阳,有什么看法。

莱利乌斯:菲卢斯,你认为我们对于那些与我们的家庭和国家有关的问题已经获得了完整的知识了吗?——因为我们现在正要研究上天发生了什么事情。

菲卢斯:难道你认为我们了解家里已经或正在发生了什么,这对我们的家不重要吗?这个家并不是为我们建筑的城墙所封闭的,而是整个宇宙,是诸神给予我们特权与他们分享的家园和

---

① 大约30岁。

祖国。这肯定很重要,特别是如果我们对这些问题无知,我们就一定会对其他许多重要的东西无知。除此以外,仅仅了解有关自然的事实并进行调查,至少也会给我最大的愉悦。莱利乌斯,你肯定也是这样,所有那些渴望智慧的人也必定如此。

莱利乌斯:我并不反对这一论题,特别今天是一个假日。可是,我们是否就要听到关于这个问题的某些讨论,或者,我们来得已太迟了?

菲卢斯:我们还没有讨论呢,而且,既然我们尚未开始,我很高兴请你先谈,莱利乌斯,你可能会告诉我们你对这个论题的看法。

莱利乌斯:恰恰相反,还是让我们听听你的,除非马尼利乌斯也许会认为,应该发布一项临时命令,使这两个太阳妥协,这样一来"它们将依照双方共同占有天空的方式来占有天空。"

马尼利乌斯:莱利乌斯,你是否还在嘲笑这种技艺?[①] 而你本人是非常精通此道的,没有这种技艺就没有人能够知道什么东西属于他和不属于他。不过,我们可以以后再讨论这个问题;现在还是让我们听听菲卢斯的话,我知道,已经有人就一些重要论题咨询过他,这些论题比问及普布利乌斯·穆西乌斯和我的意见的那些论题更为重要。

十四、菲卢斯:我没有任何新东西对你说,也没有什么是我自己想出来的或我自己发现的。我想起盖尤斯·苏尔皮西乌斯·加卢斯生活中的一次偶然事件,你们知道他是一位最博学的人:

---

① 即法律顾问(*iuris consultus*)这个行当。

有一次,有人告诉他一个与此类似的现象,当时他刚巧在马库斯·马塞卢斯——他们当时同任执政官①——家中,盖尤斯盼咐把天体仪拿出来,这是马塞卢斯的祖父在占领叙拉古——一个十分富有和美丽的城市——时②从那里带回来的,而他没有要巨大战利品仓库中的其他什么东西。虽然由于阿基米德的声望我曾经听到人们经常提及这个天体仪,可是当我真正看到它时,我却不特别崇拜它;因为另外还有一个天体仪,也是阿基米德制造的,被同一位马塞卢斯放置在道德神殿,这个天体仪更加美丽,在人们中间也更广为所知。③ 可是,当加卢斯开始对此仪器作出一个非常博学的说明时,我得出结论,这位著名的西西里人所具有的巨大天才要超过人们想象一个人可能具有的天才。因为加卢斯告诉我们,其他种类的天体仪都是实心的,内里没有空间,那是非常早期的发明,第一个那种类型的天体仪是米利都的泰勒斯建造的,后来克尼多斯的欧多克索斯(传说是柏拉图的弟子)刻上了天空中恒定的星座和星辰。他还说,多年之后,阿腊图斯沿用了欧多克索斯的全盘设计安排,他没有任何天文知识,仅靠他可观的诗才,用诗句把它描述出来。④ 不过,他说,这个比较新的天体仪上描刻了太阳、月亮以及那五颗被人们称为漫游者或我们也可以称之为徘徊者的星星⑤的运行轨迹,这比那种实心的天体仪包容

---

① 公元前 166 年。
② 公元前 212 年。
③ 见 Cicero, *Tusc Disp*. Ⅰ,63;Ovid, *Fasti* Ⅵ,277。
④ 这里所说的诗是 *Phaenomena*,西塞罗青年时代将之译为拉丁文。现尚存这一译本的残篇。
⑤ 这五颗星是:土星、木星、火星、水星和金星。

更多;他说,阿基米德的这一发明特别值得钦佩,因为他想出一种方法,通过一个转动天体仪的装置,可以准确地再现各种方向不同、速度不同的运行轨迹。于是当加卢斯转动天体仪时,果然如此,在那个铜质装置上,月亮位于太阳之后的旋转次数总是与人们所认可的天空中月亮在太阳之后的天数相同。因此,日食在此天体仪上总是像事实那样发生,月亮运行到了这一点,这时地球的阴影恰恰是在太阳……走出这个区域……之际。

    看来这里大约有两页半遗失了。在遗失的这一段的最后西塞罗正谈及盖尤斯·苏尔皮西乌斯·加卢斯。

  十五、西庇阿:……我喜爱这个人,而且我明白,他也极其为我的父亲保罗器重和喜爱。因为在我还很年轻的时候,当时我父亲正担任执政官,在马其顿,我和他驻扎在同一个营地,我记得那时我们的军队有时会因迷信害怕而惶惶不安,因为一个天上无云的夜晚,皎洁的圆月突然被遮黑了。当时[1]加卢斯是我们的队长(大约是他被选为执政官之前一年),第二天,他毫不犹豫地在军营发布了一项公告,说这并不怪异,而只是在那一刻发生了一种现象,并且在未来的某个确定时刻总会出现,只要太阳处于其光线不能达到月亮的位置。

  图伯罗:你真正的意思是说,他能够使那些对这样的事的理解比农民并不更多的人们信服,还是说即使面对愚昧的无知者他也敢于说这些话?

  西庇阿:他就是这样做了,而且抱了巨大的……

---

[1]　公元前168年。

26　国家篇

> 原文大约有 15 行看来遗失了。但讨论的题目未改变。

24　……因为他的演说并没显示出他想展示他的知识的自负,而且那也与一位具有最高尊严的人的性格不相吻合;事实上,他取得了一个非常重要的结果,他使那些心绪不宁的士兵摆脱了愚昧的迷信恐惧。

25　十六、另传说有一个类似的事件,发生在雅典人与斯巴达人之间那次如此猛烈的伟大战争中。① 当时太阳突然被遮蔽,黑暗统治了世界,②雅典人完全被巨大的恐怖吓坏了,在其同胞中有最高感染力、辩才和智慧的伯里克利据说对他的同胞公民说,他昔日的学生阿纳克沙戈腊斯告诉他的信息是:这种现象在固定的时间,根据不可改变的法则即当月亮完全穿越太阳的轨道之下时③,便会发生。因此,这种现象虽不是每次新月都发生,但除了在新月的某些时期之外,它不可能发生。伯里克利讲述了这个问题并解说了这种现象之后,人们便摆脱了畏惧。因为在当时,太阳会定期由于月亮的穿越而形成日食,这还是一个奇怪而陌生的观点——据说米都斯的泰勒斯第一个观察了这个事实。不过,后来就连我们自己的恩尼乌斯也了解了这一点,因为他在罗马城大约建立 350 年④后写道:

---

① 即伯罗奔尼撒战争(公元前 431—前 404 年)。

② 这里说的是公元前 431 年 8 月 3 日的日食(Thucyd. Ⅱ,28)。关于伯里克利对此解释的故事,普卢塔克在 *Pericles* 35 中的记载略为不同。

③ 即月球来到地球和太阳之间时。

④ 如果西塞罗的编年史是前后一贯的(见,本书第 2 卷,第 18 节及其注),那么这大约是公元前 401 年;可能说的是公元前 400 年 6 月 21 日的日食。

>在那个六月——日子为第五天——
>月亮与黑夜遮挡了发光的太阳。①

现在对这一现象已经获得了大量精确的知识,使用恩尼乌斯的记录和《大事记》②所记录的日期,先前日食的日期都被计算过,一直回溯到罗慕洛斯统治时7月5日发生的那次日食。在那次日食的黑暗期间,尽管大自然将罗慕洛斯带到一个人不可避免的终点,但是传说却是,他的功绩使他转回到天国去了。③

十七、图伯罗:普布利乌斯·阿非利加努斯,你是否意识到,不久前你曾有不同的看法……

这里大约有15行遗失了。

西庇阿:……其他人可能见到的东西。此外,怎么可能有哪个人会认为人类事务中的任何事都是辉煌的?——如果他曾考察过诸神的领域;或者他会认为它长久存在——如果他理解了永恒的含义,或者他会认为它很光荣——如果他领悟地球是何等之小(不仅指整个地球,特别是指为人类所居住的这一部分)并且注意到我们罗马人,被限制在地球上的一块狭小的地方,而且为许多种族所不知,尽管如此,却仍然希望我们的名字将长出翅膀飞到海外,直到传遍天涯海角。但是,就我们的土地、房屋、牲畜,以

---

① 可能是出自恩尼乌斯的 Annales 的卷4。
② 由大主祭保存的 Annales Maximi 中包含了当年执政官以及其他重要官员的名字,包括了其他非常重要的事件,包括那些被认为是预兆的事件。
③ 依据西塞罗的编年史,这时是公元前714年;当然,这是一个虚构。关于这个故事(Ⅰ,16),Livy 的说法提到了风暴而没有日食(参见《国家篇》Ⅱ,17)。

及巨大的金银仓库而言,有人从来没有认为这些东西是或者从未把它们称之为"财产",因为,他看到,这些东西给人的享受是微不足道的,它们的用处很少,其所有权是不肯定的,而且他注意到那些最鄙劣的人所拥有的这些物品常常无法计量——在人们看来,他是何等幸运啊!因为只有这样的人才能真正声称所有的东西都属于他,由于这一决定(不是罗马人的而是智者的决定)的品德,这不是由于市民法的任何责任,而是由于大自然的普遍法则——大自然的法则禁止任何东西为任何人所有,除非他知道这东西的用处以及如何使用它;只有这样的人才可能认为我们的军事统帅和执政官都应划归为必要之物而不是可欲之物,应该出于责任感而承担,而不应出于追逐名利而承担;① 最后,也只有这样的人才能够谈论自己就如同我的祖父阿非利加努斯经常说的那样——根据加图的记录,② 他之有为从不多于他之无为,此外,他更多同他人在一起,而较少独自一人。因为谁能真正相信狄奥尼修斯,在他尽最大气力剥夺了他的同胞公民们的自由之时,所做的比公民之一阿基米德更多呢?谁能相信其中的一个公民阿基米德在制造那个我们所说的天体仪时似乎是无所作为呢?那些孤独的人,即使在拥挤的市场上也没有什么人是他们愿与之对话的,而另外一些人,即使无人在身旁,或者是无人与之交谈,或者如同我们所说没有参加最博学者的集会时,仍然从他们的发现和写作中感到愉快,比起后者,难道人们不认为前者更孤独吗?谁

---

① 参见 Plato, *Republic* Ⅰ,347B:"善者不会为钱财或荣誉的目的而同意任职。"
② 在西塞罗的 *De Officiis*(Ⅲ,1)中也曾引用同样的话,语词略有不同。我们不知它是否出自加图的 *Origines* 或他的什么其他著作。

会真的认为有人竟比一个并不缺少他天性之所需的人更为富有？或者，比一个获得了所有他努力争取的东西的人更为强大？或者，比一个摆脱了精神上一切焦虑不安的人更为快乐？或者，他的财富比一个如同俗话所说的那个仅仅占有他能够从海难船上带走的钱财的人更为安全？更甚的是，有什么力量，什么官职，什么王国能够比一个鄙视一切人类占有物（认为它们都次于智慧）并且从不思考任何不具永恒和神圣性的问题的国家更为人们喜好？谁相信，尽管其他人也许被称之为人，但是只有那些精通适合于人性的各种技艺的人才是人？就在这一点上，柏拉图的评论，或者是另外一个人的评论，①在我看来特别恰当。当一次海上风暴把他卷到一个人所不知的地方，并把他搁在荒凉的海岸上，他的伙伴们都很害怕，因为他们对这个国家一无所知，根据这个故事所说，他注意到在沙中留下的某些几体图形，便立刻喊道："鼓起勇气，我发现了人的踪迹。"他获得的推断很明显不是根据土地被耕种了——他也观察到了这一点——而是根据那学习的迹象。图伯罗，由于这些原因，我总是在学习中，在博学的人们中，以及在研究你所探索的问题中获得乐趣。

十八、莱利乌斯：关于这些论证，西庇阿，我不敢说你或者菲卢斯，或者马尼利乌斯……到了这一种程度……

大约有15行原文遗失，其中显然莱利乌斯说：尽管他不想贬低抽象的学识，但这种知识不应当妨碍一个公民要履行实际的责任。

莱利乌斯：……我们的这位朋友属于他父亲的家族，并值得

---

① 据维特鲁威（Vitruvius，Ⅵ，Ⅰ），这是亚里斯提卜的话。

他去仿效。

> 有远见的埃利乌斯·塞克斯特斯,一位最聪明的人,①

他的确是最聪明并最有远见的,因此恩尼乌斯就这样称呼他,这不是由于他要寻找他从来未曾发现的东西,而是他提供了咨询,使他的主顾得以解脱麻烦和焦躁。当他反对加卢斯的令人喜爱的研究时,他的唇边总有《伊菲革涅亚》中阿喀琉斯的名言:②

> 星辰的迹象从观察上天得见,
> 当天神的摩羯座或天蝎座上升时,
> 或是其他星座上升时;所有目光凝神注视,
> 却从未看见躺在他们脚下的是什么!

可是,也同样是他却经常说(因为我经常愉快地听他谈话),帕库维乌斯的西苏斯③过于敌视文化;埃尼乌斯的《涅俄普托勒摩斯》更对他的口味,该书说,他渴望"研究哲学,但要有节制;因为他不赞同全身心投入"。④ 但是,如果这些希腊人为之献身的研究

---

① 可能出自恩尼乌斯:*Annales* Ⅹ。西塞罗在 *De Oratore*(Ⅰ,198)和 *Tusc. Disp.*(Ⅰ,18)中也引用了这一行文字。

② 通常被当作恩尼乌斯的《伊菲革涅亚》中阿喀琉斯的一段话,但这文字却令人怀疑。参见 Plato,*Theaetetus* 174A。

③ 也许涉及《帕库维乌斯的安提俄珀》中的一段谈话。对照西塞罗的 *De Oratore*(Ⅱ,155);*Rhet. ad Herenn*(Ⅱ,43)。

④ 可能出自一个名为《涅俄普托勒摩斯》或《菲罗克忒忒斯》的戏剧。我们在 *Tusc. Disp.* Ⅱ,1 和 *De Oratore* Ⅱ,156 中发现同样的引文;此外奥卢斯·格利乌斯(Ⅴ,15,9)和阿普列乌斯(*Apologia* 13)也引证过。柏拉图也曾表现了非常相似的情绪(*Gorgias* 484C)。

如此强有力地吸引了你,那么还有其他研究,更自由、范围更广的研究,我们可用来指导我们自己的生活,甚或用于为国家服务。至于你的那些技艺,如果有什么用途的话,那么它们的价值仅仅是在某种程度上磨砺了,我们也可以说是激励了青年人的才能,因此,他们会感到学习那些更为重要的事情会容易些。

十九、图伯罗:我不同意你的看法,莱利乌斯,不过,我很愿意知道你认为更为重要的事情是些什么。

莱利乌斯:我会告诉你的,真的,也许你会笑话我的看法,因为是你向西庇阿询问那些关于天体的事情。尽管如此,我会认为那些就在我们眼皮底下的事情,更值得去探索。这就是为什么卢修斯·保罗的孙子[①],我们这位朋友的侄子,这个最光荣的共和国和最为高贵家庭的子弟,他问如何可能看到两个太阳,而不是问为什么在一个国家,我们已差不多接近了这一点:存在两个元老院和两派分离的人民?因为,如同你所看到,提比略·格拉古之死,甚至在他死之前,他的保民官职位的整个性质,已经把一个民族划分为两个派别。事实上,西庇阿的诽谤者和敌人,最初由普布利乌斯·克拉苏率领,即使现在这些人都死了,仍在元老院保持了一部分人,在梅特卢斯和普布利乌斯·穆西乌斯领导下反对你;尽管我们的盟友和拉丁人都起来反对我们,条约被撕毁了,煽动性的三巨头每天都在阴谋策划一些新罪恶,我们善良的公民都已经绝望,[②]这些人却不允许我们这位朋友在目前的危险紧急中

---

① 即图伯罗;参见本卷第14—15节。
② 这里说的是公元前133年颁布了提比略·格拉古的农业措施之后出现的麻烦。(应记住这一对话的虚构日期是公元前129年)。

援助我们，而他是唯一能援助我们的人。由于这些原因，年轻的先生，如果你愿意听我说，你就不会为第二个太阳震惊（因为这样的事情或者不可能真实存在，或者既然人们已经看见了，那么只要它对我们没有什么危害，就让它存在吧；对这类事情，我们或者无法学到任何东西，或者，即使我们确实学到了一切能够知道的，我们也绝不会由于这知识而改善或更快乐些）；至于说到我们要有一个团结的元老院和人民，这是可能的，而除非是实现了这种情况，我们将会有严重的麻烦；我们知道并观察到，目前的境况远不如人意，而如果这种状况可以实现，我们的生活便会更好和更快乐。

33　　二十、穆西乌斯：那么，莱利乌斯，你认为为了能够实现你要求我们的那种结果，我们应该获得什么知识呢？

莱利乌斯：有关那些可以使我们对国家有用的技艺的知识；因为，我认为这是智慧的最高贵的功用，是美德的最高义务，而且也是拥有美德的最好证明。因此，为了这一点，这几天假日可以专用来讨论那些对这个国家非常有用的问题，而不讨论其他任何问题，让我们请求西庇阿来告诉我们，他认为什么样的政府形式最好。然后，我们将探讨其他问题，有关那些问题的知识——我希望——将同时引导我们考虑当前的形势并理解我们面临的问题。

34　　二十一、当普布利乌斯、马尼利乌斯和穆米乌斯表达了他们对此建议的衷心赞同之后……

　　　　约有 15 行原文遗失。下列残篇很可能是遗失的段落的一部分。

……因此,如果你们喜欢;把你们的谈话从天空降下来,谈谈这些离我们更近的事情……

莱利乌斯:……我渴望谈论这个问题,这不仅因为一位杰出的政治家比其他任何人都更适合讨论国家问题,而且还因为,我记得,你过去常常在波利比乌斯的陪同下与帕奈提奥斯谈论此题目,这两位也许是最精通政治学的希腊人;我还记得你收集了许多论据证明:我们的前人传递给我们的政府形式是到目前为止最好的。现在,既然你比我们其他人都更有准备进行这一讨论,那么就请你答应我们的请求——如果我可以代表在场的朋友们的话——请你谈谈你对国家的观点。

二十二、西庇阿:我确实不能说,还有什么其他问题比你莱利乌斯分配给我的这个问题曾使我有更大兴趣和更仔细的思考。此外,因为我已经注意到,每一个工匠的思虑和努力——如果他是一位能手——都没有其他目的,而只是为了改进他自己行当的技艺,难道我不应如此吗?当我看到国家的管理职务和行政已经由我的父母与先辈传交于我,成为我的唯一的任务,如果我对这个最高尚的工作比那些从事卑贱行业的人对他们的行当付出的劳动还少的话,我就必须承认,我岂不比任何工匠都更为懒惰吗?可是,我对最伟大与最智慧的希腊人留给我们的讨论这一论题的著作都不满意;①但另一方面,我也不敢如此冒昧,以至于认为自己的看法在他们之上。因此,我请你们在听我说时,把我当作一

---

① 显然,他想到的主要是柏拉图的《国家篇》,尽管这里提到的无疑包括了许多其他著作(见 De Legg. Ⅲ,13—14 及注)。

个对希腊的那些权威们并非一无所知的人，但另一方面，也并非——特别在这个问题上——喜欢他们的观点甚于喜欢我们自己的观点的人，我宁愿你们把我看成是一个罗马人，他虽然自幼就由他的父亲关照，接受了开明的教育并渴求知识，但是，他从经验和在家学到的行为准则中得到的训练，远远多于从书本上学到的。

二十三、菲卢斯：对着赫克勒斯神我起誓，西庇阿，我深信在天资方面没有人高你一筹，而且，你在最高深的治国领域内的知识绝对无人超过你；我们还知道，你一向献身研究的是什么。因此，如果如同你所说的那样，你也一直把注意力放在这门科学或——也许可以这样称呼——工艺的话，那么我就非常感谢莱利乌斯；因为我希望，你将告诉我们的将比希腊人著作中所包含的任何东西都使我们更多受益。

西庇阿：你对我将要说的东西抱了巨大的期望，对于一个打算谈论这样重大问题的人来说，这是一个沉重的负担。

菲卢斯：不论我们的期望有多大，你肯定会像往常那样超越这些期望；因为你不缺少讨论诸如国家这样问题的雄辩力，不存在这样的"危险"。

二十四、西庇阿：我将按照你的愿望去做，我会尽自己的能力，并将马上开始我的讨论。我会遵守我认为在阐述一个论题时如果希望避免含混就应一贯遵守的规则，这就是，如果人们同意了一个论题的名字，那么首先要对这个名字加以说明。直到其含义获得认可，才应开始真正的讨论；因为除非人们首先确实懂得所要讨论的事情本身是什么，人们永远也不会懂得该事物的特性。因此,既然我们研究的题目是国家(Commonwealth),那么就让我们首先精细地考虑一下,我们研究的究竟是什么。

莱利乌斯同意这一点后,阿非利加努斯继续说:但是,当谈到这样一个熟悉并众所周知的题目时,我自然不打算一直追溯到它的原初的构成因素,不打算像一些博学者在论述此题目时通常所做的那样,我不从最早的男女两性结合、人口增加、家族发生谈起;我也不重复我们讨论的题目的准确定义,它存在多少形式,或者它有多少不同的名称。因为,在我对一些在战场和家庭中、在管理这个最伟大国家中扮演了光荣角色的智者演讲时,我不承认我讨论的题目比我的讨论本身更为明晰清楚。① 因为我没有做过这样的工作,我没有像一位老学究可能做的那样,对这个题目作一次完全彻底的考察,我也不承诺我在讨论此题目时做到面面俱到。

莱利乌斯:对我来说,我盼望的恰恰就是你所承诺的那种讨论。

二十五、西庇阿:很好。国家是一个民族的财产。②\* 但是一个民族并不是随随便便一群人,不管以什么方式聚集起来的集合体,而是很多人依据一项关于正义的协议和一个为了共同利益的伙伴关系而联合起来的一个集合体。这种联合的第一原因并非

---

① 看起来,这似乎是说:"由于国家的性质实际上对于我眼前的听众是相当清楚的,因此我不会用晦涩深奥的定义使这个论题更加含混不清。"

② 希腊文中 res poblica(公共的事情或财产)与 res pupuli(一个民族的事情或财产)同义。

\* 英文"国家"(commonwealth)也是由英文"普通人"(common)和"财富"(wealth)两词构成。——中译者

出自个体的软弱,更多的是出自自然植于人的某种社会精神。①因为人并非一种独居的或不合群(unsoial)的造物,他生来便有这样一种天性,即使在任何一种富足繁荣的条件下,[他也不愿孤立于他的同胞。]……

    大约有 15 行遗失了。下面的残篇可能是遗失原文的一部分。

  ……在一个短时期内,一个分散的和漫游的人群,便通过相互的同意而成为一个公民的集合体……

  二十六、……某些种子,我们可以这样称它们,否则的话,便不能发现其他品德或国家自身的渊源。因此,起初是为了提供住处,就有这样一种人类的集合体,因为我提到过的理由发生,在一块确定的地方建立起来了;由于其自然环境和人们的劳作,这个地方强化了,人们称呼这样一个住宅的集合为城镇或城市,并为城市提供了神庙和一些集会的地方,这些都是公共财产。于是,每一个民族——即我所描述的很多的人的结合体,每一个城市——一个民族的有序定居点,每一个国家——如我所说的"人民的财产",如果要长期存在,都一定要由某些审议性的机构来治理。这个审议性的机构,首先,自它一开始就必须总是因国家产生的相同原因而产生。其次,这一职能一定要授与一个人或者是授与某些被挑选出来的公民,或者必须由一个全体公民的组织机构来承担。因此,当最高权力掌握在一人手中时,我们称此人为君主,而这种国家的形式就是一个君主国。当最高权力由被挑选

---

① 参见 Aristotle, *Politics* Ⅰ,1253 A:"人从本性上来讲是一个政治动物。"

的公民执掌时,我们说该国是由贵族统治。不过,当最高权力完全掌握在人民手中时,就出现了一个民众政府(因为人们是这样称呼的)。这三种政府形式中任何一种(只要那种使公民们当初联合成国家的合伙联系很牢固的话),尽管不完善或在我看来不是最好,都还是可以忍受的;当然,其中某一种可能比另一种更为优越。因为看起来,无论是一位公正而聪明的君主,还是少数上等公民,甚或是人民自身(这是一种最不值得赞扬的类型)都能够组织起一个并非不稳定的政府,当然前提是其中不能混有不正义的或者贪婪的因素。

二十七、不过在君主制中,臣民在司法管理以及在审议上享有的份额太少;在贵族制中,群众很难有他们的那份自由,因为在权力上和审议共同福利上他们都完全被排除在外;当全部权力都在人民之手时,即使人民行使权力符合公正并有节制,由此产生的平等本身也是不平等的,因为它不允许有等级区别。因此,尽管波斯的居鲁士在所有国王中是最公正、最智慧的,但那种政府形式在我看来却不是最可取的,因为"人民财产"(因为这就是我所说的国家)的管理是由一个人点头说了算;尽管马西里亚人——现在在我们保护之下——是由他们的上等公民最公正地治理着,但这种状态在某种程度上却仍然如同一个民族的奴隶制;尽管雅典人在某些时期,在他们解除阿雷奥帕古斯的权力之后,根据人民的决议与法令,成功地履行了他们的所有公共职责,但他们的国家由于没有确定的等级区别,却未能保持它的良好声誉。

二十八、我现在谈谈这三种政府形式,但不是它们相互交错混合的形式,而是它们保持各自恰当特色时的形式。首先,所有这三种形式都是受制于我曾经提到的各自的缺陷,此外,它们还有其他种种危险的缺陷:每一种政府形式面前都有一条陡峭泥泞的道路,会导致一个与它邻近的腐败形式。例如,在那可容忍的,或者,那可爱的(如果你愿意这样说的话)居鲁士大帝(引证他作为一个突出的例子)之下有一个极其残暴的法拉里斯,促使他成为一个性格霸道的人物;因为一个人的绝对统治会很容易并很快地蜕化成像他的国家那样的僭主政治。与由一些上等公民操持的出色的马西里亚人政府相邻近的是那个一度统治了雅典的三十人派别政府。① 至于雅典人民的绝对权力——不用找其他民众政府的例子了——当它变成暴民的狂暴和为所欲为……

>约有 15 行原文遗失了。之后头两行文字,看来弄错了,无法翻译。

二十九、……而且,从那些我提到的政府形式中通常会出现其他一些类似的政府形式,确实值得注意的是,随着政府形式的不断变化和变化次序而来的周期性的革命和轮回性的进程。② 一个智者应该熟悉这些变化,但是,当这些变化构成威胁时,就要求有一些伟大的公民和一个几乎有神圣权力的人来预见它们,而且在执掌政权时指引这些变化的进程,使之受到他的控制。因此,我认为第四种政府形式最值得推荐——这种形式是由我在一开始时提到的那三种形式的、规定恰当的混合体。

---

① 通常称之为"三十僭主"(公元前 404—前 403 年)。
② 参见 Aristotle, *Politics* Ⅲ.1279 A—B。

三十、莱利乌斯：我明白，这就是你的看法，阿非利加努斯，因 46
为我经常听到你这样说。尽管如此，如果还不至于使你太麻烦的
话，我还很愿意知道，在你所说的三种政府形式中，你认为哪一种
最好。因为这可能有助于我们去理解……

   约有15行原文遗失。后面，西庇阿显然是提出这样一个共

同的看法：在君主制和贵族制中自由是不可能的。

三十一、西庇阿：……每个国家都是按其统治者的性格和意 47
志塑造的。因此，除了人民的权力最大之国外，自由在任何国家
都不可能有安身之地，并且，可以肯定，没有什么东西比自由更可
爱；但如果对所有的人来说自由是不同的话，那么它就不配称之
为自由。而自由又怎么可能对所有的人都相同呢？我说的不仅
是在君主国——在那里，对臣民的奴役是毫不含糊且毫无怀疑
的，而且甚至在那些外观上每个人都自由的国家中。我指的是那
些选举军官和文官的国家，人民的选票被游说拉票，各种法案向
人民提出，但人民实际授予的只是他们必须授予的，即使他们本
来不愿这样做，人民被要求给了他人一些他们自己也并不拥有的
东西。因为他们在治理权力机构、审议职能机构和由挑选出来的
法官主持的法院中都未拥有份额，因为这些特权都是以出身或财
产为依据授予的。但是在一个自由的国度中，例如罗得岛人或雅
典人，没有哪一个公民[不可以担任国家职务并在政府中扮演一
个积极角色。]……

三十二、……[我们的权威人士]说，当一个人或少数人因其 48
更富有更兴旺而在人群中鹤立鸡群时，由于这些人目中无人且高
傲自大，就出现了[属于个人的或少数人的政府]，而那些怯懦软

弱的人便退缩并拜倒在骄傲的财富之下。但是,如果人民维护他们的权利,他们就会说没有任何政府形式在自由或幸福上更高一等,因为他们才是法律和法庭的主人,战争与和平的主人,国与国之间协议的主人,每个公民的生命和财产的主人;他们认为,只有这种政府才能被正确地称之为国家,即"人民的财产"。也就是由于这个理由,他们说,当自由的人民不寻求君主、不寻求贵族权力和财富时,"人民的财产"就经常从君主们或元老们的统治中解放出来。的确,他们声称,不应当由于一些肆无忌惮的暴民行为过度而完全拒绝这种自由的民众政府,因为,在他们看来,当握有最高权力的人民充满了一种和谐精神,并依据他们自身的安全与自由来检验每种措施时,没有其他政府形式会比它更少变化或更为稳定。他们坚持认为,在所有人的利益都相同时,和谐是非常容易获得的,因为利益冲突产生不和,这时不同措施有利于不同的公民。因此,他们主张,当元老院至上时,这个国家就绝不会有一个稳定的政府,并认为君主国更不可能达到这种稳定,正如恩尼乌斯说的,在君主国中,

　　　　没有神圣的伙伴关系,亦无荣誉。①

所以,既然法律是团结市民联合体的纽带,既然由法律强化的正义对所有人都相同,那么当公民之中没有平等时,又能有什么正义使一个公民联合体被拢在一起?如果我们不能同意平分人们

---

① 可能出自恩尼乌斯的某个戏剧。

的财富,并且人们固有能力的平等又不可能的话,那么至少同一国家的公民的法律权利应当同等。因为除了一个公正的联合体或合伙之外,国家还能是什么呢?……

> 约有15行原文遗失。讨论题目未变。

三十三、……的确,他们认为其他类型的国家根本无权享有这些国家自己冒称的名字。为什么我应该把国王这个名称,把至善朱庇特的称号,给一个对个人权势和绝对权威贪得无厌的人,给一个主宰被压迫的人民的人呢?难道我不更应该称他为僭主吗?由于僭主可以是仁慈的也可以是暴虐的;那么由这些统治者治理的国家之间的区别就仅仅在于是仁慈主人的奴隶还是残暴主人的奴隶,因为在任何情况下,臣民都必定是奴隶。以斯巴达来说,当其生活方式贯彻了其宪法时被认为是如此出色,但如果有一个人出生于王室,必须被接受为君主时,斯巴达又何以保证其总是会有优良且公正的君主呢?至于贵族政体,又有谁能容忍那些在没有人民的默认而仅仅根据他们自己的意志便取得其称号呢?因为什么一个人被判定为"最优者"呢?当然,要根据知识、技艺、学问[以及诸如此类的品质,而不是根据他自己取得这一称号的愿望!]……

> 约有30行原文遗失。在失落的这一段的末尾,西庇阿批评那些支持民主制的论点,并提出了支持贵族政体的论点。

三十四、……如果[这个国家将其统治者的选举]留给或然性,[1]它就会像一条其领航员是通过抽签从旅客中产生的船,很快

---

[1] 即以抽签来挑选统治者,雅典曾这么做过。

倾覆。但是，如果一个自由的民族选择了一些人，并把其幸福委托给这些人，并且由于这个民族渴望自身的安全而选择了最好的人，那么，该国的安全就肯定取决于这个国家的最优秀者的智慧，特别是因为大自然已规定那些在品德和精神上更优越的人应该统治弱者，而且规定了弱者会情愿服从强者。

但是，他们声称，这种理想的国家形式已被拒绝，因为人们有一种错误的看法，这些人尽管对品德一无所知（因为正义作为一种品德，只有少数人才具备，因此也只有少数人才辨认和感悟它），却认为最优秀的人就是那些有钱、有势或出生于名门望族的人。由于一般人的这种错误认识，国家便为少数富人而不是为有品德的人所统治，这些统治者顽固地保持那种"最优者"的称号，尽管他们并不具备"最优者"的特点。因为当财富、名望和权力在缺少关于如何生活和如何统治他人的智慧与知识时，就充满了不光彩和傲慢的自负，没有比这种把最富者算作最优者更为腐败的国家形式了。但是，有什么能够比依据品德来治理国家更为高贵的呢？因为这样一来，统治他人的人自身不是任何激情的奴隶，他自己已经获得了一切他用来训练和鼓舞他的伙伴们的品质。这样一个人不强加给他的人民任何他自己不遵守的法律，而是把他自己的生活置于他的同胞公民面前，作为他们的法律。如果一个具有这种特点的个人能把一国的所有事务安排恰当，那么就只需要一位统治者就足够了；或者，如果作为一个整体的公民能够理解何为最佳并意见一致，那么就没有人会渴求有一个挑选出来的统治者团体。正是由于系统阐述政策上的难题才使权力从一个君主转移到更多人手中；也正是民众集会的任性和轻率，才使得权力从多数人转移到少数人手中。因此,在个人统治的孱弱和多数人统治的轻率之间,贵族制便处于一种中间位置,意味着最大的节制;在一个由其最优者统治的国家中,其公民一定会享有最大幸福,没有任何顾虑和不安;他们一旦委托了他人来维护自身的安宁,后者的职责便是警惕地护卫,从来不让人民认为自己的利益被统治者忽视了。由于自由人民所喜爱的法律权利的平等不可能维持(因为人民自己,虽然自由和不受束缚,却把许多特殊的权力给予了许多个人,并在人们之中造成了各种巨大的区别,并给予了他们种种荣誉),于是,那些所谓的平等实际上却是最不平等的。如果把平等的荣誉授与那最高尚的和最低下的人——因为一个国家中这两类人都必定存在——那么这种"公道"本身就是最不公道的;但在由最优公民统治的国家中,这种情况不会发生。莱利乌斯,这些论点以及其他类似的论点,大致就是那些认为这种政府形式最佳的人们所提出的论点。

三十五、莱利乌斯:但是,西庇阿,你自己的意见又如何呢?你认为这三种形式中哪一种最好呢?

西庇阿:我认为哪一种最好?这个问题你问得好,因为如果仅仅采用其中一种,我不赞成其中的任何一种,我认为它们三者结合的形式优于其中任何单独的一种。不过,假如一定要我同意一种单独的非混合形式的话,[我可能选择]君主制……,君主的名字对我们就似乎是父亲的名字,因为君主对待其公民就犹如他们是自己的孩子,他比……更加热切地保护他们①……由一个最

---

① 这一段的文字支离破碎,意义不明朗,但明显是一个简短的关于君主制优点的陈述。

有品德和最杰出的人的关心而得到维持。可是,这里有一些贵族,他们宣称他们能够更有效地做到这一点;还宣称,咨询多人比咨询一人要更多些智慧,而且在公道和谨慎上也更均等一些。这里还有人民,他们高声呼喊说,他们既不愿服从一个人,也不愿服从少数人;声称没有什么要比自由更为可爱,即使对野兽来说也是如此;还声称一切奴隶,无论是属于一个国王还是属于贵族集体,都是被剥夺了自由的人。这样一来,君主制吸引我们是由于我们对它们的感情,贵族制则由于它们的智慧,民众政府则由于它们的自由,所以,把它们比较比较,也难说哪一种更受偏爱。

莱利乌斯:毫无疑问;可是,如果在获得答案之前,你抛开这个问题,这就将几乎无法解决后来的问题。

三十六、西庇阿:那么让我们仿效阿腊图斯,①当他开始讨论一些崇高的论题时,他认为必须从天神朱庇特开始。

莱利乌斯:从朱庇特开始?阿腊图斯的诗与我们现在的讨论有什么相似之处呢?

西庇阿:就是这一点,从这个唯一为每个人,无论有知识还是无知识的人,都接受为一切神祇和人类之君主的神开始我们的讨论,对于我们是恰当的。

莱利乌斯:为什么?

西庇阿:除了摆在你眼前的原因外,你为什么还要去设想呢?可能是这样,一些国家的统治者曾引入了这样一种信念(由于它在实际生活中十分有用):天上有一个君主,他点点头就搬走了整

---

① 见第22节,这首诗的头几个语词是: Ἐκ Διὸς ἀρχώμεσθα。

座奥林匹斯山(荷马就这样说①),他是万物的君主和父亲;这样,我们便有一个出色的先例和许多证人——如果"所有的人"可以称为"许多人"的话——的证词证明了这样一个事实,各国都同意(通过它们的统治者的决定)没有什么比君主更好的,因为——如同他们所相信的那样——所有神祇都由一个权威来统治。② 但另一方面,如果我们已经相信,这些信念都出自无知者的错误观念,应该归于童话之列的话,那么就让我们听听可以称之为受过教育者的教师们的话,听听那些我们说是曾目睹一些事情(而我们的耳朵很难得知其丁点儿)的人们的话吧。

莱利乌斯:这都是些什么人呢?

西庇阿:这些人通过追寻万物的本性,终于认识到,整个宇宙是[由一个]心[统治的]……

> 约有 30 行原文遗失。在遗失的这段之末,西庇阿仍继续提出赞同君主制的论点。

三十七、西庇阿:……可是,莱利乌斯,如果你愿意,我可以让你见一些证人,他们既非很守旧,也绝非什么野蛮人。

莱利乌斯:我盼望见到的正是这样的证人。

西庇阿:你是否明白,这个城市自从为国王统治以来还不到四百年?

---

① 即,*Iliad*,Ⅰ,527—530:

ἦ καὶ κυανέῃσιν ἐπ' ὀφρύσι νεῦσε Κρονίων.
ἀμβρόσιαι δ' ἄρα χαῖται ἐπερρώσαντο ἄνακτος
κρατὸς ἀπ' ἀθανάτοιο, μέγαν δ' ἐλέλιξεν Ὄλυμπον.

② 参见 Isocrates,*Nicocles*,26 中的论证。

莱利乌斯：肯定不到。

西庇阿：那好，对于一个城市或一个国家来说四百年不算太长久，是不是？

莱利乌斯：一个城市要达到成熟，这是很不够的。

西庇阿：那就是说不到四百年之前罗马有过一个国王，对吗？

莱利乌斯：是的，而且是一位高傲的国王。

西庇阿：在他之前又是谁呢？

莱利乌斯：一位非常公正的国王，这条线可以一直追溯到罗慕洛斯，他在六百年前治理过罗马。

西庇阿：即使是他离我们也不太久远，是吧？

莱利乌斯：一点儿不算远，在他那个时代，希腊已经接近老年期了。

西庇阿：现在请你告诉我：罗慕洛斯是一个野蛮人的君主吗？

莱利乌斯：如果按希腊人的说法，所有的人要么是希腊人要么就是野蛮人，我恐怕他是的；但是，如果这个名词是根据人们的举止而不是其语言来适用的话，那么我并不认为希腊人比罗马人更少些野蛮。

西庇阿：但是为了我们现在讨论的题目，我们只考虑性格，不考虑种族。因为，如果他们是通情达理的人，生活在不很遥远之前的时期，他们盼望由君主来统治，那么，我带来的证人就既不属于非常古老的年代也不是未开化的野蛮人。

三十八、莱利乌斯：我明白了，西庇阿，你提供了足够的证人，但是对我来说，也像对任何好法官那样，论证比证人的证词更有说服力。

西庇阿：那么，莱利乌斯，请从你自己的情感中提出一个论点。

莱利乌斯：那是些什么情感？

西庇阿：那些你曾经有机会感受过的，你是否曾经意识到自己对某人生过气。

莱利乌斯：我曾经有过这种状态，而且常常情不自禁。

西庇阿：好啦，当你生气时，你是否允许你的愤怒支配你的心？

莱利：当然不，不过，我模仿著名的塔兰托的阿契塔，当阿契塔回到家乡时，发现他的所有命令都没有被执行，便对他的管理人说"你出差错啦，你这坏蛋，要是我发怒的话，我早就叫人把你鞭打死了！"

西庇阿：妙极了！阿契塔显然把愤怒——当它与冷静的判断不符时——视为对理智的反叛，应当用理智控制住他的渴望。再举一些例子，如贪婪，对权力和荣誉的贪心，还有激情；你看，如果人们心中有什么君主似的力量，它一定是以一种单一的成分为主导，这就是理性（因为它是人心的最佳部分），而且，如果理性处于主导地位，激情、愤怒和鲁莽行为就没有立足之地。

莱利乌斯：这倒是真的。

西庇阿：那么，你是否赞同受到这种控制的心灵？

莱利乌斯：没有比这更好的了。

西庇阿：这也就是说，你不同意，理性被颠覆，而让我们数不清的激情或愤怒来完全统治？

莱利乌斯：我无法想象比这种心灵或比拥有这种心灵的人更

糟糕的了。

西庇阿：那么，你认为心灵应该像一个王国，它的所有部分都必须由理性来统治，对吗？

莱利乌斯：当然如此。

西庇阿：那么，你怎么可能对你关于国家的结论表示怀疑呢？如果国家的安排交给一个以上的人，你便会看到没有任何权威来进行指挥，因为除非这种权威是个单一体外，权威就什么也不是。

三十九、莱利乌斯：不过，让我问你，一人统治与多人统治之间有什么区别，如果这种多人统治具有正义。

西庇阿：我知道了，我的这些证人并没有给你留下太深的印象，因此，我会继续用你作为我的证人去证明我所说的。

莱利乌斯：我？怎么用我？

西庇阿：不久前，当我们在你在福米埃的住所时，我注意到你断然命令你的仆从只服从一人的命令。

莱利乌斯：确实如此；当然是服从我的管理人。

西庇阿：你在城里的住所又如何呢？是由几个人负责管理吗？

莱利乌斯：当然不是；只有一个人。

西庇阿：就是说没有别人，只有你自己去管理你的整个家业，对吗？

莱利乌斯：当然没有别人。

西庇阿：那么你为什么不承认在国家里也是这样，一个人统治最佳，如果他是公正的？

莱利乌斯：我几乎不得不同意你了。

四十、西庇阿:我省略以航船和病人作类比——信托单独一位领航员和单独一位医生好处会更大,只要他们在其行业中是能手;①我要继续提出一些更重要的例子,莱利乌斯,你会更加趋向于同意的。

莱利乌斯:都是些什么例子?

西庇阿:难道你没听说过塔奎尼乌斯,就是他的蛮横与高傲使得我们的人民讨厌国王的称号?

莱利乌斯:我当然知道这个。

西庇阿:那么你也知道这样一个事实喽——对这个事实,我想在我的讨论进程中还要多说一点——这就是,塔奎尼乌斯被赶走后,人民以一种奇怪的方式享用着他们不熟悉的自由;一些无辜的人被流放,许多公民的财产被抢劫,引进了每年改选执政官制,人民眼前有了一束棍棒,②不论什么样的诉求都获得了许可,平民中发生了分裂,以及,一言以蔽之,几乎所做的每一件事都是为了给予人民在所有事情上的全权。③

莱利乌斯:你所说的是这么回事。

西庇阿:是的,在和平和安全时期,一般来说是这样的,因为一个人只有肆无忌惮时,他才可能放纵妄为,比如说,在一只船上,或者更经常地,当生小病的时候。可是,就是这个水手在大

---

① 这种比较在柏拉图的著作中很常见;一个细致论述的类似例子,见 *Politicus*,298—299。

② 这一束棍棒(*fasces*)加上斧头是最高治理权的象征。这些棍棒由一些随从(*lictors*)搬来,放在一个民众集会前。在城内,这个斧子是不动的。

③ Livy,Book Ⅱ 谈到了这些事件。

海突然变得狂暴时,还有这位病人在疾病严重起来时,都会乞求一个人的帮助;我们的人民也是这样,在和平时期以及处理国内事务时,他们执掌大权,甚至威胁他们的地方行政官,拒绝服从他们,向这人那人或向人民呼吁,可是,在战时他们就会像服从君主那样顺从他们的统治者;因为安全超过任性。的确,在情况更为严重的战时,我们的人民都宁可把一切权力授予一个人,而且他无须同事。这个人的称号就说明了他的权力的特点;虽然他通常被称为"独裁官"(dictator),出自他被"任命"这一事实,①但是,莱利乌斯,你知道,在我们的书中,②他被称为"人民的主人"。

莱利乌斯:我知道。

西庇阿:可见,古时候的人做得很聪明……

约有15行原文遗失。

四十一、……的确,一国人民因为失去一位公正的国王而成为孤儿,像恩尼乌斯所说的:

多少日子悲哀充满他们的胸膛,
每当一位善良的国王到了他生命的终点;
在悲伤中,人们彼此相告,
罗慕洛斯啊,神圣的罗慕洛斯啊,
你是我们祖国强大的屏障,

---

① 西塞罗从 *dico*(意思是"提名"或"任命")这个词中引出了 *dictator*(独裁官)这个称号。

② 即占卜官的记录(*libri augurum*)。参见 Seneca, *Epist. Mor.* 108, 31。

> 难道你是上天派来的吗,为了满足我们的需求;
> 啊,陛下,啊,父亲,来自诸神的血统!

他们称呼那些他们依法服从的人,既非"主人",也非"老爷",也不是"国王",而是"祖国的保卫者"、"父亲"、"诸神";这样的称呼并非没有道理,恩尼乌斯的下一行诗是什么?

> 你领导你的人民走进光明之域。①

他们认为生命、名誉和光荣都是他们君主的正义赐与的。只要君主制的真实形象得以保持,他们的后代就会对君主保持同样的善意;不过,你知道,只是由于一个人的非正义,这整个政府形式便被推翻了。

莱利乌斯:我知道这点,我急于知道这种政府变化发生的进程,并且不仅是我们自己国家的,而且还有其他所有的国家的。

四十二、西庇阿:当就我认为的最佳国家形式提出我的见解时,我还不得不非常细致地提及国家容易发生的那些变化——尽管我认为我心目中的国家根本不容易发生任何这样的变化。这些变化中首先并最肯定的是君主制中发生的变化:当国王开始不公正时,这种政府形式就立刻结束了,而这位君主就成了一位僭主。这是最坏的政府,虽然它与最佳政府紧密相联。如果一些最优秀的人推翻了这种政府,如同常常出现的情况那样,那么,这个

---

① 这两段引文可能都出自恩尼乌斯的 Annales 卷 1。

国家就进入它的三阶段中的第二阶段;因为这个时候的政府形式与君主制相似,有一个由重要人物组成的家长式的政务会为人民的福利作出良善的规定。如果民众自己杀死或赶走了僭主,而且他们的统治比较有节制,这时只要他们是聪明的和审慎的,并且喜爱自己的成就,他们就会努力维护他们自己建立起来的政府。但是,如果民众竟然背叛一个公正的君主,剥夺了他对王国的统治,或者,像更为经常发生的情况那样,他们尝到了贵族们的血并使整个国家服从自己的任性(莱利乌斯,你做梦也想不到任何大海或大火有如此之大的力量,会比一群享受着不习惯享受的权力却不受约束的民众更难以制服),那么我们便会遇到柏拉图曾出色描述的那种情况,①只是我得能用拉丁文重复他的描述;这是困难的,不过,我要试试。

66  四十三、柏拉图说:"如果民众不知满足的喉咙由于渴望自由而变得干渴,并有邪恶大臣帮助,他们会急切地耗尽所有的自由,而不是有节制地调和,自由对他们来说太冲以致消受不了,这样一来,除非管理者和上等人非常温和、宽容并慷慨地为他们提供自由,民众就会迫害他们,指控他们有罪,弹劾他们,称他们为专制者、君主和僭主。"我想你们都是熟悉这段话的。

莱利乌斯:我非常熟悉。

67  西庇阿:柏拉图接着又说:"那些追随杰出公民的人受到这样的人民的迫害并被称之为忠实走狗;而那些虽然担任公职却设法

---

① Plato, *Republic* Ⅷ, 562 C—563 E。正文中下面的文字是对内容的简单复述,而不是翻译。

效法普通公民行为的人,那些努力抹杀普通公民与管理者之间一切区别的人,便被捧到天上并被赋予许多荣誉。在这种国家里,必然是自由到处泛滥,以致不但所有的家庭都没有主人,而且这种无政府的邪恶甚至扩散到家畜,一直到最后,父亲畏惧他的儿子,儿子嘲笑他的父亲,所有的羞耻感都没有了,所有的人都绝对自由,公民与外邦人之间也没有区别;学校校长畏惧并奉承他的学生,而学生鄙视他们的教师;年轻人摆出老人的庄严,而老人则谄媚青年的游戏,因为老人们生怕后生不喜欢他们,怕被认为太严肃了。在这种情况下,即使奴仆们也变得行为不相称地自由,妻子们与其丈夫拥有同样的权利,在充分自由之中,甚至狗呀、马呀和驴子也都是如此自由地到处奔跑,以至于人们在街上不得不为它们让路。因此,"柏拉图推论说,"这种无限制放纵的最后结果便是,公民头脑变得如此吹毛求疵和神经质,只要稍加行使治权,他们便会发怒并不能忍受。由于这种情况,他们也就开始忽视法律了,最后是完全没有任何主人。"

四十四、莱利乌斯:你已经非常精确地把柏拉图的描写告诉了我们。

西庇阿:那么,现在让我们回到我自己的讨论方式吧,柏拉图还说,正是从这种膨胀了的放纵中,从这种被那些人唯一称之为自由的东西中,就冒出了一些僭主,就像从根中长出来的一样,可以说,就造就了一些僭主。因为,正如同贵族政客手中握有过度权力导致贵族制被推翻一样,自由本身会使拥有自由的人民在很大程度上落入被奴役境地。因此,任何极端的事物——例如,无论是天气、田地,还是人的躯体,当条件过分优越时——通常会转向其对立面；在国家问题上，尤其如此，无论是民族还是个人，过度的自由会变成一种极端的奴役。这种极端自由造就了僭主和僭主制的完全不正义和残酷奴役。因为从这样一个没有治理的，或者，更确切地说，不受约束的民众中，常常有某一人——有些鲁莽并堕落的人——被挑选出来当领袖，去反对那些受到迫害并被赶下领导岗位的上层公民，他常常无耻地折磨一些甚至是有功于国的人，他求宠于人民，并把他人的以至自己的财产馈赠给他们。对这样一个人来说，如果他继续是个普通公民，公职权力重新并不断授予新人，那么他就有充分理由忧心忡忡；他周围还有一批武装警卫，如同雅典的皮西斯特拉图斯那样；最终，他成为一个僭主，统治的正是那些当初推举他掌权的人们。如果一些比较优秀的公民出来推翻这样一个僭主，如同经常发生的情况那样，那么，这个国家便重新建立起来了；可是，如果建国的人是那种比较大胆的人，那么我们得到的便是一个寡头政体，而这只是另一种僭主制。同一种类的政府形式也可以从一个优良的贵族政体中产生，只要是某种坏影响使那些上层公民偏离了正确道路。这样一来，国家的统治权就像个球，僭主从国王的手中攫取，贵族或人民又从僭主手中夺走，随后又有某个寡头派别或某个僭主从他们手中窃取，因此，没有一种政府形式能够长久地自我维持。

四十五、由于这种现实，在我看来，君主制就是这三种基本政府形式中最好的一种，但是，一种温和的并平衡了的政府形式（结合了这三种优良的简单政府形式）甚至比君主制更为可取。因为一个国家中必须有一种最高的和高贵的成分，某些权力应该授予上层公民,而某些事物又应该留给民众来判断和欲求。这样一种宪制(constitution),首先提供了某种高度平等,而平等是自由人在任何比较长的时间内难以置之不顾的;其次,它具有稳定性。因为,前面提及的原初政府形式容易蜕化成相应的堕落的政府形式,君主为一个暴君所取代,贵族集团为一个寡头派别所取代,民众为暴民和无政府状态所取代;但是,尽管这些政体常常转变为一些新的政体,这种情况对混合的而又恰当均衡的宪制来说却不经常发生,除非统治阶级中犯了一些重大错误。因为,当每个公民都被牢固地安排在其自身地位上时,就没有理由发生变化,此外,这种政体不存在一种蜕化了的、因此其自身可能堕入或陷入的形式。

四十六、不过,我想,莱利乌斯以及你们大家,我非常亲爱的和博学的朋友们,你们也许会认为,如果我在论题的这一方面花费更多的时间,我就更像一个主人或教师在论述,而不像一个在你们陪伴下,仅仅思考着这些问题的人在谈话。因此,我要转向一个大家都熟悉的题目,而且是我们不久以前还谈论过的题目。因为我相信、深信并宣布,没有其他政府形式——无论就其一般特点,还是其对权力的分配,或者其给予的训练——能够与我们祖先从其前辈承继下来并已经传递给我们的政府形式相媲美。因此,如果你们不反对——因为你们愿意听我谈谈那些你们早已熟悉的问题——我便要说明这种宪制的特点,并指出为什么它是最好的;此外,以我们的政府作为我的模式,我将尽可能使我对理想国家的全部观点符合这一模式。如果我能坚持这个意图并贯彻始终,那么莱利乌斯强加给我的任务,在我看来,就超额完成了。

71　　四十七、莱利乌斯：这个任务确实是你的，西庇阿，而且只是你的；由于你本人就是我们最著名祖辈的后裔，谁还能比你更有资格去谈论我们祖先的宪制呢？谁又更有能力来讨论理想国家呢？如果我们要想有这样一个宪制的话（肯定目前的政体不是），在国家行政管理上，谁又能比你更为出色呢？或者说，在你将我们的城市从威胁它的两种危险中解救出来，①因此也就为它的未来规定了一切之后，还有谁能比你更有资格来谈论关于未来的规定呢？

# 第一卷的残篇

1.……对那些很有学问的人也不适合。

那个曼尼乌斯·佩西乌斯阅读这些文字，

我毫不在乎；让尤尼乌斯·康格斯把它们全阅读了吧。②

2. 由于我们的祖国是那更多恩泽的创造者，并且是比生养我们的父亲更早的父母，因此可以肯定更大的感激归于它比归于一位父亲更为恰当。

3. 如果没有良好的商议和严格的训练，迦太基也不可能有如此巨大的繁荣且长达约六百年。

---

① 即罗马的两个对手，迦太基和努曼提亚，两者均为西庇阿攻克的。
② 引自卢齐利乌斯；可能出自 Saturae 一书的第 16 篇；参见西塞罗 De Oratore Ⅱ,25；De Fin. Ⅰ,7。这一思想似乎是，这部著作不是为那些非常博学者而写，而是为了学生或"一般读者"。

4.……他说,我确实很熟悉你们的这种习惯,熟悉你们对讨论的渴望……

5.确实,你们提到的人的所有讨论虽然蕴含了源源不断的、丰富的品德和知识,但是,如果同其他人的实绩和成就相比就显得——我恐怕会说——为人们提供得更多的是娱乐而不是对实际工作的促进。

6.……你们的这些朋友便都应召离开那里……

# 第 二 卷

1 　一、面对着充满火一样的热情听他讲话的人们,西庇阿开始作如下讲话:

　　我所打算说的是从老前辈加图那里引发出来的,你们知道,对于他,我抱有一种特殊的热爱和最高的敬佩。的确,从我成年以来,依从我个人的自然倾向和我的两位父亲的建议,①我的全部时间都和他在一起;和他谈话我总没厌烦,他在公共事务方面的经验如此令人赞叹,无论在战争时期还是和平时期,凭着他的经验,他都取得了最大的、并且是长时期的成功;同样令人赞叹的是,他演讲时对分寸的恰当把握,风趣和高贵在他身上的统一,无论在学习还是教诲上他所具有的热情,以及他在生活和他的语言之间的完全和谐。

2 　加图常常说,我们的宪制比其他国家的宪制优越就在于这一点:那些国家的几乎每一个宪制都是由一个人,即这些国家的法律和制度的制定者创建的;例如克里特的米诺斯,斯巴达的莱喀古士,以及政府形式频繁变更的雅典的一些人物,最初是忒修斯,

---

① 即,他的亲生父亲卢西乌斯·埃米利乌斯·保罗和他的养父普布利乌斯·科内利乌斯·西庇阿(大西庇阿·阿非利加努斯的儿子)。

后来是德拉科、梭伦、克利斯特尼斯以及其他许多人,而最后当雅典气度衰落耗尽时,法莱雷奥斯的博学者德米特里又使它再度复兴。而另一方面,我们的共和国却是建立在许多人而不是一个人的天才之上;它不是一代人建立的,而是多少个世纪间由许多老前辈建立的。例如,加图说,世界上从来没有生活过这样一个人,他具有把握一切的伟大天资;也不可能有这样的情况,即同代所有人的力量之汇合无须借助于实际经验和时间检验就能为未来制订一切必不可少的规定。

因此,按照加图的先例,我的讲话现在就要回溯到"罗马民族的始点",①因为我喜欢使用他用过的那些词语。但是,如果我先把罗马这个国家的产生、它的生长、它的成熟以及最后成为一个强大健壮的国家向你们作一番描述,而不是像柏拉图的著作②中苏格拉底的例子那样,由我本人构思一个我自己的理想国的话,我会感到我的工作更为容易一些。

二、当众人都表示同意之后,西庇阿继续说道:有哪一个国家的起源能够像这个由罗慕洛斯创立的城邦的建立如此著名或者如此为天下所知?罗慕洛斯是马尔斯之子(我们也许应假定大众传统中的这些是正确的,特别是因为这不仅非常古老,而且一直为我们的先辈明智地传承下来了,我们的先辈渴求这一点,即那些非常值得这个国家尊重的人们应当被视为诸神的真正后裔,同时也具有神那样的品质),人们说,当他出生之后,阿尔班国王阿

---

① 这里指的是加图的历史著作 *Origines*。
② 即 *Republic*。

慕利乌斯害怕自己的王权会被推翻,便命令将罗慕洛斯和其兄弟雷穆斯抛弃在台伯河岸。在那里,罗慕洛斯为一只来自森林的野兽所喂养,并为一位牧羊人所拯救,牧羊人把他养大并在乡间劳动。他长大成人之后,我们听说,罗慕洛斯比他的伙伴们都远为优越,无论是在身体的力量上还是精神的大胆上,以致于生活在乡下——也就是我们这个城现在所建立的地方——的所有人都愿意而且欢迎由罗慕洛斯来统治。他成为这些力量的领袖以后(现在我们已从寓言转到事实上来了),据说,在这些力量的协助下,罗慕洛斯毁灭了当时强大有力的阿尔巴隆加城,并把阿慕利乌斯国王处死了。①

三、当他完成这一件光荣行动之后,据说,他构思了建立一个新城以及——如果具备吉兆——建立一个国家的计划。关于他想建立的城的位置——对于一个期望建立一个长治久安的国家的人来说,这是一个要求最精细的远见的问题——他作出了一个无比明智的选择。他没有将城建在海边,虽然这样做对于拥有人力物力的他去侵占鲁图利人或阿博里金尼人的领土将会更为容易;或者,他本来也可以在台伯河口建城,多年后安库斯国王就曾在那里设立了殖民地。② 可是,我们国家的创始人以卓越的远见洞察到,对于希望建立长治久安且领土广阔的城市来说,在海边建城并非最佳选择,主要是因为沿海城市暴露在多种多样且无法预见的危险之下。可是内陆能够给你警告预示敌人到来,无论是

---

① 参见 Livy Ⅰ,4—6。
② 即,他本来可以选址在海岸边;(1)在罗马的正南,靠近劳伦特姆或阿尔代亚,或者是(2)后来奥斯蒂亚建城的地点。

未预料到的或预料到的敌人,会有许多迹象,会有我也许称之为车马喧嚣声,即人群运动的那种声音;而且,任何敌人从陆上入侵我国也不可能如此迅速,以至于使我们既无法了解敌人就在眼前,又无法了解敌人是谁以及是何时来到的。可是,海上的、乘船而来的敌人却可能在任何人察觉之前到来,而且当他到来时,并不透露他是谁、何时来到或者其用意何在——一句话,甚至没有任何表明他是朋友或敌人的痕迹显露出来并据此作出判断。

四、沿海城市还会遭受某种确定的腐败以及道德的败坏,因为它们会接受多种陌生语言与风俗习惯的混合,而且有外来生活方式以及外来商品进入,因此它们祖先的一切制度都不可能维持不变。甚至其居民也不会死守在他们的居住地,为飘渺的希望与梦想所诱惑,他们会不断远离家园;即使他们身在家中,他们的思想也会漂流海外,到处漫游。事实上,迦太基和科林斯,虽然它们早已长期摇摇欲坠,但导致它们最后沦陷的,[①]最大的影响莫过于其公民四处离散。对贸易与航海的欲求,使得他们抛弃了农业和对军力的追求。另外还有许多东西导致这两个国家的灭亡,比如热衷于奢侈品,它们都是从海上来的,不是来自俘获就是来自于进口。此外,仅仅是对这个地方的喜好也随之带来各种享乐的诱惑,或者是通过奢侈,或者是通过懒惰。而我说到的科林斯的情况,对于整个希腊,也许都可以说是如此;因为,伯罗奔尼撒半岛的整个区域几乎都与海洋相邻,这一地区,除菲利乌斯人外,任何民族的领土都与大海相接;而在伯罗奔尼撒半岛之外,只有埃尼

---

[①] 这两个城市均于公元前146年为罗马侵占。

9 安人、多里士的居民以及多洛普斯人是远离大海的民族。为什么我要谈一谈希腊的这些岛屿呢？因为这些人为海浪所包围，可以这样说，不仅是他们自己，就连他们那些城镇的习惯和制度也都是漂浮不定的。希腊人家乡的情况便是我所说的那样；而另一方面，希腊人在亚细亚、色雷斯、意大利、西西里以及阿非利加开拓的所有殖民地中，只有马格尼西亚除外，哪一处不是海浪冲刷的地方？确实，看起来野蛮人的土地似乎都与希腊人的海岸相邻；因为这些野蛮人原来全都不是以航海为生的民族，埃特鲁里亚人和腓尼基人除外，后者以贸易为目的，而前者是海盗。很明显，希腊人遭受诸多邪恶和革命的原因要追溯到我刚才简略提到的沿海城市所特有的缺陷。但是，尽管有这些缺陷，它们仍有一个巨大的优点，即世界各地的产品都可以通过水路运到你们所生活的城镇，而反过来，你们的人民也可以运载或发送他们自己土地上生产的各种物品到任何他们愿意运去的国度。

10 五、罗慕洛斯将他的城市建立在一条河面宽阔、流量恒定、从不枯竭且奔腾入海的大河之岸，使自己同时获得了海洋的优点却又避免了它的缺陷，他当初的明智之举还能比此举更为卓越吗？这样一条河流使得这个城市可以利用海洋来输入它所缺乏的，同时又输出它所生产的丰盛产品；同样是利用这一手段，这个城市不仅可以从海上运进，而且可以从陆上，由其水路运载，获得对于其生活和文明最紧要的任何物品。① 所以在我看来，罗慕洛斯必定从一开始就有了一个神圣的看法，即此城有一天将成为一个强

---

① 这一句子的文字不很确定，但大致意思是清楚的。

大帝国的所在地和基石;因为在意大利难以找到其他地方建立一个能够更容易维持我们目前如此广大的统治范围的城市。

六、至于这一城市自身的天然防线,谁会如此缺乏观察力,以至于他心中没有一个关于天然防线的清晰轮廓呢?罗马城墙的路线和走向都已为罗慕洛斯和后继的国王明智地作了安排,城墙都位于那些险峻与陡峭的山坡上,在埃斯奎利诺山与奎里纳尔山之间只有一条通道,通道上有抵御敌军的巨大壁垒和坚固壕沟。我们的要塞是如此坚固,四周峭壁,巨石如劈,即使在高卢人来犯的那段可怕日子里也很安全,固若金汤。① 此外,虽然他选择的地方位于有传染病的地带,但那地方的泉水却丰富且洁净;因为那里多山,不但享有徐徐清风,同时给山谷带来阴凉。

七、罗慕洛斯很快完成了这一切;在建造好此城之后(他下令以他的名字来称呼此城为罗马),为强化这个新的国家,他采纳了一个计划,虽然此计划别出心裁并有点野蛮,却是为了保证他的王国与民族的繁荣,这显露出他是一个伟大的人物,甚至在当时他就遥知未来。因为当那些有高贵血统的萨宾少女在孔苏斯节②之际来到罗马,在罗慕洛斯刚刚设计建筑的圆形竞技场上观看一年一度庆祝活动的竞技比赛时,罗慕洛斯命令捉拿她们并让她们同那些最有声望家族的青年结婚。萨宾人因此被激怒了并对罗马人发动战争,冲突的命运多变,结局难卜,这时,罗慕洛斯和萨宾国王提图斯·塔提图斯订了一项条约,那些被偷来的妇女本人

---

① 依据通常罗马传说,这是在公元前390年;一些希腊作者的记载则是在此三年或四年之后。
② 庆祝收获之神孔苏斯的节日,孔苏斯后来似乎被混同于尼普顿神。

要求签订这一条约。根据这项条约,他不但使萨宾人加入罗马公民的行列,让他们参加罗马国家的宗教仪式,而且使萨宾国王分享了罗慕洛斯的王权。①

14　　八、但是,在塔提图斯死后,治理国家的全部权力又回到罗慕洛斯手中,虽然当年在他选择一个由最杰出人物(由于人们对他们的热爱,他们被称为"元老")组成一个王室委员会时,在他把人民划分为三大部落(分别以他自己的名字、塔提图斯的名字和他的盟友卢库穆的名字来命名;②卢库穆已在萨宾之战中身亡),以及再划分为三十个族区(以那些被偷来的萨宾少女的名字命名,她们曾请求签订一个和平条约)时,他都是和塔提图斯一起干的。虽然这些安排在塔提图斯生前就已做出,然而在这位国王死后,罗慕洛斯在治理国家的活动中对元老们的影响与建议更为尊重。

15　　九、只是在采用了这一政策后,罗慕洛斯才第一次发现并同意了莱喀古士不久前在斯巴达发现的一条原则;如果国家最杰出者的势力加入了统治者的绝对权力,一个国家由一个人的权威即由王权来统治和指导就更好。因此,在这个顾问机构(我们可以称这个机构为"元老院"③)的支持和维护下,他向邻国发动了多次最为成功的战争,而且,尽管他从来没有把战利品带回自己家中,他却从来没有停止让他的人民因此致富。他对占卜也完全顺从,

---

① 参见 Livy I,9 和 13。
② 这三个部落称为 Ramnes (Ramnenscs, Ramnetes)、Tities (Titieses) 和 Luceres (Lucerenses)。这些名字的真实出处并不确定。参见 Livy I,13。
③ Senatus(元老院,拉丁文。——中译者)出自 senex,即"老人们"。

对这种风俗我们至今仍认为与国家重大安全有关。因为他不仅仅在建立这一城市时——这一行动是我们共和国的始点①——进行了占卜,而且在采取任何公共行动之前,他都请来一些祭司,每个部落请一个,同他一道进行占卜。他还把一般平民划分到有名望的公民之中,使后者成为他们的保护人(后面,我将讨论这种安排的用处);他对那些违法者加以惩处,但不是对他们的人身施用暴力,而是处以以羊和牛构成的罚金;因为那时的财富包括家畜(pecus)和土地(loci)所有权,从这两种财产,我们得出"财富"(pecuniosus)与"富有"(locuples)的语词。

十、罗慕洛斯统治了 37 年,为我们的共和国奠定了两块非常出色的基石,这就是占卜和元老院。在这以后,他的伟大成就导致了这样一种确信:当他在太阳突然变暗即将消失之际,②诸神中又增添了他。这种关于个人的看法,在其他国家实在是从来也不可能发生的,除非这个人因为美德而极为知名。罗慕洛斯的情况是最值得令人赞叹的,因为所有其他据说已经成为神的人,都生活在蒙昧年代,那时人们非常热衷于编造荒唐无稽的故事,而无知的人也容易上当而相信这些人。我们知道,罗慕洛斯生活在不到 600 年前,那时书写与教育都早就存在,所有上述那些在不开化状态下生发的错误的初民观念都已被清除。因为,如果罗马城——根据希腊人的编年史我们得知——是在第七届奥林匹克竞技会后的次年建立的话,③那么罗慕洛斯在世时正是希腊人已

---

① 参见 Livy Ⅰ,6—7。
② 参见本书第 1 卷,第 25 节(即本书边码所示段落,下同。——中译者)。
③ 即公元前 751 年,关于罗马城建立的传说在日期上有很大差异。

经有大量诗人和音乐家的时期,这时人们除了对很早以前的事件外并不轻信神话。因为第一次奥林匹克盛会①被定在莱喀古士开始写他的法律后 108 年,尽管有些人由于重名而误认为奥林匹克竞技会的制度也是由这个莱喀古士确定的。可是根据最可信的估计,荷马生活在莱喀古士之前大约 30 年。② 因此,很清楚,荷马生活的年代比罗慕洛斯早很多年;因此,罗慕洛斯在世期间,已经有许多博学的人,而且那也是一个注重文化的时期,编造神话几乎没有机会。因为,只有在太古时代才接受那些荒诞的故事,有时甚至这些故事编造得很粗糙,而罗慕洛斯时期已经是文明时期,那些不可能发生的故事会很快为人嘲笑并嗤之以鼻。

有数行遗失了。下面这一节是片段,虽经修补但仍不确定。

然而,看来西庇阿可能提到了生活在他们讨论的这一时期的几位希腊诗人,最后一位是西蒙尼德斯。

……通过他的女儿到他的外孙,据说如此。就在他死的那一年,在第 56 届奥林匹克竞技会那一年,③西蒙尼德斯出生了,所以,我们很容易知道这个时期——罗慕洛斯变为永生的故事获得相信的时期——是这样的:一个人的生命已经成为一个古老的经验问题,而且人们对此早已有所反思并已经确定了它的性质。然而,罗慕洛斯身上肯定有这样一种显著的能力,即依靠那个未受

---

① 公元前 776 年。

② 西塞罗在此将莱喀古士确定在公元前 884 年,将荷马定在公元前 914 年或者更早。

③ 第 56 届奥林匹克竞技会是在公元前 556—前 553 年。克奥斯的西蒙尼德斯出生日期传说是公元前 556 年,因为人们相信西蒙尼德斯的出生和斯特西克罗斯的去世是在同一年,这里提到的可能就是这些人。

过教育的农夫普罗库卢斯·尤利乌斯的权威而使人们相信他,而这在此前的许多年代里人们对于任何人都没有这样相信。据说,在元老们的鼓动下(元老们希望消除他们自己对罗慕洛斯之死的一切怀疑),普罗库卢斯在一次公众集会上宣称自己曾在那座现在称作奎里纳尔的山上看到过罗慕洛斯,他还说罗慕洛斯嘱咐他请求人们在那个山上为他建一座神庙,因为他现在是一位神并叫做奎里努斯。

十一、你们是否察觉到,这样一来,由于这个人的智慧,一个新民族就不像一个被简单地带到世上并被遗弃而在摇篮里啼哭的婴儿,它已长大成人并达到了成人的成熟?

莱利乌斯:我们确实体察到这一点,而且还体察到,就你来说,你已经进入一个新的讨论风格,而这种风格在希腊人的著作中还从未运用过。因为那位杰出的希腊人①——他的著作还从未有人能超过——是从有一大片未被占用的土地这样的假设开始讨论的,因此他也许可以在其之上建立一个他认为合适的国家。他的国家也许会是个出色的国家,但它与人们的实际生活和习惯却不大合拍。他的后继者们②讨论过国家的不同种类及其基本原则,但没有提出任何确定的范例或模式。可是你,我推想,打算把这两种方法结合起来;因为你已经探讨了你的问题,似乎你更倾向于赞赏你自己的发现而不是其他类型,不是以柏拉图著作中的苏格拉底为榜样自己来创造一种新型国家。你说到你的国家的

---

① 柏拉图:随后的引述出自《理想国》。
② 亚里士多德、狄奥弗拉斯图斯以及其他人(参见 Cicero, *De Divin.* Ⅱ, 3; *De Leg.* Ⅲ, 13—14)。

位置时,你提到的是一个确定的原则,是罗慕洛斯出于偶然或必然的原因而完成了的一些事情。此外,第三点,你的讨论不是海阔天空,而是把它限定于一个国家。因此,请你按前面那样继续一个个讨论后继君主的统治吧,因为我想,我可以预见这个国家不断趋于完善。

十二、西庇阿:好吧,那么,当罗慕洛斯的元老院(元老院由一些最杰出的人物组成,并一直为这位君主所偏爱,他渴望其成员被人称为"元老",元老们的孩子被称为"贵族")①在罗慕洛斯死后试图废除君主而由自己去统治这个国家时,人民却不能容忍这样做,出于对罗慕洛斯的强烈思念,他们要求此后继续有君主。于是这个由一批智谋出众的上层人物构成的机构设计了一个崭新的、在其他任何国家从未曾听说过的计划——王位空缺。②他们的目的是,在选择一位永久的国王之前,这个国家既不是没有君主,也不服从任何一位将长期拥有王位的君主;他们认为这个国家不应处于这样一种情况,即有一人因逐渐习惯于拥有权力而不愿放弃君主的专有权或者牢牢地把握这种权力。因为,即使在那个时期,这个新生的民族已经察觉到斯巴达的莱喀古士未曾察觉的一个事实;因为莱喀古士的观点是,君主不应是随便挑选出来的(假定莱喀古士的权力可以扩大到这个限度),而应是保持这种权力的人——不论他可能是什么样的一种人,只要他是赫耳枯勒斯家族的后代就可以了。可是,我们的祖先,尽管那时还是些乡

---

① 西塞罗从 *patres*(元老)得出了 *patricii*(贵族)一词。
② 见 Livy Ⅰ,17。

下人,却认识到应当追求的品质是君主的品德和智慧,而不是高贵的世系。

十三、由于努马·庞匹利乌斯在这些方面的卓著品质而名声在外,于是人民在元老的忠告下不考虑自己的公民而选择了一位外族人作为他们的君主,他们邀请了这位来自库雷斯的萨宾人到罗马来统治他们。当努马到来时,虽然罗马人已经在库里亚会议推举他为国王,他却仍然主动地召开另一次元老院会议通过法律来肯定他的君王权威。此外,他看到作为在罗慕洛斯统治下的生活方式的结果,罗马人充满了发动战争的热情,因此他认为最好是适当地遏制一下这种倾向。

十四、他首先把罗慕洛斯在战争征服中获得的土地分配给公民,每人一份,并告诉他们,通过耕耘田地他们就可以获得丰富的各种物品而不用诉诸抢劫或掠夺。这样,他就在他们心中种下了对和平与安宁的喜爱,这使得正义和诚意最容易兴旺;在他的保护下,耕耘土地和享有耕作的产品最为安全。庞匹利乌斯还建立了"更大的占卜"制度,在原有人数上增加两个占卜官,并从最杰出的公民中挑选了五位大祭司来负责宗教仪典;通过宗教仪式的引入,尽管原来的法律仍在我们的记录中保全,他却消除了人民对战争生活的热望,而那种生活曾是他们习惯已久的。他还委派了主持祭祀战神马尔斯的祭司和维斯太贞女,[①]他又以最虔诚的渴望建立了我们宗教的各个部门。他的愿望是,这些仪典的恰当举行本身就应当艰难,而不希望能轻易获得举行仪典所必需的设

---

① 关于这些僧侣职务的设置,参见 Livy Ⅰ,20。

施,因为他规定了许多东西都是必须用心学习并谨慎遵循的,而不必花费什么金钱。① 这样一来,他使履行宗教职责很费力却花钱很少。他还建立了一些市场、竞赛和很多人集会的其他各种机会。通过这类风俗习惯的建立,他把那些由于热爱战争而变得野蛮和残忍的人们的思想转向仁爱和慈善。就这样,他在完全和平与和谐中治理了 39 年(让我们遵从我们的朋友、最有权威的波利比乌斯,他在年代学方面的准确是无人超越的),在建立了对这个国家的稳定有最突出贡献的两个要素——宗教与和平精神——之后,他去世了。

28　　十五、在西庇阿谈论到此刻时,马尼利乌斯说到:阿非利加努斯,是否真有这样的传说,说努马国王是毕达哥拉斯的学生,或者,至少是他的一位追随者? 我们常常听我们的长辈这么说,并注意到这是为众人所相信的;但是,我们又都很确定,这种说法不可能在我们官方的记录中得到确证。

西庇阿:这个故事完全是虚假的,马尼利乌斯,它不仅是一个编造的故事,而且也是一个愚昧荒诞的故事。虚假确实无法容忍,它们不仅仅是明显的编造,而且即使就我们所知来说,它们也不曾可能发生。因为,这一点已经确定,即在卢修斯·塔奎尼乌斯(高傲者)在位的第四年,毕达哥拉斯访问锡巴里斯、克罗顿城

29 以及与意大利邻近的一些地方;因为据记录苏帕布斯的即位和毕达哥拉斯的来访都在同一届,即 62 届奥林匹克竞技会期间。② 根

---

① 参见《法律篇》Ⅱ,19 和 25。
② 第 62 届奥林匹克竞技会是公元前 532—前 529 年。

据这个事实,再加上所有罗马君主的在位时间,我们便可以知道毕达哥拉斯第一次来到意大利大约是努马死后 140 年;①对于那些曾仔细研究过编年大事录的人来说,他们心中对此从来没有任何怀疑。

马尼利乌斯:天啊!永生的诸神!这样一个大错误竟流传了这么久!我们罗马人不是从海外,而是从我们民族的本地英才中获得我们的文化,而我对此并不感到遗憾。

十六、西庇阿:不过,如果你观察我们的共和国的发展,通过一种我们也许称之为自然之路的路径,最终达到理想的境地,那么你将能更容易理解这一点。不仅如此,你还会进一步认为,仅仅因为下面一个你们很了解的缘由,我们先辈的智慧也值得称赞,这就是,那些制度原都是从海外引进的,但其中许多已经为我们所改进,一直改进到这些制度比它们在我们所借鉴的国家以及它们的发源地还要优良得多。因此你们就会明白,罗马人民之所以变得伟大,并不是出于偶然,而是由于良好的计划和纪律,尽管应当肯定,我们也得到了幸运之神的青睐。

十七、自从庞匹利乌斯王死后,罗马民族在他们的族区大会上,在一位临时摄政王主持之下,选择图卢斯·霍斯提利乌斯为他们的国王;他遵循庞匹利乌斯的先例,就在同一个族区大会上,②就他拥有王权的问题与人民磋商。这位国王在军事计谋和战争活动上非常杰出;通过出售战利品的获利,他建立了一个公

---

① 努马的去世因此大约在公元前 672 年;根据他的在位时期以及前面所提到的罗慕洛斯在位时期,努马去世当在公元前 675 年。

② 字面意思是,"由族区组成的族区大会"(curia by curia)。

众集会的会场以及一个元老院的会场,而且建起了围墙;他还制定了宣战法则。通过祭司团的仪典,①他将这部自己亲自制定的非常公正的法典神圣化,于是,凡未经公开宣布或宣告的战争就应当视为非正义的和邪恶的。从这里,你也许会注意到我们早期的国王是何等智慧,他们感到某些权利应当授与人民(对这个问题,我将在后面作详细的论述),他们观察到,没有人民的许可,图卢斯也没有贸然接受王位的标志。因为,尽管他可能会被允许由十二名手持束棒的扈从在他前面引路⋯⋯

> 约有十五行文字遗失了。据圣奥古斯丁《上帝之城》的第三卷第十五章,遗失的部分包括这样一种说法:虽然图卢斯·霍斯提利乌斯为雷电所击致死,但并没有如同罗慕洛斯之死那样,谣传他被送上天堂,也许这是因为罗马人不愿意其他人分享他们的第一位国王的这种荣誉。②

33  十八、⋯⋯按照你所给予的解说,这个共和国就不是在迟缓爬行,而是正飞向理想的境地。

西庇阿:继他③之后,这个民族选择了努马·庞匹利乌斯的外孙——安库斯·马蒂乌斯为君主,他也设法通过一条库里亚法律以确认他的王权。在以战争征服拉丁各族之后,他把他们都并入罗马国家;他还把埃文提尼小山和塞利乌斯小山划入罗马城,把他所征服的地方分给公民,把他征服获得的海岸地带都种上树

---

① "祭司团"(fetiales)是一个祭司组成的社团,其仪典责任与国际关系相关,特别是与宣战和媾和有关。

② 关于图卢斯·霍斯提利乌斯在位期的叙述,参见 Livy Ⅰ,22—31;关于他的去世请看31。

③ 即图卢斯·霍斯提利乌斯。

林;他在台伯河口建立了一个城,①并把殖民者安置在那里。这样,在位23年之后,②他去世了。

莱利乌斯:真是位值得称赞的君主!但罗马的历史确实太不清楚了,尽管我们知道这位国王的母亲是谁,但却不知道他父亲的名字!

西庇阿:确实是这样;但是,就那一段时期来说,除了这些国王的名字外,留给我们的几乎没有任何确定的东西。

十九、也就是在这时,这个共和国才似乎首次熟悉一个外来的教育制度。因为从希腊流进我们城市的确实不是一条小溪,而是一条文化与学术的大河。据说,科林斯的一位无论在社会地位、影响力和财富上都很显要的德马拉图斯,由于无法忍受该国西普色洛斯的暴政,带着他的巨大财富逃到了埃特鲁里亚最繁荣的城市塔尔奎尼。而当他得知西普色洛斯专制已经确立,这位热爱自由的勇者便成为他自己国家的长期流放者,并被接受为塔尔奎尼的公民,他就在那里安了家。当他的塔尔奎尼的妻子为他生了两个儿子之后,他就按照希腊制度教授他们一切技艺……

> 约有十行遗失了。接下去谈及的是德马拉图斯的儿子卢修斯·塔奎尼乌斯。

二十、……很容易地获得公民资格之后,[卢修斯]便由于他的品性和蔼和博学多知而成为安库斯国王的朋友。他们是如此之亲密,以至于人们认为卢修斯参与了国王的所有决策,几乎是

---

① 即奥斯蒂亚("河口"),罗马的海港。
② 参见 Livy Ⅰ,32—33。

分享了王位。此外,他具有巨大的个人魅力,而且,对所有公民他都给予支持、帮助和保护,甚至给予财产上的接济,显示了他最大的慈善。因此,在马蒂乌斯\*死后,罗马人通过一致投票选举卢修斯·塔奎尼乌斯为国王(由于他已经改变了他原来的希腊名字,这样显得他在各方面都接受了这个新国家的习惯)。在他设法通过法律确认他的王权之后,他首先将元老院议员的人数增加了一倍,并授予那些以前称为"长老"的人以"较大家庭的元老"的称号(当然,做这些事之前都征求了他们的意见),而对那些他新增加的元老院议员,则称之为"较小家庭的元老"。然后,他建立了我们今天仍然保留的骑士组织;然而,尽管他想改变拉姆尼斯、蒂提斯和卢塞里亚家族的名称,①却未能做到,因为著名的占卜官阿图斯·奈维乌斯不同意。据我所知,科林斯人也同样给他们的骑士提供了由国家所有的马匹,并提供饲料,这都是从一些寡妇和孤儿那里征收来的捐赠。② 总之,卢修斯在旧的骑兵组织中添加了新的骑兵组织,使之共有 1800 匹马,比原来数目增加了一倍。后来,他征服了埃魁人,一个强大、好战且威胁罗马民族福利的民族,他还用他的骑兵把萨宾人从罗马城下赶走,并最终完全征服了萨宾人。传说还告诉我们说,他发明了一种叫做"罗马人"的伟大竞赛;③在和萨宾人交战的一次战役中,他发愿要在卡皮托山上

---

\*　原文为 Marcius 显然有误,当为 Martius(马蒂乌斯)。——中译者
①　见本卷第 14 节。
②　参见 Livy Ⅰ,43,9。
③　见 Livy Ⅰ,35。

为至尊至善的朱庇特建立一座神庙;他在位 38 年之后去世。①

二十一、莱利乌斯:现在我们有进一步的证据表明,加图的说法是准确的,即我们国家的建立既不是在一个时代也不是由一个人完成的;因为很明显,每一个国王都贡献了许多优良且有用的制度。但是,在我看来,下一个君主比其他人都更懂得国家的治理。

西庇阿:很正确;因为在塔奎尼乌斯之后是塞尔维乌斯·图利乌斯;按传说,他是第一个未经人民挑选而获得王权的人。他们说,他的母亲是塔奎尼乌斯家的一个奴隶,他的父亲是国王的一位侍从。虽然他是作为一个奴隶被抚养长大,并侍候国王进餐,但他那即使在儿童时代就放射出来的天才火花并非未引起人们的注意,在他的每一项工作中和他说的每一个词中都表明他很有才华。由于这个原因,塔奎尼乌斯——他自己的儿子们仍很年幼——对塞尔维乌斯非常喜爱,以至于人们把塞尔维乌斯视为他的儿子;此外,这位国王还尽最大关心,并按照希腊人最细致的做法实施,使塞尔维乌斯获得国王自己曾研究过的各个学科的教育。

但是,当塔奎尼乌斯被安库斯的儿子们阴谋杀害之后,塞尔维乌斯开始统治罗马——如同我前面所说的——并没有经过人民的正式推选,而只是得到了他们的善意和认可。因为当时有虚假的报告说,塔奎尼乌斯虽然因伤卧病,但他仍然活着;又说,塞尔维乌斯在执掌王柄时,宣布了一批判决,以自己的资财免除了

---

① 参见 Livy Ⅰ,34—38。

一些债务人的债务,并大献殷勤,使人民相信他是在根据塔奎尼乌斯的命令执行审判。他并没有让自己为元老院的权力所左右,但是,当安葬了塔奎尼乌斯之后,他就自己的权力问题征求了人民的意见,而当人民欢迎他当国王时,他召开了部族会议通过法律确认了他的王权。在位之初,他向埃特鲁里亚人发动了战争,对那些有罪者的不公进行了报复。从这次[战争]……

约十五行文字遗失了。在这十五行文字之后,我们看到西庇阿在描述塞尔维乌斯国王的改革,特别是百人队大会制。

二十二、……最富有的18人。随后,塞尔维乌斯从全体人民中挑选了一大批骑士,把余下的公民分为5等,把年长者和年轻人隔离开。他按照这样一种方式进行了这一划分,即使得最大多数的票数不属于普通公民而是属于富人;他实施这样一个原则(这一原则在共和国应当总是坚持),即最大多数人不应拥有最大的权力。如果你对他的体系不够清楚,我就描述它,但是你已经知道这样的安排就是:① 这些拥有6张选票的骑士百人队,加上第一等级,再加上对罗马有巨大用处的木匠所组成的百人队,一共有89个百人队。这样,在剩下的104个百人队中,只要有8个百人队附和那89个百人队,就可以行使这个民族的全部权力了。其余的96个百人队,包括了公民的大多数,将既不会被剥夺投票权,因为那样将会导致专制;也不会给予他们很大权力,因为那样将会有危险。在这一安排中,塞尔维乌斯仍是小心翼翼,即使在他所

---

① 这一句以及下一句从属于哪一句,并不确定。因此,这里的细节有疑问,但是大致原则是清楚的;也就是说,这一大会的构成将是这样:尽管上层阶级在数量上是少数,却控制着骑士百人队的多数。

使用的称号和名字上亦如此,因为他称富人为"交付钱财的人们",①因为是他们支付了国家的费用。他把那些收入低于1500第纳里或那些除了自身一无所有的人称之为"生育孩子的人们"②,以此来给人这样一种印象:子孙,也就是说,国家的后代要指望他们。96个无产者等级的百人队中的每一个都有几乎比整个第一等级为数更多的人。因此,尽管没有一个人被剥夺了选举权,但选票的多数是掌握在那些对国家的最高福利至关重要的人们的手中。此外,那些国家机关的信差,那些辅助性的军队,那些号兵以及吹角号的,那些无产者……

　　　　约有30行文字遗失了,它们和以下的片段可能构成一个部分。在这部分的最后提到了迦太基。

　　二十三、……[我认为],对一个国家来说,最好的政制是前面提到的三种政体形式——君主制、贵族制和民主制——的均衡结合;它不会由于惩罚一个粗鲁、野蛮的人而激动起来……

　　……65岁了,因为那是在第一次奥林匹克竞技会39年之前建立的。③ 生活在很早时候的莱喀古士几乎有同样的观点。这种均衡的制度,这种三种政制的结合,在我看来,对那些民族和对我们民族是共同的。但如果可能,我将更加完整、更加准确地描述我们自己共和国的独一无二的特点,这是可以想象到的最为光彩的特点,因为,任何其他国家中都找不到类似的特点。由于我提

---

　　① 西塞罗从 *as*(钱币)和 *do*(交纳)两词中引出富人(*assiduus*)一词。参见 Aulus Gellius XVI,10,15。

　　② 西塞罗从 *proloes*(后裔)一词中得出了无产者(*proletarius*)一词。

　　③ 这也就是说迦太基是在公元前815年建立的,大约比罗马早65年。

及的这些因素在我们国家结合的方式就如同当年一样,[①]如同斯巴达人和迦太基人国家的结合方式一样,其方式就是在这些因素中不存在任何平衡。因为在有一位官员终生任职——特别是,如果他是一位国王——的国家中,即使那里有一个元老院(例如在罗马君主制时代以及斯巴达在莱喀古士法典统治下都存在过元老院),甚至即使人民也拥有某些权力(像我们的人民在我们的国王统治下那样),尽管有这些事实,但王权却必定是至高无上的,而这样的政府就不可避免地是君主制,并且它将不可避免地这样被称呼。在所有政府形式中,这种是最易变化的,因为一个人的种种恶习可能推翻它并轻易将它推向彻底的毁灭。因为君主政体本身不但不应该受到谴责,而且如果我赞同任何一种单一政体的话,我会倾向于认为,只要它保持其真正特点,它就是最好的单一政府形式。但它要保持其真正特点,只有公民的安全、平等权利和安宁由一个单一统治者的终身权威、他的正义和他的完美智慧来维护才能实现。应当清楚,由一位君主来统治一个民族就剥夺了许多东西,特别是自由;自由不存在于为一位公正的主人[服务]之中,而存在于不为[任何主人服务]之中……

　　　　约有十五行文字遗失了。在这些话之最后,引证了塔奎尼乌斯·苏帕布斯的统治作为君主制蜕化一个例子。

　　二十四、……不过,他们还是忍受了[塔奎尼乌斯的暴政;]因为,即使这个不公正与残暴的主人在他的活动中有时也有好运。确实,他征服了整个拉丁姆地区并且夺取了繁荣的苏厄沙·波米

---

[①] 即君主制时代。提到的因素是君主、贵族和民主。

蒂亚城以及它的大量财富,由此获得了大量金银;用这笔财富,他履行了他父亲的许愿,建立了卡皮托尔神庙;[①]他还建立一些殖民地,并遵循先辈的例子,给德尔斐的阿波罗神庙送去了大量礼物——一份最初的收获物,也就是他的战利品。

二十五、就在这时,开始了自然运动和循环进程的发展轨道,对此你们一定要从它的起点起就熟悉。因为我们的全部对话的目标就是获得政治上的智慧,而这种智慧的基础就是要理解政体通常将经历的弯曲路径;为此,当你知道任何国家会趋于向哪个方向发展时,你也许能够不让它前进或者能采取一些措施来迎接这一变化。

这时,我们正谈论的这个君主,[②]他的双手已经沾满了那位最杰出的国王的血,[③]从在位一开始就没有一颗清白的良心;此外,由于他害怕会因自己的罪行而遭受最严厉的惩罚,他就希望别人都畏惧他。后来,靠着他的多次胜利和他的财富,他变得骄傲自大,既不能控制自己的行为也不能控制住其家人的种种低下欲求。他的大儿子强暴了特甲西庇提努斯的女儿、康莱提努斯的妻子卢克雷蒂娅,这位高贵而有品德的妇人出于愤怒便以死来惩罚她自己;这时,卢修斯·布鲁图斯,一位有出色智慧和罕见勇气的人把他的公民伙伴们从不公正的、残暴奴役的重轭下解放出来。尽管布鲁图斯只是一位无官职的公民,他却承担了治国的全部重担;并且在我们国家他第一次论证了这一点,即当他同胞的自由

---

① 见 Livy Ⅰ,55。
② 塔奎尼乌斯·苏帕布斯。
③ 塞维乌斯·图利乌斯。

需要保护时,任何人都不是不承担公共责任的公民。在他的提议和领导之下,人民起来了,不仅是出于他们记忆犹新的卢克雷蒂娅的父亲及其亲属的痛苦诉说,而且出于他们自己记忆中塔奎尼乌斯的骄横以及他和他的儿子们所干的许多不公正的行为,人民放逐了这位国王、他的孩子以及整个塔奎尼家族。①

二十六、因此,难道你们没看见,一个国王是如何变成一个暴君的,一种好的政府形式是如何由于一个人的过错就变成最坏的政府形式?因为,在这里我们看到的是一位在整个民族之上的主人,希腊人称之为僭主;希腊人认为,君主的称号只能给予那种像父亲关心其子女一样关心其人民的福利,使得推举他来统治的人们享有尽可能好的生活条件的统治者。这样的政府确实如同我所说的是一个好政府,然而它倾向于,而且——我可以大致这样说——自然地趋向于那种最腐化的条件。因为一旦这个国王变得不像昔日那样的公正的主人时,他就立刻成为一个僭主;人们不可能想象还有比僭主更卑劣和更可怕,或者是更仇恨诸神和人类的动物了;因为,他虽然有着人的外形,但在残暴天性上他却超过最凶狠的野兽。怎么能把人这个称号给予一个不渴求任何社会正义、在同其公民同伴——甚至任何一部分人类——的生活中不渴求伙伴关系的人?不过,在我们的讨论中会有更合适的地方来探讨这个问题,即当事件进程迫使我们谴责那些甚至在国家解放之后仍追求专制权力的人的时候。

---

① 关于卢克雷蒂娅的被强暴和塔奎尼乌斯的被放逐的记载,见 Livy Ⅰ,57—60。

二十七、因此,在此你们已了解了僭主的起源;因为这就是希腊人给予一个不正义的国王的称号,而我们罗马人却一向称呼所有终身对一个民族行使唯一权威的人们为君主。因此,例如,有人说斯普里乌斯·卡修斯、马库斯·曼利乌斯以及斯普里乌斯·麦里乌斯都企图争得王位,而最近[提比略·格拉古]……

  约有十五行文字遗失了。很明显,接下去的句子谈的是莱喀古士。

二十八、[莱喀古士]称呼这个斯巴达的[团体为 gerontes①];不过,其人数很少,事实上只有 28 人,这些人按照他的计划将在议事会中拥有最高权威,而国王拥有最高的执行权。此外,我们的祖先以他为先例并翻译了他所使用的称呼,把这个他称之为"老人会"的团体起了个"元老院"的名字;②如同我们说过的,这是罗慕洛斯选择这些长老之后自己的决定。但是君主的权力、权威以及君主这个称号本身在这样一个国家中仍然是至高无上的。当然,也给与人们某些权力,就像莱喀古士和罗慕洛斯所做的那样;你不要给他们允分的自由,而 当你允许他们的不过是尝尝自由的滋味时——仅仅是激起他们对自由的欲求,引起他们对自由的胃口而已。对不公君主的畏惧可能出现——因为这确实经常发生——并一直沉重地压在他们的心头。因此,任何一个民族的幸运,正如我已经解说过的,如果依赖于某一个人的意志或性格的话,那么就是脆弱的。

---

① 即"老人会"。
② 见第 15 节。

51 二十九、所以,我们也许可以设想,僭主制的第一种形式和它的变种以及它出现的方式,在我们这个国家(罗慕洛斯在占卜之后建立的)已经暴露,而在苏格拉底描述的国家却没有(因为柏拉图在他那部著名的漫步对话里这样告诉我们[①])。因为,正如塔奎尼乌斯这个例子所发生的情况一样,这位僭主推翻整个君主制并非由于他攫取了什么新权力,而仅仅是通过错误使用他已拥有的权力。我们可以将他与另一类型的统治者作对比,即人们所说的善良、聪明而又有技巧的一国公民的实际利益与自尊的监护者和保卫者;因为这些称号只授与一个民族的真正指导者和掌舵人。务必要认识到,你们有能力识别这种人,因为他是一个既能够通过议事也能够通过行动来维护国家安全的人。然而,由于这个问题在我们的谈论中至今尚未加以充分探讨,而且,由于我们在后面的对话中将不得不经常考虑这类人,[此刻我们就不多谈了。]

约有四页文字遗失了。下面段落谈的题目是柏拉图。

52 三十、……他寻求……并创造了这样一个应当追求而不是有望实现的国家——一种领土最小,而不是实际可能的国家,而是一个可以看到他的国家理论在那里运作的国家。但是,对我来说,如果我能够实现我的目标的话,我将努力运用与柏拉图所指出的同样的原则,但不接受任何想象的虚幻共和国,而是以一个真实且非常强大的国家向你们——如同用一根教鞭——指出各种政治善恶的原因。

---

① 即柏拉图的 *Republic*。关于僭主,见Ⅷ,565—Ⅸ,580。

现在在经过了 240 年君主制后①(或者再稍为长久一点,如果人们把王位空缺期也计算在内),塔奎尼乌斯被放逐了,君主这个称号变成了罗马人深恶痛绝的称号,如同当年罗慕洛斯死后或者说离开后,人们对君主深切盼望一样。因此,就如同当年人们无法忍受没有君主一样,而如今,在放逐了塔奎尼乌斯之后,人们甚至不能忍受听到某人提起君主……

> 约有 5 页文字遗失了,下面的残篇可能是失去的文字的一部分;关于遗失的那几页的内容,也许可以在圣奥古斯丁《上帝之城》第 5 卷,第 12 节中找到进一步的线索。根据这一节,西塞罗也许继续说到,罗马人以两位任期为每年一换的、称号不带恶意的("执政官"〔corlsul〕一词是从 consulere〔咨询〕一词演变而来的)最高行政官替换了君主(君主"rex"一词与 regno〔统治〕一词相关)。

三十一、……因此,罗慕洛斯这个最佳的政制,在牢固地维持了大约 220 年之后……

……这项法律完全被废除了。正是出于这种感情,我们的祖先当年流放了无罪的康莱提努斯,原因是他的关系引起了怀疑,②并流放了所有其他塔奎尼家族,原因是人们憎恶这个名字。反映了同一种情绪的另一件事是普布利乌斯·瓦勒里乌斯规定了这样一种制度,即他命令当他向人民说话时那束象征权力的棍棒要

---

① 即公元前 751—前 509 年。
② 即卢西乌斯·塔奎尼乌斯·康莱提努斯与被放逐的君主的关系。参见 Livy Ⅱ,2。

降低;①此外,还有一件事,当他注意到大众因他开始在维利亚山顶当年图利乌斯国王居住的地点建住宅而产生疑心时,他就把房子移到了山脚下。也正是他,通过一次动议而显示了他是最高意义上的"人民之友"②,他向公民们建议,百人团会议通过的第一项法律是禁止任何行政官因某个罗马公民上诉而处死或鞭打该公民。然而,大祭司们的档案却表明,控告的权利,哪怕是反对国王的判决,以前一直都是得到承认的,并且我们的占卜书也证实了这种说话。此外,十二铜表法③中有许多法律显示对任何裁判或判决都允许上诉;此外,制定这些法律的十大执政官在被推选时就附有这样的条款:对他们的决定不应上诉,这一传统足以清楚地表明,其他官员受制于这种上诉权。此外,执政官卢修斯·瓦勒里乌斯·普提图斯和执政官马库斯·霍雷修斯·巴巴图斯(他们明智地偏爱以民众的措施来维护和平)提出一项法律规定,④不得选举不受上诉制约的行政官。波西乌斯法⑤也同样不允许,你们知道,该法有三部,是由波西乌斯家族的三位不同成员提出来的,该法并没有对以往的法规有什么增添,仅仅是加了一条对违反这种做法的人给予惩罚的规定。

这样,普布利科拉在他的关于起诉权的法律一经通过后,便

---

① 参见本书第1卷,第62段。传说日期是公元前509年。
② 这里对他的绰号 *Publicola* 或 *Poplicola* 作了字面的解释(*populus*,意思是人民;*colo*,意思是教化或偏爱)。
③ 传说这一法典是由十大执政官制定的;见第61段。
④ 传说日期是公元前449年;参见 Livy Ⅲ,55。
⑤ 参见 Livy Ⅹ,9;Cicero, *Pro Rabirio*,12。第一部波西乌斯法的日期也许是公元前199年或公元前195年。

立刻命令把斧子从那束棍棒旁移走;第二天他又使斯普里乌斯·卢克雷蒂乌斯当选为他的同僚,他还命令将自己的扈从转让给斯普里乌斯,因为斯普里乌斯比他年长。普布利科拉还引入了这样一项规定,即扈从们必须轮流为每一位执政官跟班一个月,这样,在一个自由国家中执行权的标记就可能不多于一个君主国。在我看来,这是一个才华非同寻常的人,他通过允许人民拥有数量有限的自由,而更容易地维持了国家领袖们的权力。

刚才,我回顾了那些如此古老遥远的历史事件,并非没有确定的意图,可是现在我要从我们自己历史中的杰出人物和著名时期中提出我的关于性格和行动的标准,我余下的诉说都必须符合这些标准。

三十二、那么,在我们刚才讲到的时期,政府就是这样由元老院来管理的,尽管人民是自由的,但他们没有进行什么政治活动;实际上,各项工作都是由元老院的职权并根据它的确定惯例完成的,执政官们握有大权,虽然他们的任期只有一年,这种权力在一般特点上以及在法律制裁上都真正是庄严的。另一个对保持贵族制权力最为重要的原则也得到严格遵循,即不经长老们①的批准,任何公民大会的法案都无效。就在那一时期,还建立了独裁官制度,第一位独裁官提图斯·拉西乌斯是在选举了第一批执政官②后约十年被任命的。这个职位被认为体现了整个新的执行权,与君主的权力十分相近。可是整个政府,在人民的同意下,保

---

① 即贵族元老。
② 参见 Livy Ⅱ,18;传说日期是公元前498年。

持在贵族的强人手中;而在那些年月,重大的战争活动就是由那些掌握至高无上权力的勇敢者——或者是独裁官们,或者是执政官们——完成的。

57　　三十三、但此后不久,大约在共和十六年间,在波斯图穆斯·科米尼乌斯与斯普里乌斯·卡修斯任执政官时,一个事件发生了,按照事情性质,这是必定要发生的:从国王统治下解放出来的人民要求获得某种程度的更大权利。这样的要求也许不合情理,可是共和国的本质要义常常摧毁理性。因为,你们务必记住我在开始时所讲的这样一个事实:一个国家中必须存在一种权利、义务与职能之间的平衡,因此行政官员拥有足够的权力,显赫公民的顾问们有足够的影响力,以及人民有足够的自由,否则的话,这样的政府就不可能免除革命。因为,当时这个国家陷入了债务麻烦,平民们首先攻占了神山,然后又占领了埃文提尼山。事实上,

58　甚至莱喀古士纪律体系亦不能牢牢控制他的臣民,虽然他们都是希腊人;因为,斯巴达在泰奥彭波斯在位时,也设立了人称尔费斯(ephors)的五位官员,在克里特也设立了人称科斯谟(cosmoi)的十位官员,来与王权相对立,就如同在罗马选择了平民护民官来平衡执政官的权力一样。①

59　　三十四、为了免除债务的压力,我们的祖先也许采用了一些方法,②一些生活在此前不久的雅典人梭伦未能发现,而后来却引起我们自己的元老院注意的方法;因为那时,由于一个人的热

---

①　传说日期是公元前494年。
②　这里的文本有讹误,文意不确定。

情①,所有因债务而沦为奴隶的公民都被解放了,而且不再许可这样的因债为奴;当平民因某公共灾害而开销过重,懦弱无力,为其负担所压倒时,为了全体公民的安全,便总会寻求某些援助或救济去解除这个阶层的困难。但是在我所说的那个时期,这种办法尚未采用,因此给予了人民一次机会,通过一次造反,创立了两个平民护民官去限制元老院的权力和影响。然而,元老院的权力仍然很大并很高贵,因为那些最聪明与最勇敢的人依旧以武力和深思保卫着国家,他们的影响继续至高无上,因为尽管他们职务显赫,高于民众,但他们在生活娱乐上分享得较少,而且作为规则来说,他们在财产上并不比他们的国人更好。每位贵族为公众的服务受到很高重视,因为通过行为、建议和财政援助,他们一丝不苟地以实践来帮助那些生活最困难的个别公民。

三十五、当国家处于这种境况时,享有最大声誉的斯普里乌斯·卡修斯密谋成为国王。② 会计官指控他犯了罪(你们已经听过这个故事了),斯普里乌斯的父亲作证说他知道其子有罪,在人民的同意下,卡修斯被处死。后来,大约第一次选举执政官后54年,百人团大会通过了那个很受欢迎的法律,规定了罚款和存放法庭的押金数额,该法是由执政官斯普里乌斯·塔尔佩尤斯和执政官奥卢斯·埃特尼乌斯提议的。③ 20 年后,由于卢修斯·帕庇

---

① 说的是卢修斯·帕庇里乌斯。见 Livy Ⅷ,28。
② 据传说,大约是公元前 496 年。
③ 传说日期是公元前 454 年。见 Dionys. Halic., *Antiq. Rom* Ⅹ, 50。关于 sacramentum(拉丁文,押金。——中译者)一词的这种用法之起源很可疑;见 Harper 所著 *Latin Dictionary* 和 Daremberg et Saglio, *Dictionnaire des Antiquites* Ⅳ, 952—955。

里乌斯和普布利乌斯·皮奈里乌斯两位监察官通过罚款将一大批牲畜由私有转为公有,盖尤斯·尤利乌斯和普布利乌斯·帕庇里乌斯两位执政官提出一项法律,引进了一种牲畜估价办法,减轻了罚金。①

61　三十六、但在此前几年,当时拥有最高权力的元老院,在人民的服从和同意下,采纳了一项计划,据此,执政官和护民官都应辞去他们的职位,同时应选举一个拥有十分巨大权力且不受制于上诉权的十人理事会;他们将不仅行使最高的行政权力,而且还将起草一部法典。②当这十人以其最大的公正与智慧完成了那十块铜表法以后,他们设法选举出另一个十人团在次年代替自身;但是这些后来者在荣誉和公正方面都没有得到如此高的赞扬。不过,后来这个机构却有一人,即盖尤斯·尤利乌斯,应得到最高赞扬;缘由是,他说他本人在卢修斯·塞斯蒂乌斯——一位上层人物——的屋内看到挖出一具尸体,此后,尽管尤里乌斯本人拥有最高权力——因为不允许对任何某个十大执政官的判词提出上诉,他却仅仅要求卢修斯对他的出庭给予保证金,他的解释是,他不会违反那项出色的法律,该法律规定只有在百人团大会上才能对罗马公民进行死罪审判。

62　三十七、十头政治已经有三年了,同样的十人团依然继续掌权,并不愿意选举出他人来取代他们。可是当政府处于这种境地(对此,我曾一再说明,这种境地无法长久维持,因为这样做对这

---

① 传说日期为公元前 430 年;参见 Livy Ⅳ,30。
② 见 Livy Ⅲ,35—37。传说的日期一般是定在公元前 451 年。

个国家的所有阶级都不公正)时,整个共和国就落到了上层公民手中,十位杰出的人指挥一切,没有护民官去与他们对立,没有任何行政官在位,甚至人民亦无任何上诉权反对处死和鞭笞。最终,由于这些不公正的统治者,出现了重大的暴动,随后是政府的彻底换班。因为这个十人团增加了两块不公正的铜表法,其中一条是极其残酷地禁止平民与贵族之间通婚,尽管这种特殊情况通常是允许的,甚至涉及不同国家公民之间的婚姻;这条法律后来为凯努勒衣乌斯法①——平民大会的一条法令——所废除。在他们的一切政府活动中,这些十人团成员都为所欲为,对人民残暴贪婪。当然,德西穆斯·维吉尼乌斯的故事是广为人知的,因为它记录在我们的许多文学名著中:由于十人团之一的疯狂低下的欲望,维吉尼乌斯在罗马城大广场亲手杀死他未婚的女儿,此后,他哭着逃到当时在阿尔吉都斯山扎营的军中;因此,战士们放弃了他们正在进行的战争,并第一次用武力占领了神山,如同先前他们出于同样缘由曾经做过的那样,后来他们又攻占了埃文提尼山②……

大约有三页遗失,下面的短短残篇也许是其中一部分。

……卢修斯·昆克提乌斯被任命为独裁官③……

……[这一点,]在我看来,[我们的祖先]最完全地同意了并最明智地保持着。

三十八、西庇阿说完上面这些话之后,大家都静默着,期盼他

————————

① 传说日期是公元前445年。
② 传说日期是公元前449年。
③ 传说日期是公元前458年。

继续讲下去。最后,图伯罗说:既然我们这里的长者对你没有进一步要求,阿非利加努斯,我愿意告诉你,我还希望你另外再谈些什么。

西庇阿:当然;我会很乐意听听。

图伯罗:我似乎觉得,你是在赞扬我们自己的共和国,而莱利乌斯请你谈的不是我们自己的国家,而是一般的国家。还有,从你的谈话中,我们还没有得知通过什么训练、风俗或法律,我们才能建立或维持你推荐的这种共和国。

三十九、西庇阿:图伯罗,我想我们很快就会在我们的会话中找到一个更为恰当的时刻来考虑如何建立和维持国家;不过,就理想国家而言,我以为,我已经对莱利乌斯的询问作了一个足够充分的回答。因为首先,我界定了三种值得赞美的国家类型,还有与此对立的三种类型。其次,我的论证表明,这三种类型中没有任何单一类型是理想的,只有那种把三种好形式同等混合起来的政府形式才比任何单独的一种都更为优越。至于我用我们自己的国家作为模式,我这样做不是为了帮助我界定理想的政制(因为这完全可以不用任何模式就可以做到),而是为了用来自这个最伟大国家真实历史的例证,来显示理性和话语要努力澄清的原因究竟是什么。但是,如果你要问到理想国家自身的性质,而不管是哪个民族提供的模式,我们就务必利用自然提供的模型,因为你们[不满足于]我们目前关于一个城市和一个民族的模型……

<blockquote>有相当长的一段文字遗失了,但不能确定遗失的有多长。在这遗失文字之后,看来西庇阿正在讨论理想的政治家。</blockquote>

四十、西庇阿:……很长时期以来,我一直在寻找这样的人,并渴望发现这样的人。

莱利乌斯:也许,你寻找的是一种很有见识的人?

西庇阿:就是如此。

莱利乌斯:在今天在场的人当中,你就看到挺多这类人;比如说,你也许可以从你自己谈起。

西庇阿:而事实上,我只盼望元老院作为一个整体,有一个平均说来很高的见识! 然而,还有一种很有见识的人,他骑在巨大而可怕的野兽①身上(在非洲我们经常遇到这种景象),只用温和的词语或拍打就能指挥这种动物去他希望去的任何方向。

莱利乌斯:记得当年我在你指挥下就职时,经常见到这种现象。

西庇阿:啊,那个印度人或迦太基人指挥一只温顺且习惯了人的动物;可是,隐藏在人们心中的那种力量构成人的一部分,被称为理性,它控制和驯服的不仅是一只动物,或者是什么容易驯服的东西,就是说它如果曾经做到这一点,也不大可能;因为对这种凶猛的[野兽]也必须制伏……

> 有一页或者更多遗失了,第 41 节也许是其中的一些简短的残篇。西庇阿在第 42 节继续描述理想的政治家。

四十一、……用血来喂养的[一只野兽];它在各种残酷中获得这种快乐,对人的无情屠杀也很难喂饱它……

……而是一个贪婪、渴望占有和好色之徒,他沉溺感官之

---

① 即大象。

乐……

　　……还有第四点,焦虑、容易悲伤,总是伤心或折磨自己……

　　……曾经为烦恼和苦难所折磨,或者因胆小和怯懦而降职……

　　……如同一位未受过训练的战车驾驶者会从他的战车上掉下来被拖着、跌倒、撕碎、压碎……

　　四十二、西庇阿:……也许可以这样说。

　　莱利乌斯:我现在明白了,你会赋予我所寻找的那种人什么样的责任和职能。①

　　西庇阿:当然,给予他的几乎不应有其他责任,而只有这一点(因为这个责任包括了大部分其他责任)——不断地提高和考察自己,督促他人模仿自己,使自己不断完善,由于他的生活和个性最为杰出,他似乎是其公民伙伴的一面镜子。正如同在竖琴和长笛的音乐中或者在一些歌手的歌声中,必须保持不同音的某种和谐,对于训练有素的耳朵来说,打破或违反和谐是不能容忍的,而且这种完美的一致与和谐出自不同音的恰当混合。因此,与此相似,一个国家是通过不同因素之间协调而获得和谐的,其方法是把上、中、下三层阶级(似乎他们就是音乐中的音调)公正且合乎情理地混合在一起。音乐家所说的歌曲和谐就是一个国家的一致,这是任何共和国中永久联盟的最强有力和最佳的纽带;而没有正义来帮助,这种一致是永远不会出现的。

　　有一段文字遗失了,但不知有多长。根据圣奥古斯丁的《上

---

① 即理想政治家的工作。

帝之城》第 2 卷,第 21 节,在这段文字中,当西庇阿进一步谈论了一个国家中正义的重要性以及缺少它的不幸后果之后,菲卢斯要求对此问题作更全面的考察,要求更详细地讨论正义的问题,因为一般的看法是,如果没有不正义的话,一个国家是无法进行治理的。

四十四、……将有完全的正义。

西庇阿:我同意你的看法,并愿意向你保证,我们能够不仅仅是反对"如果没有不正义治理就不可能"这样的反论,而且还能从正面证明,如果没有最严格的正义治理就不可能,否则的话,我们就必定认为,至此为止我们所提出的关于共和国的一切论断等于零。然而,既然你许可,我们今天就不再谈下去了,而是把其余部分(因为这部分的分量相当大)推迟到明天。

这个提议获得大家同意,他们便结束了这一天的对话。

# 第 三 卷

西塞罗在第二天的讨论前面作了一个相当长的引论,其中的第3—7节构成一个部分。圣奥古斯丁在《上帝之城》第2卷第21节为我们介绍了这一段讨论的简短大纲。菲卢斯偏向于为下面这个论点辩护:一个政府若是没有不正义的话就不能维持下去(第8—28节);然后莱利乌斯为正义辩护,主张对一个国家来说没有比缺少正义更为有害的,认为如果没有正义国家不可能持久(第32—41节)。接着是西庇阿继续他的发言,并论辩说,除非政府是正义的,先前他所界定的那种共和国就根本不能说实际存在(第42—48节)。①

这一卷一开始便遗失了一页或更多些。根据圣奥古斯丁的《关于尤利安的佩莱格》第4卷,第12、60节,本卷一开始时反思人类与生俱来的某些弱点,以及是如何通过植根于人的神圣精神而加以超越的。

3　二、……并通过车辆[来弥补]他行动的缓慢……以及类似的理性,当它感到人们以未经训练的嗓子发出不定型且混乱的音调时,这些音调被区分为不同的类别,各种物体都被赋予种种名称,正如某些时候将区分标记加于它们一样。因此,由于语言这种怡

---

① 参见柏拉图在《理想国》第1、2、4卷中关于正义和不正义的讨论。

人的交流纽带,把先前孤独的人们联合成为种族的人。理性也标志出和显露出声音的全部——似乎是无数的音调,因此,通过它所创造的几个字母,相距遥远的人也可以进行交谈,而且可以写下我们愿望的标记和过去事件的记录。除此技艺外,又添加了数字的技艺,这种技艺不仅是人类生活所必需,而且它自身是唯一不可变更的和永恒的。对这种技艺的熟悉首先鼓励人类仰望天空,绝非是闲着无事,而是通过计算昼夜,关注星辰的运动……①

约有三页遗失。下面是记述文明发展的结尾部分,哲学的兴起,并伴以政治家治国技艺的兴起,这是文明发展的顶点。

三、……他们的思想甚至达到了一个更高的水平,他们通过活动或反思有能力获得一些东西,无愧于他们——如同我说过的——从诸神那里接受的天才的东西。因此,让我们承认那些讨论种种生活原则的人都是伟大的,这确实是真理;让我们认清他们是博学的,是真理与美德的教师,只是我们不要忘记,一定不能轻视另一种科学,无论这种学问是经由那些对各类国家都有实际经验的人发现的,还是通过这些同样的博学者的沉思研究发展起来的。这种科学,我是指治理艺术和训练人民,它在那些有能力和有善良性格的人之中,如同昔日经常发生的那样,它的实际存在要求一种近于不可思议的和神圣的美德。可是,如果有人相信——我们这些正在进行这一讨论的人就这样相信,这些讨论记录在这部论文中——除了心灵自然拥有和在公共事务中通过经

---

① 参见卢克雷蒂乌斯关于文明兴起的描述(*De Rerum Natura* V;至于语言的发明,特别请看 1028 行以下)。

验获得的那些技能外,还应当增加学问和丰富知识,那么,人人便应该认为一个兼有这些才识的人要比所有其他的人都高出一筹。因为,还有什么东西能比把处理种种大事的经验与其研究和掌握的其他技艺统一起来更值得钦佩的呢?或者,还能认为谁比普布利乌斯·西庇阿、盖尤斯、莱利乌斯和卢修斯·菲卢斯更接近这个理想呢?他们由于担心遗漏了成为一个完美的杰出人物也许必备的任何东西,除了掌握了他们本国和他们的祖先的传统习惯外,还增加了始于苏格拉底的外来知识。因此,那些有愿望且有能力在这两方面达到目标的人——即通过获取知识和通过遵循其祖先的习惯而使自己获得完美的人,在我看来,无论从哪个角度上看,都应得到最高的荣誉。不过,如果在这两条通向智慧的道路中只能选择一条,尽管那种专心研究最崇高技艺的安静生活看来更为快乐,政治家的生活却肯定更值得称赞和更容易出名;通过这样的生活,最伟大的人们赢得了荣誉,马尼乌斯·居里乌斯就是一个范例。

没有谁能用剑或金子来打败他,①或者……

　　似乎有两页遗失了。

四、[我们必须承认,这两种知识]都称得上智慧,不过,这两种人之间的区别事实上在于,一类人通过告诫与指导来发展最初的天赋才能,而另一类人则是通过制度与法律。的确,仅我们自己国家就曾产生过许多人,如果他们还不算"有智慧"(因为这个

---

① 可能出自 Ennius, *Annales* XII。

词受到如此仔细的限制①),也确实应受到最高的称赞,因为他们抚育了智慧的格言和智慧的发现。如果我想一想如今存在着和昔日曾存在过多少值得赞美的共和国,并记住确立一个足够稳定以致延续几代的国家需要那自然可能产生的最高智力时,即使我们假定每个这样的国家只有一个这样的天才,那么就曾有多少伟大的天才人物!不过,如果我们考察意大利的各个民族:拉丁人、萨宾人、沃尔西人、萨谟奈人或者埃特鲁里亚人;如果我们调查大希腊,②然后,如果[我们研究]亚述人、波斯人、迦太基人,如果……这些……

大约有四页遗失了。在这段遗失文章的末尾,我们发现,对话又开始了,并且显然刚刚要求菲卢斯为非正义的事业作辩护。

五、菲卢斯:你们要我来为邪恶辩护,你们交给我的的确是一个绝妙的事业!

莱利乌斯:我假定你有很大的理由害怕这件事,如果你只是重复那些通常反对正义的论点,人们也许会认为你也赞同这些论点,而你自己具有我们老式的正直和诚实,在这方面,几乎是一位无人可比的代表,我们也都很熟悉你为反面观点辩论的方式,因为你认为这是达到真理的最容易的办法!

菲卢斯:很好,那么,我就顺着你们,我将把自己全身抹上泥巴,并完全理解我在干些什么。正像那些去寻找金子的人会毫不犹豫地这样做一样,我们寻找的是比世界上的所有金子都更加贵

---

① 即哲学家们所作的限制仅限于哲学家。
② Magna Graecia(大希腊),即南部意大利的诸多希腊城市(有时包括西西里的那些希腊城市)。

重得多的正义,我们肯定不应在任何困难面前退缩。因为我将代表他人的论点,因此我也希望我能够利用他人的语言!由于卢修斯·弗里乌斯·菲卢斯现在必须以语言来汇报希腊的卡涅阿德斯,他所习惯的……对他适合的任何东西……

> 似乎大约有 30 行遗失了,下面三段短残篇,也许是遗失段落的一部分。拉克坦提乌斯在《制度分类》第五卷的第 14 和 3—5 小节,以及在《摘要》的第 55 和 5—8 小节中告诉我们,卡涅阿德斯的争论——正如菲卢斯所引用的——是从回顾柏拉图与亚里士多德的支持正义的论点开始的,然后转向批驳这些论点。

……[不]回答[我,而是回答]卡涅阿德斯,他的办法常常是以他的诡辩才能使得那些最佳理由显得荒诞滑稽……

七、……正义在门外看,而且完全是凸出和显目的……

……这种美德,超过所有其他,是完全奉献并施用于他人利益的……

八、菲卢斯:……应当既发现又保存……可是,其他人①就正义本身的一个论文就写满了四大卷。我并不指望从克里西波斯那里得到什么伟大的和值得注意的东西,他有他自己独特的讨论方法;他以文词的意义为基础来考察任何事物,而不是掂量事实。这适合那些英雄来高扬这一衰落的品德(这种品德,当其真的存在时,便是品德中最大方和最慷慨的,因为它所做的是爱其他所有的人胜过爱自己,为他人的利益而存在超过为自己),并将它置于离智慧女神不远的神圣宝座上。他们也并不缺少去高扬它的愿望(因为,他们还

---

① 显然提到的是柏拉图和亚里士多德。第欧根尼·莱尔提乌斯(V,1,9,22)曾提到现遗失的亚里士多德的四卷本关于正义的著作。

能有什么其他理由写作呢？如果不是这一目的,那么他们的目的又是什么？),也不缺乏能力(在能力上,他们超过所有其他人);但是,他们状况的弱点使他们的热情与口才都付之东流。因为我们所探讨的正义是政府的产物,而完全不是自然的产物;如果它是自然的,诸如冷暖或苦甜,那么,正义和非正义对所有的人就会相同。

九、可实际上,如果有人能够访问各种不同的民族和城镇并且加以考察,驾着帕库维乌斯著名的"长着翅膀的蛇群战车"①到处旅游,他就会在名声长盛不衰的埃及首先看见(埃及保存了有关无数时代发生的事件的文字),一只埃及人称之为阿匹斯的公牛被视为神,各种其他怪兽和动物也都被视为神圣不可侵犯。然后,他在希腊还会看见——就如同我们罗马人所见到的——许多庄严的神庙,装饰着许多人形的神圣塑像;这种风俗在波斯人看来很邪恶。事实上,据说薛西斯一世就曾下令焚毁雅典的庙宇,唯一的原因是他认为诸神的家是整个宇宙,把他们封在大墙内是一种亵渎行为。② 可是后来,菲利普曾计划对波斯人发动一次进攻,还有亚历山大,他确实实行过一次进攻,他们发动战争的借口就是要为希腊神庙复仇;而这些神庙,希腊人曾认为不再宜于重建了,这样,希腊人的子孙后代也就永远不会让一座波斯人不信神的纪念碑出现在他们眼前。③ 有多少民族,例如黑海沿岸的陶里亚人、④埃及国王布

---

① 不清楚这些语词出自哪个戏剧。参见 Cicero, *De Invent*. I, 27。
② 参见 Cicero,《法律篇》II, 26; *De Nat. Deror*. I, 115。又见 *Herodotus* I, 131 和 VIII, 109。
③ 参见 Pausanias X, 35, 2。但这种意图可能是后来的创造;否则的话,就很难解释伯里克利会决定重建所有这些神庙(Plutarch, *Pericles* 17)。
④ 参见 Euripides, *Iphigenia in Tauris*, 以及 Herodotus IV, 103。

西里斯、①高卢人②以及迦太基人,③都相信人类的献祭是对不朽诸神的虔诚,是令诸神满意的!确实,人们的生活原则是如此不同,克里特人和埃托利亚人④认为海盗行为和抢劫很光荣,而斯巴达人经常宣称他们能够用其长矛触到的所有土地都属于他们自己。⑤雅典人实际上也经常公开宣誓,⑥宣称凡是生产橄榄和谷物的土地都属于他们。高卢人⑦认为用人力来生产谷物是不光彩的;于是他们就武装起来去掠夺他人的田野。我们自己——实际上最公正的人民——禁止阿尔卑斯山外的民族种橄榄和葡萄,这样我们自己的橄榄树与葡萄园,也许就更有价值;告知我们的是,在这样行动时要小心谨慎,而不是要合乎正义;因此,你们可以很容易地明白智慧与公平并不一致。以制订优良法律和平等的审判系统而闻名的莱喀古士事实上就曾规定,富人的土地必须由穷人来耕种,似乎后者都是奴隶。

十、但是,如果我打算描述正义的概念以及现存的原则、风俗和习惯的话,那我可以向你们显示,在这些事物上,不仅所有的不同民族有差异,而且在一个城市中也有万千变化,即使在我们的

---

① 波塞冬之子,为赫克勒斯所杀。
② 见 Caesar,*Gallic War* Ⅵ,16。
③ 见,例如,Diodor. Sicul. Ⅴ,31—32;ⅩⅨ,14。
④ 关于埃托利亚人,参见 Thucyd. Ⅰ,5。克里特人和西西里海盗联盟反对罗马人。
⑤ 这种说法出自安塔尔基达斯(Plutarch,*Apoph. Lac.* Ⅵ,p. 819;*Quaest. Rom.* Ⅶ,p. 83)。
⑥ 希腊青少年(*Ephebi*)的部分誓言(Plutarch,*Alcibiades* 15,8〔希腊原文略。——中译者〕)。
⑦ 参见 Diodor. Sicul. Ⅴ,32,4。

国家也是如此。例如,我们在座的朋友马尼利乌斯,作为一位法律的解释者,在关于遗产和继承上妇女的权利问题上,就会提供给你不同于他在青年时——通过沃克尼安法①之前——习惯给予的建议。事实上,这项为男子的利益而通过的法律,充满了对妇女的不正义。为什么妇女不应当拥有她自己的金钱?为什么维斯太贞女可以有一位法定继承人,而她的母亲却不可以有?而另一方面,如果必须限定一个妇女能够拥有的财富的数额,那么,假定普布利乌斯·克拉苏的女儿是她父亲唯一的孩子,法律是否应当允许她拥有一亿塞斯特斯,②而同时甚至不允许我的女儿拥有三百万呢?……

　　　　似乎有十五行左右遗失了。

　　十一、……[如果最高的神]为我们规定了法律,那么所有的人就要服从同样的法律,而且同样的人在不同时间不会有不同的法律。不过,我要问,如果服从这些法律是一个公正善良者的义务的话,那么,他所服从的又是什么法律?是那些各不相同的所有现存法律吗?可是,美德不允许前后矛盾,大自然也不允许变动;法律强加给我们是由于我们怕受惩罚而不是由于我们的正义感。因此,世界上不存在什么自然正义这样的东西,并且据此,便得出人并非天性主义。③ 或者,他们能告诉我们,纵然法律有种种不同,善者却自然而然地遵循那些真正的正义,而不是那些被认定的正义?因为他们说,一个善良公正者的义务就是给予每个人

---

① 公元前169年(或前174年)的沃克尼安法限制了妇女的继承权。
② 一百万塞斯特斯罗马货币相当于一万英镑。
③ 这里隐隐涉及那个关于正义是基于自然还是基于法律的著名争议。

19 他的应得。① 那么，首先，我们将给予那些不会说话的动物的应得——假如要给予它们什么的话——又是什么？因为宣布某些同一的正义原则适用于所有生物的那些人并非天资平庸，而是一些杰出的和博学的人，例如毕达哥拉斯和恩培多克勒；他们还坚持那些伤害动物的人必定受到惩罚的威胁。因此，伤害一个野兽就是一种犯罪，而且这种犯罪……他希望……

有相当长、但并不确定的篇幅遗失了。拉克坦提乌斯（《制度分类》第5卷，第16节2—4；第6卷，第9节2—4，以及第6卷，第6、19和23节）和德尔图良（《辩解》第25节，第16页Oehl.）提供了所遗失内容的一些信息。这段论证的纲要看来如下：

不同国家法律的多样性证明这些法典必定是以效用而不是以正义为基础的，效用因地域不同而不同。单独一个国家的法律变化也证明了同样的道理。不存在什么自然正义或自然法，人以及其他所有生物都受到效用的天然支配。因此，不存在什么正义之类的东西，或者说，如果存在的话，那它也是最大的愚蠢，因为它导致我们为他人的利益而伤害自己。这一点在历史中可以找到最好证明，特别是在罗马史中。罗马是通过既对诸神也对人们的不正义而赢得她的帝国的；一种正义的政策就会使她重返其原始——一个可怜的贫困无助的村庄。在一个国家中，通常所谓的正义不外是一种为彼此自我限制的协议，这是一个软弱的结果，其基础只是效用而不是任何其他东西。所有的各种统治者的统治都仅仅为了他们自己的利益，并非为了被统治者的利益。

---

① 关于正义的这一定义，见 Plato, Republic I, 331 ff.。

十三、菲卢斯：……所有对一国人民拥有生死权力的人都是僭主，只不过他们喜欢被称为国王，而这是给予至善者朱庇特的称号。可是，当一定数量的人，以富有、出身高贵或某些其他优越之处，把一个国家控制在他们权力之中时，他们就是一个统治小集团，不过这些统治者被称为贵族。而如果人民掌握了最高权力，而且一切事务均按照他们的欲望来管理，这就被称为自由，但实际上是放纵。而当彼此害怕，人害怕人，阶级害怕阶级，那么由于谁对自己的力量也缺乏自信，便会在普通人民与有权者之间产生某种交易；这就导致西庇阿刚才推荐的混合政府形式；因此，不是自然或者愿望，而是软弱才是正义之母。因为我必须从下列三者选择一种：行为不正义而不为其所害，或者行为不正义并为其所害，或者既无行为不正义也不为其所害。最幸福的选择是，如果你可能的话，行为不正义而不受惩罚；第二好的选择是既无行为不正义也不为其所害；而最糟糕的命运是没完没了地拼力从事不正义的行为并不断遭其所害。那么，他第一个……去实现……

有相当长的篇幅遗失了，下面的残篇可能是其中一部分。

十四、……因为当问到他是什么邪恶驱使他以他的海盗船去骚扰大海时，他回答道："就是驱使你去骚扰整个世界的那种邪恶。"[①]……

十五、菲卢斯：……智慧鼓励我们去增加我们的资源，去成倍

---

[①] 这里说的是亚里山大大帝。圣奥古斯丁（De Civ. Dei IV, 4, 25）讲述了这个关于亚里山大和海盗的故事，可能他是从西塞罗这里引来的。

地增加我们的财富,去扩展我们的疆界;因为刻在我们那些最伟大将军的纪念碑上的文字是"他扩展了帝国的疆界,"①除了疆界的扩展是由他国的领土构成而外,这些文字的含义又是什么呢?智慧还鼓励我们去统治尽可能多的臣民,享受快乐,变得富有,成为统治者和主人;而另一方面,正义又指示我们不伤害一切人,要考虑整个人类的利益,去分给每个人他的应得,不要去触动神圣的或公共的财产、或者那些属于他人的财产。那么,如果你听从智慧的结果又是什么?财富、权力、富有、公职、军令和王权,无论我们说的是个人还是民族。可是,因为我们谈论的是目前的国家,那么,国家所做的对于我们的意图才更为重要,而且,因为这些涉及正义的事实对这两者均可适用,因此我认为最好是讨论一下民族的智慧。不谈别的民族,就谈谈我们自己民族——阿非利加努斯在昨天讨论一开始时就追寻了其记录,她的帝国如今囊括了整个世界,从一个最小的民族[成长为一个最伟大的]帝国,这到底是由于正义还是由于智慧?……

30 行或更多文字遗失了。

菲卢斯:……阿卡迪亚人和雅典人除外,我想,他们害怕这一由正义发布的规定有时也许会实施,因此,他们就编造了一个故事,说它们是从地里冒出来的,就如同那些田鼠从耕种过的田野上冒出来一样。②

--------

① 参见 Nepos, *Hamilcar* 2,5;Livy ⅩⅩⅩⅥ,1,3。
② 见 Pausanias Ⅱ,14,4;Ⅴ,1,1。这两个民族声称他们是土著,如果承认他们的声称,那么只有这两个民族能够通过他们显示的正义而保持他们所占有的领土。

十六、对于这样一些论点,下面就是通常那些并非不擅长辩论的人们首先给予的回答,他们关于这一问题的议论具有更大的分量,因为我们在寻找这种善者时要求他们开放和坦诚,不使用狡猾、卑鄙的诡辩术;这些人①说,首先,一个智者成为善者,不会因为他们自己的善良和正义给他带来欢乐,而是因为一个善者的生活没有恐惧、焦虑、烦恼和危险,而另一方面,恶者心里总是为这件或那件事情而烦恼,在他的眼前总是面临着审判和惩罚。他们还说,另一方面,以不正义获得的利益和报酬绝不足以抵消不断的恐惧或者那种总是存在的念头:某种惩罚快来了或正威胁自己,……种种损失……

　　似乎有一页遗失了。

十七、菲卢斯:……假定有这么两个人,一个是美德、公道、正义和光荣的楷模,而另一个是极端邪恶无耻的典型;又假定一个民族很错误地相信那个善者是邪恶奸诈的罪犯,而那个坏人却反被认为是正直和荣誉的模范。然后,让我们设想,按照这位善者的全体同胞公民所持的这种意见,这位善者受到折磨、攻击和逮捕;眼也瞎了,刑也判了,受到了捆绑,又打上了烙印,遭到放逐,沦为赤贫,并且最后也为所有的人最有道理地认为是一个最卑劣的人。而相反,让我们设想那个坏人受到了赞扬、奉承以及普遍的爱戴;设想他接受了种种公职、军事指挥权,以及来自各方的财富;最后,设想他享有人所共知的声誉:世界上最善良的人,他无愧于各种幸运的青睐。现在,我要问你们,谁会如此神经不正常

---

① 伊壁鸠鲁学派,他们主张正义是对幸福的一种辅助。

而不清楚他自己更情愿成为两者中的哪一种人呢？①

28　十八、国家的情况和个人的情况是一样的；没有哪个民族会如此愚蠢：不愿意做不正义的主人而情愿做正义的奴隶。在我们身边我就可以举出一个例子：在我任执政官期间，当时你们是我的顾问，我曾考虑过与努曼提亚人缔结条约。谁不知道昆图斯·庞培就曾缔结过一个条约，并且曼西乌斯也曾处于同样的境地？可是后者，这样一位杰出人物，竟到了这一步，他竟赞同我提出的一个附和某元老院决议的草案，而前者却全力为自己辩解。如果我们追求的是谦虚、正直和荣誉，那么这些品质属于曼西乌斯；而如果我们寻求的是理性、智慧和审慎，那么庞培则更高一筹。②

菲卢斯还报告了卡涅阿德斯为不正义所做的其他辩解，但这部分遗失了，不过，拉克坦提乌斯(《制度分类》)第 5 卷，第 16 节，5—13)为我们提供了其内容的某些观点。在其结尾部分，菲卢斯似乎是转而谈及人们的种种个人关系以进一步证明正义等于傻瓜，并且，除其他之外，还提出下面一些例证：

如果一个人知道他要出售的某种物品有严重问题，并向一位很可能的买主指出这些缺点，那么，他是一位正直的人但又是一个傻瓜；如果他隐瞒这些问题，那么他是不正义的，但很明智！同样，如果一艘船失事，有两个人抓住了一块只能支持一个人的木板，那么两人中那个更为强壮的人会干些什么？如果他松手，他

---

① 参见 Plato，*Republic* Ⅱ，361—362。
② 菲卢斯于公元前 136 年任执政官。关于这一事件，请看本书索引和 Cicero，*De Officiis* Ⅲ，109。

会是一位正直的人,但他会被淹死!如果他是明智的,那么他就会不正义而把那人送入死亡。

莱利乌斯的回答,只有下面一些残篇(32—41节)保留下来了,不过,西塞罗在他的其他著作中提到这一回答,可以从中获得其内容的另外一些信息。请看,*De Fin*. 18,59;*Ep. ad. Att.* Ⅹ,4,4;Ⅶ,2,4。

二十一、……莱利乌斯,我不应犹豫,如果我不是想到这里的朋友所希望的恰恰是我自己热衷追求的,这就是,在我们的讨论中你必须有所参与,特别是因为你昨天告诉我们,说你愿意作甚至是很长的发言。不过,事实上这不大可能;我们都请你不要让我们失望……。 32

莱利乌斯:……但是,他①肯定不应以我们的青年作为他的听众。因为,如果他真的相信他自己所言,那么他就是个恶棍;而如果他不信(我倾向这样认为),那么他所说的无论如何是有害的。……

二十二、……真正的法律是与本性(nature)相合的正确的理性;它是普遍适用的、不变的和永恒的;它以其指令提出义务,并以其禁令来避免做坏事。此外,它并不无效地将其指令或禁令加于善者,尽管对坏人也不会起任何作用。试图去改变这种法律是一种罪孽,也不许试图废除它的任何部分,并且也不可能完全废除它。我们不可以元老院和人民大会的决定而免除其义务,我们也不需要从我们之外来寻找其解说者或解释者。罗马和雅典将 33

---

① 可能是指卡涅阿德斯。

不会有不同的法律，也不会有现在与将来不同的法律，而只有一种永恒、不变并将对一切民族和一切时代有效的法律；对我们一切人来说，将只有一位主人或统治者，这就是上帝，因为他是这种法律的创造者、宣告者和执行法官。无论谁不遵从，逃避自身并否认自己的本性，那么仅仅根据这一事实本身，他就将受到最严厉的刑罚，即使是他逃脱了一般人所认为的那种惩罚。……

34　　二十三、……一个理想的国家从不从事战争，除非是维护自己的荣誉或安全。……

　　……但是，公民私人经常以速死来逃避那些即使最愚蠢的人都能感知的刑罚——贫穷、流放、监禁和鞭笞。而就国家来说，死亡本身便是一种刑罚，虽然死亡似乎为个人提供了一种对刑罚的逃避；因为一个国家应当牢牢确立，以至永生。因此，死亡对于一个国家来说就不是自然而然的，不像死亡对一个个体那样，对个人来说，死亡不仅是必然的，甚至常常是个人所希望的。而另一方面，如果我们把小东西和大东西加以对比，在一个国家的灭亡、瓦解和消失与整个宇宙的衰败和解体之间有某些相似之处。……

　　……那些不是由于有人挑衅而发动的战争是不正义的。因
35 为只有出于复仇或防御而进行的战争才可能是实际上正义的。……

　　……除非是公开宣布和宣告的战争，或除非已首先提出了赔偿，没有任何战争是被认为正义的……。

　　……但是，我们民族通过保卫他们的同盟者已经获得对整个世界的统治。……

下面一些残篇,据圣奥古斯丁的解说(《上帝之城》第 19 卷,第 21 节),是关于支持奴隶制和帝国为正义的部分论证,论辩所坚持的是,某些民族和个人天然地适合于并受益于对他人的屈服。①

二十五、……难道我们没有观察到大自然,为了弱者巨大的利益,一直将统治权赐予每一种事物的最佳者吗?不这样,为什么神支配着人,心灵支配着肉体,理性支配着贪欲和愤怒以及心灵中的其他邪恶成分呢?……

……但是,我们务必区分不同类型的统治和服从。因为据说心灵支配躯体并支配贪欲;但是,它支配肉体时犹如国王支配他的臣民,或犹如父亲支配孩子,而心灵支配贪欲时却犹如主人支配奴隶,要限制它并摧毁其力量。因此,国王、统帅、行政官、元老和人民大会统治公民时就如同心灵统治肉体;而主人对其奴隶的制约就如同理性——心灵的最佳的部分——对其自身中的邪恶和脆弱的成分,例如贪欲、愤怒以及其他不安情绪,所行使的制约。……

……躯体的各部分就如同儿子那样受到支配,原因是它们准备服从,而心灵的那些邪恶部分则如同奴隶一样受到更为严格限制的约束。……

……因为有一种不公正的奴隶制——当那些有自我管辖能力的人受他人统治时;不过,当这些人是奴隶时……

二十七、……在这件事中,我同意,对于一个智者来说,那种

---

① 参见 Aristotle, *Politics* Ⅰ, 1254A—B。

令人焦虑的有害的正义是不合适的。……

二十八、……美德明显地渴求荣誉,且并无其他酬报。……然而,尽管她高兴地接受了它,她却并不极力强求。……你能给予这样一个人什么样的财富,什么样的权力,什么样的王国呢?因为他认为这些东西都是人的,而自己所拥有的是神圣的。……可是,如果普遍的忘恩负义,或者许多人的嫉妒,或者有权者的敌意,使美德得不到恰当的酬报,然而它还是因许多安慰而平静,并且因其自身的优越而受到坚定的支持。……

……他们的躯体并不升天,因为大自然不允许那些来自土地的东西离开土地。①……

……那些最勇敢的人从不……勇敢、精力旺盛、具有持久力……

……我想,法布里齐乌斯感到皮洛士的财富不足,而居里乌斯则感到萨漠奈人的财富不足!②……

……我们光荣的加图,当他外出到他在萨宾的农庄时,我们听他说过,他经常访问这个人的家庭,在他的家中,他曾经谢绝接受萨谟奈人——他们一度是他的敌人,现在却受他的保护——的礼物。……

二十九、……亚洲……提比略·格拉古……他一直对他的公民伙伴保持信义,但是违背了我们盟国以及拉丁人的条约规定的权利。如果这种无法无天的习惯开始扩散,使我们的统治从基于正义变为基于武力,以至于那些到目前为止一直很愿意服从我们

---

① 西塞罗在此说的是对赫克勒斯和罗慕洛斯的神化(St. Augustine, *De Civ. Dei* XXII, 4)。

② 这里暗指昔日罗马行政官的廉洁不受腐蚀(关于这些人,请看本书索引)。

的人仅仅出于恐惧才对我们守信用,那么,虽然我们这一代也许有足够警惕以获得安全,但是,我却为我们的后代担心,为我们共和国的长治久安担心,如果我们祖先的原则与习惯得以保持,这个共和国也许会万寿无疆。

三十、莱利乌斯说完了这些之后,大家都对他的评说表示了极大的愉悦;不过,西庇阿的高兴比其他人都更为强烈,他兴奋得几乎难以自控。42

西庇阿:莱利乌斯,你常常如此滔滔不绝地为一些问题辩护,我认为即使我们的同事塞尔维乌斯·加尔巴——当他在世时,你总认为他无人超越——甚或阿提卡的任何一位雄辩家[也不能]同你[并驾齐驱],无论是在魅力上……

约有四页遗失了;下面两段残篇很可能是出自这几页。

……他缺少两种品质,自信和口才,这妨碍他对人民讲演和在广场讲演。……①

……这头公牛因那些被监禁者的呻吟而吼叫着。……②

三十一、西庇阿:……带回来……。因此,那何以称之为"人民的财产",而"共和国"的含义就是人民的财产?由于一切人都受一个人的压迫,那里没有任何正义的约束,在那些聚集在一起的人们之间也没有任何合伙的协议,尽管这协议是人民这个词的定义的构成部分。叙拉古的情况也是如此:这座著名的城邦,提麦奥斯称它为希腊的最大城市,世界上最美的城市,它有令人钦43

---

① 伊素克拉底,或者是莱利乌斯。见 Cicero, *De Oratore* Ⅱ,10;Ⅲ,28。
② 这里说的是公元前6世纪早期西西里岛阿克拉加斯的僭主法拉里斯的著名公牛。

佩的城堡,其港湾的水域一直深入到市中心和建筑物的墙脚,它那宽阔的街道,那门廊、神庙和城墙,然而尽管有这一切,这个城邦却不是一个共和国,因为狄奥尼修斯是它的统治者,因为没有什么是属于人民的,而人民自身却是某一个人的财产。因此,如同我昨天所说,无论在什么地方,只要是为暴君所统治,我们就不该说我们有了一个共和国的坏形式,而应说——如同现在为逻辑所表明的——事实上我们根本就没有共和国。

三十二、莱利乌斯:说得好极了;现在我明白你评论的要领了。

西庇阿:那么,你明白这一点吗:即使一个完全为一个小派别控制的国家也不能真正被称为共和国?

莱利乌斯:这正是我的看法。

西庇阿:那么,你绝对正确;因为,在伟大的伯罗奔尼撒战争之后,当那臭名昭著的三十个最不正义的人统治雅典人的城邦时,①哪里还有什么"雅典人民的财产"呢?难道是这个国家以往的光荣,它的建筑物的超群美丽,它的剧场,它的竞技场,它的门廊,它著名的雅典卫城的入口,它的城堡,那菲迪亚斯优美的作品,或者是那辉煌的比雷埃夫斯海港使它成为一个共和国?

莱利乌斯:根本不可能,因为没有什么东西是"人民的财产"。

西庇阿:当十大执政官②统治罗马且无法上诉时,在他们掌权的第三年,自由已经失去其全部法律保护,那又是什么样的时期?

---

① 见本书第1卷,第44节。
② 见本书第2卷,第61节。

莱利乌斯：不存在"人民的财产"；事实上，人民起来造反要重新获得他们的财产。

三十三、西庇阿：我现在要讨论第三种政府形式，对这种形式我们也许会处于困境。因为，当一切事情都说是由人民管理，掌握在人民手中时；当多数人对它所愿意的任何人施加惩罚时，当它没收、吞并、保留和浪费任何它愿意的东西时，莱利乌斯，你能够否认我们拥有的是一个共和国吗？——这时一切都属于人民，而我们给共和国下的定义就是"人民的财产"。

莱利乌斯：对这样一个一切事情都由多数人的权力来决定的政府来说，我会比对其他任何政府都要更断然否定共和国这样的称号。因为，我们已经确定当僭主统治叙拉古、阿格里根托姆或雅典时，或当十大执政官在罗马掌权时，在这些城邦就全然不存在什么共和国；我看不出共和国的名称如何更适用于多数人的专制。因为，首先，人民只有当构成人民的各个个体——根据您西庇阿为正义所下的卓越定义——由一种正义的合伙关系而汇聚起来时才存在。可是，你所提到的那种汇聚肯定是暴虐的，这和一人统治的暴虐差不多，甚至是更为残酷的暴虐，因为没有什么比假冒人民之名义和外表的怪物更为可怖的了。当[疯子因不能恰当地自我管理]而将他们的财产依法委托给其男性亲属之际，[却要让疯狂的多数人无控制地拥有"人民的财产"，]这也确实不当。……

约有三页遗失了。

三十四、……[确实有许多论点]被用来证明一个君主国是共和国，"人民的财产"可以[同样正当地应用于一个贵族制政府。]

穆米乌斯：甚至是具有更大的正义，因为由于君主是一个个体，所以君主更像是一个主人；而对一个国家来说，没有什么比由精选出来的一定数目的善者来统治更为有利的了。尽管如此，我却宁可要一个君主而不是一个自由的民众政府，因为第三种选择是所有政府中最坏的。

三十五、西庇阿：斯普里乌斯，我知道你总是反对人民的权力；尽管这种权力也许不应承受像你习惯显示的那么多的愤怒，但我却同意你的看法，这三种政制没有一种值得多少称赞的。不过，我不能同意你说的，贵族政府比君主政府好；因为，如果都是智慧统治着这个国家，那么是一个人的还是一些人的智慧，这又有什么区别呢？而我们现在的辩论已为某些不明确的术语而误导了；因为，当我们说"这个最善者"时，看来不可能有任何东西是更可取的；因为还有什么能被认为比那最善者更好的呢？而当我们谈到君主时，我们马上想到的是一个不公正的君主；①但是，现在我们在考虑君主职务本身时，我们根本不是在说不公正的君主。因此，如果你仅仅设想我们所说的君主是罗慕洛斯、庞培或者图卢斯的话，也许你就不会对这种政府形式如此不以为然了。

穆米乌斯：那么，对民众政府你又有什么样的赞扬呢？

西庇阿：斯普里乌斯，罗得岛怎么样？我们曾一起访问过它。难道它在你看来也完全不是共和国吗？

穆米乌斯：我当然认为它是共和国，而且是绝不应为我们所嘲笑的共和国。

---

① 罗马人对君主(rex)的称号一直有一种仇视，这有点像今天的美国人。

西庇阿：你很正确。但是，你也许记得，所有的人民都轮流担任元老院成员和普通公民；他们有一个恒常的轮换制度，据此人们在一年的几个月中担任元老，而在其他几个月中是个体公民。他们因以这两种身份出席会议而接受报酬，并且，同样是这些人，既在剧场也在元老院内决定重大事情以及其他各种事情。和多数人一样，元老院也拥有很多权力和影响。……

这一卷的其余部分遗失了，究竟失去了多少页不清楚。

## 第三卷的残篇

1.因此，在众多个人中存在着某种不安分的因素，它会为愉悦而得意并为忧伤而心碎。

2.……他们看见了他们认为自己将做的事。①

3.腓尼基人和他们的商业贸易首先在希腊人中引入了贪婪奢侈的生活，以及各种贪得无厌的欲望。

4.……那个臭名远扬的萨丹纳帕路斯，他的恶行比他的名字更远为丑恶。……

5.……除非是有人想把这整个圣山当作一个纪念碑。究竟是因为什么，圣山或奥林匹斯山会如此伟大呢？……

---

① 这一残篇的第一部分，按其目前的样子来看，是没有意义的。

# 第 四 卷

　　梵蒂冈保存的手稿只有这一卷中短短的两段,即第 2 至第 3 节和第 4 节。这里印出了其他残篇,其次序当然不能肯定。在所讨论的主题中,明显有公民的社会分类,在一国中保持道德的高标准,青年人的身体与精神训练,戏剧、抒情诗和音乐的影响。

1　　一、……这同一颗心灵,既预见未来又铭记往昔。……

　　……的确,如果没有人情愿变成任何一种动物——即使他还能保留一个人的心灵——而不情愿死的话,那么还有什么能比有一颗兽心却保留人形更为可怜!而之所以更为可怜,在我看来,是因为心灵优于躯体。……

　　……他不认为一只公羊的善和普布利乌斯·阿非利加努斯的善是一样的……

　　……而同一个天体,由于它的干预,造成了黑暗和夜晚,既有用于计算日子,也有用于计算劳作之外的休息。……

　　……秋天大地张开臂膀来接受大地生长的种子,而在冬天大地安息以便大地可以[转换]这些种子,而在那成熟的夏季,某些土地变得松软,而某些土地却被烤干。……

　　……那时他们雇用牧羊人放牧羊群。……

二、……这秩序的安排是何等便利！各种年纪、各个阶级、各个骑士，在他们之中还包括了元老们的选票。① 当他们以某些平民的决议规定返还马匹来寻求金钱的重新分配时，有太多的愚蠢欲望要废除这个很有用的体制。

三、现在，设想一下其他一些明智的规定，规定了生活幸福体面的公民的联合体；因为那正是人们汇聚一起的原初目的，②在他们的共和国里，应当部分通过确立的风俗习惯并部分通过法律来实现这一目的。现在，首先，我们的人民从来未想通过任何教育体制——由法律明确规定，由官方建立，或者各种情况下都统一的教育体制——来教育那些生来自由的青年，尽管希腊人为这些问题白白花费了大量劳作；而这是我们的客人波利比乌斯在我们的制度中发现的唯一被忽视的事情。因为……

> 在这一段和第四节之间，至少有三十行遗失了。下面三段残篇可能出自这些遗失的段落。

……给那些入伍服役的人指派监护人，这是一种习惯，以便在他们第一年期间指导他们。……

……不仅仅如同在斯巴达，在那里儿童要学习偷。③ ……

……对青年人来说，如果他们没有情侣，这是被认为不光彩的。④ ……

四、西庇阿：……一个年轻人应当光着身子。就是从这样一

---

① 显然，这说的是塞维乌斯的改革；请看本书第2卷，第39—40节。
② 参见 Aristotle, *Politics* Ⅰ, 1252B—1253A。
③ 见 Plutarch, *Lycurgus* 17—18；[Xenophon,] *Laced. Polit.* Ⅱ, 6—9。
④ 可能说的是斯巴达的风俗；请看下一段残篇。

些古老渊源中衍生了我们也许可以称之为朴实基石的东西！他们在运动场训练年轻人的体制是何等荒唐！他们对刚成年的男公民(ephebi)的军训体制又是何等不严格！① 他们的交往和情爱关系又是何等自由和散漫！且不说埃列亚人和第比斯人——在他们之中对自由男子性欲关系实际上没有任何约束，斯巴达人在青年男子的情爱关系上也给予了一切自由，只是实际的同性恋行为除外，只有这个例外是一道很薄的保护墙；因为，规定是用斗篷隔开，但允许他们拥抱和同床。

莱利乌斯：我很明白，西庇阿，就你所批评的希腊人的训练体制来说，你偏爱攻击那些最著名的国家而不是攻击你所敬爱的柏拉图，你甚至没有提到他，特别是……

5　　五、……我们敬爱的柏拉图甚至比莱喀古士走得更远，因为他实际规定说一切财产都必须为共同拥有，这样便没有一个公民能够说有任何东西是他一人所有。②……

……但是，我……以［柏拉图］同样的方式把荷马送出他所虚构的那个城市，用花冠收买他，并给他涂上香油。③……

6　　六、……监察官的判决几乎不施刑罚，只是那个受他谴责的人感到羞愧。因此，由于他的决定仅仅影响到名誉，人称他的谴

---

① 显然说的是雅典的制度。男子从18岁至20岁被称为 ephebi 或 cadets。

② 见 Plato, *Republic* Ⅲ, 416—417, 在该书中, 不同于其他公民, 监护人是禁止拥有个人财产的。关于公妻社, 见Ⅴ, 47。关于莱喀古士政制中的"共产主义", 见 Plutarch, *Lycurgus* 8—10; 15; ［Xenophon,］*Laced. Polit.* Ⅰ, 7—9; Ⅵ; Ⅶ; Polybius Ⅵ, 45, 3; 48, 3。

③ Plato, *Republic* Ⅲ, 397E—398A。

责为"耻辱"。① ……

……据说,由于他们的严厉,这个国家起初很害怕……

……实际上也不应该设立一位总管妇女的统治者,如同希腊人通常所做的那样,②但是,必须有一位监察官去教男子如何去管好他们的妻子。……

……因此,训练朴实具有重大效果,所有的妇女都要戒绝饮用酒精饮料。……

……除此之外,如果任何妇女有了坏名声,她的亲戚便拒绝吻她。……

……于是,无礼是自找的,无耻是自求的。……③

七、……我不同意一个民族既是这个世界的统治者,又是它的征税人;另一方面,我认为节俭既是家庭的也是国家的最佳财源。……

……在我看来,信用这个词之所以获得其名是出于这样的事实:履行了所作的允诺。④ ……

对一位高层公民或者一位有很高声誉的人来说,[我认为]恭维、巴结和游说都是浅薄的[表现]。……

八、……我欣赏出色,这不仅指内容上的,也指风格上的。如

---

① 耻辱(Ignominia)出自 in 和 nomen,意思是剥夺一个人的好名声。
② 参见 Aristotle,Politics Ⅵ,1322B。
③ 西塞罗从 peto(寻找)一词得出 petulantia(无礼),从 proco=prosco(要求)一词衍化出 procacitas(无耻)。
④ 西塞罗从 fio(完成)一词中得出了 fides(确信、信用)一词。

果"它们不一致",①它就说话了。朋友之间的争论,而不是敌对者之间的对骂,就称为不一致。……因此,法律考虑邻居的不一致而不是对骂……

……人们关心的界限和人们生活的界限将是相同的;所以,通过大祭司的法律,葬礼的圣洁……

……因为他们不曾——因狂虐的风暴——把那些未能在海上得救的人加以埋葬,他们就把一些无辜的人处死了②……

……在这次争执中,我没有站在人民一边,而是站在那善良一边……

……当人民势大时,要抗拒人民并不容易,如果你不给他们以法律上的权利或者是仅仅给了一点。……

……如果是那样,我也许可以坦率地事先告诉他。……

9　九、……当人民给予他们喝彩和赞同,如同某个伟大明智的主人给予喝彩和赞同时,他们造成了什么样的黑暗!他们引发了什么样的恐怖!他们煽动起了什么样的欲望!③……

10　十、……由于他们认为,一般说来戏剧艺术和剧场是不体面的,因此他们渴求④所有与这类东西相联系的人不但应当被剥夺其他公民所能享有的特权,而且应当通过监察官的判决而被赶出他们的部落。……

西庇阿:……除非是日常生活的习惯已允许这样,那么喜剧

---

① 可能是引自十二铜表法(见本书第2卷,第54—56节)。
② 即公元前406年在阿吉努塞战役中的雅典统帅们(Xenophon, *Hellenica* I,7)。
③ 西塞罗正在谈论这些诗人,可能是在谈论喜剧作家。
④ 即罗马人。参见 Livy VII, 2, 12。

也从来不能使其不光彩的表演为观众所接受。……谁不曾受过[喜剧]的攻击,甚或是迫害?它又宽恕过谁?的确,它曾击伤过那些邪恶的蛊惑人心的政客和那些在国内煽动骚乱的人,如克里昂、克莱奥丰和希佩伯卢斯。① 对此我们也许可以允许,尽管让这样的公民受辱于监察官而不是受辱于诗人更为可取。但是,伯里克利,由于他威严的影响力已经统治他的共和国多年(既在和平时期,也在战争时期),竟然会受到诗歌的攻击,以及这样的诗歌竟然会在舞台上吟诵,这和我们的普劳图斯或奈维乌斯挑选普布利乌斯和格奈厄乌斯·西庇阿来加以污蔑,或者由凯基利乌斯来诽谤马库斯·加图一样,都是不恰当的。……而另一方面,我们的十二铜表法②尽管只对少数罪行规定了死刑,但如果有任何人诵唱和谱写诋毁或污蔑任何他人的歌,它却规定了死刑。这是一项出色的法规;因为我们的生活方式应该服从行政官和法庭的判决,而不是服从聪明伶俐的诗人的判断;而且除非是我们有机会在法庭上回答并为自己辩护,我们也不该蒙受耻辱。……早期的罗马人不希望任何活着的人在舞台受称赞或责备。……

十一、……雅典的埃斯基涅斯,一位最为雄辩的演说家,参与了国家事务,尽管年轻时他曾是悲剧演员。此外,雅典人常常就最重要的战争与和平问题派阿里斯托德摩斯③——他也是一悲剧演员——作为派驻菲力的大使。……

---

① 阿里斯托芬和其他古喜剧作家嘲弄了这些雅典的蛊惑人心的政客。
② 见本书第7卷,第01节。
③ 关于阿里斯托德摩斯,见 J. B. O'Connor, *Chapters in the History of Actors and Acting in Ancient Greece*, Diss. Princeton, 1890, pp. 82—84.

# 第 五 卷

　　梵蒂冈的手稿仅仅有此卷的三段短文：第 3,5 和 6—7 节。其他残篇的次序并不准确。圣奥古斯丁（《上帝之城》第 2 卷,第 21 节）说第 1 节引自西塞罗的该卷序言,而不出自该卷的对话。

　　这一卷的主要论题明显地是理想政治家的资格条件和职能。

一、罗马共和国是稳固地建立

1　　　　在古老的风俗和人的力量之上的。①

我们的诗人似乎是从一个神谕那里获得了这些如此简洁又真实的文字。即从来也不仅仅是靠人（除非是一个国家有风俗习惯的补充），也不仅仅是靠风俗习惯（除非是有人来维护这些风俗习惯），就足以建立或如此长期地维持一个其领土延伸得如此广阔的共和国。因此,在我们自己的时代之前,我们祖先的风俗习惯培养了杰出的

2 人,而杰出的人维护了我们古老的风俗习惯和他们祖先的制度。不过,当这个共和国到了我们的时代,尽管它仍然像一幅美丽图画,然而,其色彩却因年代久远而正在褪色,我们的时代不但忽略了更新复原其原来色彩使它清新如故,甚至没有不怕麻烦地去维持它的结构以及——或者说——它的基本轮廓。现在留下的"古老的风俗习

---

① 诗句出自恩尼乌斯的 *Annales*。

惯"——他所说的"罗马共和国"就"稳固地建立"在这之上——又是什么呢？它们已经，像我们所见到的，如此完全地被遗忘了，它们不仅不再被实践而且已经不为人知了。对于这些人，我应当怎么说呢？我们丧失风俗习惯是由于我们缺少了人，而对于这一巨大的邪恶，我们不仅必须有一种解说，我们甚至必须采取一切可能的办法来保卫我们自己，就如同我们被指控犯有最大罪行时那样。因为这是由于我们自己的过错，而不是由于任何偶然事件，以致使我们只保留了共和国的形式，却早已丧失了其实质。……

二、……[没有什么东西]如同司法行政那样更具有君主特性的了，司法行政包括了对法律的解释，因为臣民习惯于从他们的国王那里寻求法律的决定。并且由于这些理由，既适宜耕种又适宜放牧的广阔肥沃的土地、田野都被划作君主的财产，且无须他的任何劳作和关注而为他耕作，这样他也许就不会因为需要关注他个人的私事而分散他对人民事务的关注。在任何诉讼中，任何公民都不得充任法官或仲裁者，而是每一个诉讼都由国王本人来决定。在我看来，我们的君主努马最接近于遵守这项希腊君主们的古老习惯。至于我们的其他君主，尽管也履行这一职责，却花费了他们的大量时间进行战争，并因此关注战争法，可是，只有努马统治时期的长期和平才是我们城市的正义和宗教之母。如同你们所知道的，这位国王甚至制定了一些至今仍然有效的法律。这些情况确实是我们所谈及的这位公民的恰当关注。……[3]

三、……可是，尽管如此，正如一位有效率的家长的情况那样，某些耕作土地、建构房屋以及登记账目的经验都是必不可少的。……[4]

5 　　西庇阿：……这不会使你不高兴吧：了解……的根和种子,会不会？

　　穆米乌斯：完全不会,只要是有其发生的必要性。

　　西庇阿：那么,你不会认为这样的知识只对一个农庄管理人才合适吧？

　　穆米乌斯：决不；因为缺乏细心关注是耕种中最常见的失误。

　　西庇阿：因此,农庄管理人知道土地的性质,家务管理人懂得如何读和写,这两种人都对他们知识的实际功用感兴趣,比对掌握这些知识时所得到的愉悦更感兴趣。那么,按同样的道理,我们当政的政治家肯定早已努力熟悉了司法和法律,并早已考察了它们的渊源。可是,他决不应允许把他的时间不断花费在种种商议上,或者花费在这些问题的阅读和写作上,因为,他必须有能力——我们可以说——同时承担农庄管理人和家务管理人两种工作；他必须在最高层面上精通司法,如果一个人不是如此的话,他就不可能司法；他一定不能不了解市民法,但他的市民法知识应当如同舵手关于星辰的知识那样,或者像一位医生的医学知识那样；因为各人在各自的技艺中使用他的知识,而不允许其知识使他脱离他自己的专门职责。但是,此人将务必……

6 　　四、……在国家中,那些至善者追求赞美和荣誉,避免不光彩和耻辱。事实上,因畏惧法律所规定的刑罚而阻止他们犯罪的震慑力,并不如羞耻感的震慑力,这种羞耻感是大自然给予人的,令他们害怕正当的责备。当政的政治家在共和国中通过公共舆论的力量强化了这种感觉,并以原则的灌输和系统的训练使它完善起来,因此在震慑公民使之不犯罪的作用上,羞耻感并不比畏惧感更少效力。而这些评论都与赞美相关,有可能已得到更为广泛的阐述和更完全的展开。

五、不过,就生活的实际行为来说,这个体制规定了合法婚姻、合法子女以及对家庭之神拉雷斯和佩纳提斯的家宅祭献,这样,人人也许都可以利用共有财产和他们的个人财产。除了在一个好的共和国,生活不可能很好,什么东西也比不上构制良好的国家更能造就幸福。因此,在我看来一直非常值得注意的,如此重要的是……

六、西庇阿:……正如同舵手的目的是成功的航行,医生的目的是健康,将军的目的是胜利一样,这位共和国的指挥者的目的是其公民伙伴的幸福生活,是以财富支持的、物质资源丰富的、因光荣而伟大以及因美德而受称赞的幸福生活。我希望他的这一功业完美,这是人间最伟大的和最好的可能。……

……在你的著作中,什么地方也同样赞美了一个本国统治者,他考虑其人民的善,而不是考虑人民的欲望?……

七、……[我们的]祖先由于渴望光荣,而导致完成了许多精彩且值得赞美的活动……

……一个国家的领导人,必须以光荣来抚养,而这个国家只有当一切人都将荣誉给予他们的领袖时才能够坚如磐石。……

……通过美德、工作、勤勉。……应当保持这位最杰出的人的种种天赋,除非是一种凶猛精神以一种十分倔强的方式……使他……以某种[方式]……

……这种美德称之为勇敢,构成它的是精神的高贵和对痛苦和死亡的彻底蔑视……

10　八、……因为马塞卢斯生气勃勃和勇猛好斗,马克西姆深思熟虑和小心谨慎……

……包容于这一世界。……

……因为他会使你的家庭分享他高龄的某些烦恼。……

11　九、……由于斯巴达的墨涅拉俄斯具有某种令人愉快、富有魅力的口才①……让他在演说中追求简洁。……

……而且由于在一个国家中没有别的东西比投票和意见表达更应避免受影响,因此,我不能懂得为什么那个用金钱影响他们的人应受惩罚,而那个以其口才影响他人的人为此受到赞扬。事实上,在我看来,用演说影响法官的人比以贿赂影响法官的人犯的罪更重,因为即使是品德高尚的人也可能为雄辩所影响,尽管他不能为贿赂所影响。……

……西庇阿说完上面的话以后,穆米乌斯表示完全同意,因为他对那夸夸其谈者充满了某种仇恨。……

……那么,优秀的种子应播种在一块最肥沃的土地里。……

---

① 见 *Iliad* Ⅲ,212 ff.。

# 第 六 卷

梵蒂冈的手稿中没有保存这一卷的任何部分。不过,除了下面印行的零散残篇之外,马克罗比乌斯将著名的"西庇阿之梦"以及他对此的评论传给了我们。

本卷的遗失部分明显对政治家的品质和职责,以及其工作的价值和酬报问题作了进一步的讨论。

一、……那么,你所寻求的是对这位当政政治家的谨慎作一完整评价,这种品质的名称出自预见……①

……因此这位公民务必要保证自己常备不懈,防止那些扰乱该国稳定的种种影响。……

……在公民之间的这种纷争,一个派别和其余公民分离,是所谓煽动……②

……事实上,在市民的争吵中,当人的品行比人数更为重要时,我认为,应当掂量公民的品行而不是计算其人数……

……因为我们的欲望是统治我们思想的严厉主人,它强迫并命令我们去做数不尽的事情;而且由于这些欲望根本不可能以任何方式平息或满足,因此这些欲望促使那些为欲望所激励的人们去犯各种罪行。

---

① Prudentia(谨慎)一词出自 provideo(预见)。
② Seditio(煽动)一词是来自前缀 se(分离)和 itio(进行)。

2 　　……他限制约束了它的力量以及那肆无忌惮的残暴。……

　　二、……这的确是更为巨大，因为，虽然这些同事间意见一致，但他们不仅是同样地被憎恨，而且人们对格拉古的热爱甚至减少了克劳迪乌斯的不受欢迎……①

　　……他在这些话语中不断抨击贵族们和那些杰出人物的势力，而他的后面留下了他那高贵的悲哀响亮的回声……

　　……于是，据这个作者讲，每天有上千身穿紫色长袍的人走进会场……

　　……在那些事件中，你还记得，由于聚集了流动的人群和成堆的铜器，那次葬礼是未曾料到的庄重……

　　……因为我们的祖先希望婚姻应当稳定和永久……

　　……莱利乌斯的发言——这在我们手中都有——告诉我们，那些祭司的长柄勺以及——用他的原话来说——萨摩斯陶碗是如何令诸神愉悦。

3 　　三、……[潘菲里利亚人厄尔]，②当他被放在火葬的柴堆之上后，他又活过来了，并且告诉人们许多地狱的秘密。……他所说的灵魂永生和天堂等种种事情[都不是]那些爱做梦的哲学家们的虚构或伊壁鸠鲁学派所嘲笑的那种难以置信的故事，而是有理智的人们的推测……

4 　　四、……[柏拉图]是在开玩笑而并非有意声称这是真事……

――――――――――――

　　① 盖尤斯·克劳迪乌斯·普尔喀和提比略·森普罗尼乌斯·格拉古是公元前169年的监察官。

　　② 见Plato, *Republic* Ⅹ, 614—621。这些评论中显然是在说厄尔的故事，故事引出了《西庇阿之梦》。随后的残篇也是出自这一介绍性的会话。

八、西庇阿：……但是，即使意识到他行为的价值对于一个智者来说就是对美德的最高贵的酬报，然而，这种神一样的美德所渴望的，确实不是那些铅铸的塑像，或者戴着衰萎桂冠的胜利，渴望的是性质更为稳定和长久的报酬。

莱利乌斯：那么，这又是些什么呢？

西庇阿：既然这是我假日欢庆的第三天，请允许我……

## 西庇阿之梦

九、西庇阿：你们知道，在执政官曼尼乌斯·马尼利乌斯领导下，①我是阿非利加第四军团的军事护民官。当我到达这个国家时，我的最大愿望就是会见马西尼萨国王，他因为一些极好的原因②曾是我们家族的一位非常亲密的朋友。当我到他跟前时，这位老人拥抱了我并泪流满面；过了一会儿，他的眼睛仰望天空，说出了这些话："我感谢你，啊，至上的索尔\*，还有你们，其他天国的生命，在我离开这个生命之前，就在我的王国中，就在我的屋顶下，我看到了普布利乌斯·科内利乌斯·西庇阿，仅仅由于说出这个名字，就使我精神焕发；在我的记忆中，对于这位高贵和战无不胜的英雄③的记忆几乎没有任何暗淡！"此后，我询问了他的王国，他问到我们的共和国。我们用一整天长时间讨论这两点。

---

① 公元前149年，当时第三次迦太基战争刚开始。
② 大西庇阿曾恢复了马西尼萨所继承的领地，并为其王国增添了其他领土。
\* Sol，拉丁语的意思是"太阳"。——中译者
③ 普布利乌斯·科内利乌斯·大西庇阿·阿非利加努斯。

十、后来,在我受到盛情款待之后,我们继续谈话直到夜晚,这位年老的国君别的都不谈,只谈阿非利加努斯,追忆了所有他说过的话和他的所有功绩。当我们分开各自休息后,我立刻进入一种比平时更深的酣睡之中,因为旅途使我非常困倦,而且时间已晚。我进入了下面的梦境,我想,是因我们谈话的主题而产生的;这种情况经常发生:我们的思想和语言在我们的睡眠中有某种影响,正如恩尼乌斯提到荷马①时所描述的。当然了,他常常习惯于在醒着的时候谈及和想到荷马。我好像看见老西庇阿就站在我面前,样子是我所熟悉的他的半身像而不是他本人。一旦认出他时,我怕得发抖,但他说:

"勇敢点儿,西庇阿,不要怕,只是把我的话印在你的记忆里。

十一、"你看到那边的那个城市吗?虽然我曾以武力使它服从罗马人民,但它现在正重新以往的倾轧而不能安定"(他在一块沐浴着皎洁星光的高地上指着迦太基),"你现在围攻这个城市,用一支并不比一般士兵更强的队伍。两年之内,你作为执政官便将征服它,因此凭着你自己努力的胜利而赢得这个姓,②而到现在为止只是作为我的遗传你才有这个姓。而在你摧毁迦太基和庆祝你的凯旋之后,你将出任监察官;你将出使埃及、叙利亚、小亚细亚和希腊;你不在国内时,将第二次被挑选为执政官;你将使一次大战取得成功的结果;你还将摧毁努曼提亚。③可是,在你赶回

---

① 这里说的是恩尼乌斯的 *Annales*(可能是卷 1)中的一段文字,在 Acad. Ⅱ,51 和 88 中也曾提到。
② 即"阿非利加努斯"这个称号(意为阿非利加征服者。——中译者)。
③ 关于小西庇阿的经历,请看本书索引。

我们的国家到达卡皮托山之后,你会发现这个共和国为我外孙的种种设计而弄得不得安宁。"①

十二、"那么,阿非利加努斯,在祖国面前坚持你的个性、你的能力和你的智慧之光,这将是你的职责。不过,在这时,我看见在你面前有两条命运之路,如同昔日一样。因为当你年满七八五十六岁转回太阳的循环周期之际,七和八这两个数字——它们各自都因不同的理由被认为是完满的②——在大自然的轮回进程中会在你生命中到达它们的注定之积,这时,整个国家都将转向你和你一个人的名字。元老院、所有善良的公民、盟邦、拉丁人都会期待你;你将是这个国家的安全的唯一支柱,并且,简而言之,你的责任是作为独裁官在这个共和国恢复秩序,如果你能逃脱你的男系亲属的邪恶之手的话。"③

莱利乌斯这时大叫起来,其他人发出低沉的呻吟,可是西庇阿微笑地说:"请安静些;不要把我从睡梦中叫醒;再听一会儿,听听下面是什么。"

十三、"不过,阿非利加努斯,请相信我说的,这样你也许会更急切地捍卫这个共和国:凡是曾经维护过、帮助过或者扩展了其祖国的人在天堂都有为他们专门准备的地方,在那里他们可享有一种永恒的幸福生活。因为人间所做的一切事情,再没有比正义的人们的集合和汇聚即所谓的国家更能让统治整个宇宙的至上神感到愉悦的了。国家的统治者和保卫者都来自这个地方,并将

---

① 指提比略·格拉古,他是老西庇阿的女儿,科内莉娅之子。
② 参见 Plato, *Timaeus* 39D。这种关于"完美数字"的思想源于毕达哥拉斯。
③ 有一种猜测认为西庇阿是因格拉古兄弟的派别而死于公元前129年。

回到这个地方。"

14 　　十四、尽管我当时极端恐惧,更多的是由于想到我自己亲属中的叛逆,而不是由于对死亡的畏惧,然而,我问他,他和我的父亲保罗以及其他我们认为已死去的人是否仍然真的还活着。

　　"当然,所有这些人都活着,"他说,"他们已经从肉体的束缚中挣脱,就如同挣脱了监狱一样;可是你们的生活——人们这样称呼——却是真正的死亡。难道你没看见你的父亲保罗正走近你?"

　　当我看见他时,我的眼泪如涌泉,他却拥抱我、亲吻我,并不许我哭泣。

15 　　十五、一旦我控制住了我的悲伤并能够说话时,我就大喊:"啊!至善且无可指责的父辈们,既然那才是生命——这是我从阿非利加努斯那里得知的——可为什么我还应当在人间逗留更久?为什么不赶快到你那儿去?"

　　"不能这样,"他回答,"因为,除非上帝——他的圣堂①就是你所看到的每一事物——将你从这躯体的监狱中解放出来,否则的话,你不可能进入那里。因为给予一个人生命,以便他可以居住在被称之为地球的星球,你在这个圣堂的中央看到这个星球;从那些你们称之为恒星和行星的永恒之火中他被赋予了一个灵魂;这些星辰是圆的和球形的天体,由于有神的智力而朝气蓬勃,并以惊人的速度沿着它们固定的轨道循环。所以,你,普布利乌斯和所有善者都必须将灵魂交给躯体监护,除非有上帝——正是他

---

① 拉丁文 *Templum* 原来意指天空的一部分,是为了神的目的而划出的。

给了你生命——的命令,一定不要放弃人的生命,免得看起来你在逃避神赋予人的义务。

十六、"不过,西庇阿,请在这里模仿你的祖父①;模仿我,你的父亲;请爱正义和义务,这两者严格地说都来源于父母和亲属,但首先来源于祖国。这样的生活就是通往上天之路,通向那些完成他们人世生活后已解脱肉体之累的人,在你现在看见的那个地方(那是一圈光芒,发出比其他火焰更亮的光芒)的生活会聚的路","这圈光芒,人间的你们借用希腊的术语,称其为银环。"②

我从这一点注视了每个方向,所有其他地方都惊人的美丽。那里有许多星辰,我们在人间从未见过,且都比我们曾经设想的大。其中最小的一颗离天国最远,离地球最近,发出一种借来的光。③ 这些星体都比地球大得多;确实,地球自身在我看来实在很小,以至于觉得我们的帝国颇为可笑,可以说,它只占了地球表面上一个点。

十七、当我仍盯着地球不动时,阿非利加努斯说:"你的思绪还要固定在低下的地球多久呢?难道你没看见你已进入何等高贵的地带吗?这是九个环,或者更确切地说九层天,它们连接成为整体。其中之一,也就是最外面的,便是天堂之天;它容纳了所有其他,其自身便是至上的神,它掌握着并拥抱着所有其他各层天;在其中,星辰永恒旋转的轨道得以固定。在它之下有其他七层天则与天堂旋转方向相反地旋转。其中一颗星球的光在地球

---

① 即大西庇阿。
② 即银河。
③ 月亮。

上称之为土星\*之光。下一颗星的光称之为木星\*\*之，它给人类带来幸运和健康。木星之下的那颗星，红色的并对人类住宅构成威胁，你们人间称它为火星。\*\*\* 在火星之下大约一半距离①之处是太阳，它是其他光的主人、首领和统治者，是这个宇宙的心灵和指导原则；它是如此伟大，它以其光华显露并充满万物。可以说，它有它的一些伙伴相伴：有各自轨道的金星\*\*\*\*和水星，\*\*\*\*\*在最下层天旋转着月亮，太阳的光芒使它燃烧。月亮之下只有那些会死亡的和注定要腐朽的东西，出于诸神的恩惠而给予人类的灵魂除外，而在月亮之上的一切东西都是永恒的。因为这第九层和中心的那个层是地球，它固定不动并在最下层，一切有重量的物体由于自身的自然下坠倾向而都为它所吸引。"②

18　十八、当我惊讶地目睹了这些奇观之后清醒过来，我说："充满我耳的这个响亮而又和谐的声音是什么？"③

他回答说，"这出自这些天体自身向前飞驰和运动；它们之间的距离虽然不同，但都是按准确比例精确安排的，通过高低音的协调混合，就产生了各种和谐；因为如此宏大的运动不可能沉寂

---

\*　　原文为 Saturn，在罗马神话中为播种之神的名称。——中译者

\*\*　　原文为 Jupiter，在罗马神话中为天神（相当于宙斯）的名称。——中译者

\*\*\*　原文为 Mars，在罗马神话中为战神之名称。——中译者

①　指天堂和地球之间的一半。

\*\*\*\*　原文为 Venus，在罗马神话中为爱神之名称。——中译者

\*\*\*\*\*　原文为 Mercury，在罗马神话中为商业之神的名称。——中译者

②　关于这一天文体系，请看 Plato, *Republic* Ⅹ, 616B—617C; *Timaeus* 36 和 38。这些观点的大多数似乎可追溯到毕达哥拉斯学派（特别是与苏格拉底同时代的来自克罗托纳的菲洛劳斯）。

③　参见 Plato, *Republic* Ⅹ, 617B; Aristotle, *De Caelo* Ⅱ, 290B。

地快速进行;而且大自然已经规定一端应发出低音而另一端发出高音。因此,这个承载恒星的最高层的天,因旋转得更快,便会发出一种尖锐的高音,而那个最底层的旋转天体,即月球,发出最低的声调;至于地球,这第九层,一直在宇宙中心的位置上保持不动和固定着。其他八层天,其中有两层运行速度相同,便发出七种不同的声音,这个数字几乎是万物之奥秘。博学者在弦乐器和歌曲中模仿这种和谐,已经使他们自己得以回归这个和谐的领域,因为其他人在他们的尘世生活中把他们的卓越才智奉献给神圣追求,也获得同样回报。人们的耳朵,也曾充满这种声音,但如今却对此失聪变聋了;因为你们的感官中听觉最为迟钝。在尼罗河从地名为卡塔都帕的巍峨群峰间飞流直下之处,①我发现与此相类似的现象;居住在那附近的人民因这声音的巨大而失去了他们的听觉。不过,这种因整个宇宙的高速运转而产生的强大音乐是不可能为人耳所领会的,就如同你不能直视太阳一样,它的光芒已征服了你的视觉。"

当我注视着这些奇观之际,我不断把眼睛转向地球。

十九、这时,阿非利加努斯又说道:

"我看见你仍然注视着人们安息居住的地方。如果它对你来说似乎很小——事实上它也的确是很小的——那么把你的注视固定在这些天堂的东西上,蔑视那尘世的东西。因为你能从人的演说中获得什么声望,或者又有什么样的荣誉值得这种追求呢?你看见,在地球上有人居住的地方仅仅是几部分,并且是很小的

---

① 尼罗河的卡塔都帕大瀑布。

地方,而在那些有人居住的小块土地——我们也许可以这样称呼它们——之间横展着茫茫沙漠;你看见这些居民散布得如此广阔,以至于不同区域之间不可能有任何交往;此外,有些居民在地球上是生活在与你们的生活地区相倾斜、横切以及有时是直接对立的地区;①从那里,你绝不可能指望什么荣誉。

二十、"此外,你将注意到,地球是由一定区域包围和环绕,其中有两个区相离得最远,并由天堂的两根相对立的柱子支撑着,以冰固定着,而那中央和最广大的区域却为太阳的光热烤焦。有两个区是人可居住的;南方的一区(那里的居民的脚底正对着你们的脚底)②与你们那一区没有任何联系。考察一下你们居住的北区,你就会看到属于你们罗马的是多么小的一部分。因为你们所拥有的全部领土,从北到南很狭窄,从东到西较宽一点,实际上只是一个为你们地球上的人称之为大西洋、大海或海洋所环绕的小岛。现在你看到它是何等渺小,尽管它有骄傲的名字!你真认为你的名声或者我们之中任何人的名声通过攀登你在那里看到的高加索山脉,或游过恒河就可能越过那些有人定居的和探察过的区域吗?在那些遥远的日出或日落的地方,或者最北最南的地方,什么居民将会听到你的名字?抛开了这些地方,你不会看不到,你曾如此渴望传播你的光荣的领域又是多么狭小?就是那些现在谈论我们的人,又会继续这样做多久呢?

---

① 倾斜区指自己半球的其他温带地区的居民。横切区指另一半球的相同温带区的居民。对立区指另一半球的其他温带地区的居民。参见 Plato, *Timaeus* 63A; Cicero, *Acad*. Ⅱ, 123。

② 见第 20 节中的"对立区"以及其脚注。

二十一、"何况,即使未来几代人会希望将他们从其父辈接受 23
的、关于我们每个人的颂词传交给那些尚未出生的人,但是,那些
在地球上必然定期发生的水火之灾①也将阻止我们获得甚至是长
久的光荣,更别说那永恒的光荣了。可是,你将为后你而生的人
所谈论,而你却不可能为先你而生的人所提及,这对你来说又有
什么重要呢?

二十二、"而后一类人的人数绝不会少,而且肯定是些更好的 24
人;特别是,那些也许听说过我们名字的人之中,不会有谁保留任
何记忆达一年之久。因为人民通常是以太阳——也就是说,只是
一颗恒星——的运转来测度年的;但是当所有恒星都回到其当初
出发的地方,并在经过长久的时段恢复了原来整个天象之时,这
才可以正确地称之为一个周年。② 我几乎不敢说在这样的一年间
会包容了多少代人;因为一旦太阳在人们面前显示了暗淡和遮
蔽,当罗慕洛斯的灵魂走进这些区域,因此太阳在同样位置并在
同样季节将再次被遮蔽,这时,你也许会相信所有的行星和恒星
都已经回到它们原来的位置,并相信一年已确实流逝了。但是,
你们要知道这样一年的二十分之一尚未过去。

二十三、"结果是,如果你对能否返回这个地方感到绝望,感 25
到你的名声在人们之中的价值实在是何等渺小——它几乎不能
持续一年中的一小部分时间,那么杰出和优秀的人们从哪里发现
他们真正的奖赏呢? 所以,只有你看着高处并期待这永恒的家和

---

① 这是斯多葛学派的信条;参见 Cicero, *De Nat. Deor.* Ⅱ, 118; Seneca, *Nat. Quaest.* Ⅲ, 27ff.。

② 关于这种"大年",请看 Plato, *Timaeus* 39; CIcero, *De Nat. Deor.* Ⅱ, 51。

安息之地，你就不再关注那些粗俗民众的流言飞语，或者信赖人们对你探索的奖赏。美德女神，凭着她自己的妩媚，将带领你迈向真正的光荣。让别人说的关于你的话都成为他们自己的关注吧；不管说的什么，也不论何种情况，他们都会说的。不过，你们谈论的超不出你所观看的狭窄区域，也不会有任何人的声誉会延续很久，因为人们说的话会与他们自己相伴死亡，并为他们后裔的遗忘所抹去。"

26　　二十四、当他说完这些话，我说："如果确有一条路通往天堂，仿佛是对那些曾很好地为他们国家服务的人开放的，那么，从今以后，我将在如此辉煌的报酬的鼓励下加倍努力；虽然我从少年时代便一直追随我父亲和您的脚步，而且没有在追赶你们的荣誉中失败过。"

他回答说："继续努力吧，同时要清楚，会死去的并不是你，而仅仅是你的躯体。因为你的外形所显露出来的那个人并非你自己；灵魂才是真正的自我，而那可以以手指指出的物质形体却不是。所以，要知道，你就是一个神——如果说一个神就是这样一个灵魂：它生活、感受、记忆和预见，它统治、治理和驱动它被置于其上的那个躯体，就如同在我们之上的至上之神统治着这个宇宙一样。而且就如同那永恒的上帝驱动着这个宇宙——宇宙的部分会死亡——一样，一个永生的灵魂驱动着那脆弱的躯体。

27　　二十五、"因为那总在运动的东西是永恒的，而那个把运动传送给其他东西的却不永恒；传动者自身是为其他力量所推动的，当这个运动终止时，它也就必然停止生活。于是，只有那个自身推动者才永不停止它的运动，因为它从不会抛弃自我；不会的，它是所有其他被动的万物运动的渊源和第一原因。但是,这个第一原因自身没有始点,因为每一事物都源于第一原因;若其起源是由于任何其他东西的话,那么其就不是第一原因。而且,既然它从来没有始点,它也就永远不会有一个终点。如果第一原因会被摧毁,那么它也就绝不可能从任何别的东西那里再生,它也不可能使任何别的东西得以存在;因为万物都必须起源于一个第一原因。随之而来的结论也就是,运动始于自动者;但是,这个运动无生无死,否则的话,所有天堂的东西都要崩溃,所有的自然物都会消亡,它也再不拥有那种令万物能从中获取第一运动冲力的力量了。

二十六、"因此,现在很明白,那些自身运动的东西就是永恒的,谁能否认这就是灵魂的性质?任何由于外界推动而运动的东西都是没有生气的;而任何有灵魂的都是由其自身的内在推动力而运动的;因为这就是灵魂的特别性质和特点。由于灵魂是唯一自动的力量,它就当然没有始点且是永生的。① 所以,在种种最佳追求中使用它!而最佳的任务便是承担保卫你的祖国的任务;一个关注这些活动并在这些活动中得到训练的灵魂将更快地飞到这里,飞到它合适的家和永久的住处。这个飞行甚至可以更快一些,如果灵魂——尽管仍受着躯体的限制——向外观看,并且,通过对于灵魂之外界的沉思而使灵魂自身尽可能地脱离躯体。至于那些沉湎于感官愉悦并似乎已成为感官愉悦之奴隶的人们,以

---

① 第 27 和 28 节是借用了 Plato, *Phaedrus* 245C—E. 又请参见 Cicero, *Tusc. Disp.* I,53—55。

及那些在完全屈从于愉悦的欲望刺激下违反了诸神和人的法律的人们,他们的灵魂在离开他们的躯体后,接近地球飞行,并不回到这个地方,除非是经过许多年代的折磨之后。"

他走了,而我从睡眠中醒来。①

---

① 这是这一著作的结束。

# 未能确定其位置的残篇

1. ……大自然自身将不仅邀请,而且会强迫这样。

2. 泡尼乌斯,赞美一个孩子是一件困难的事;因为这时的赞美必定是给予期望而不是成就。

3. 如果命运让人上升到天堂那样高,

   那巨大的门只对我敞开。①

   ……阿非利加努斯,很对,因为这同一大门也为赫耳枯勒斯敞开。

4. 由于他的插话,我们已经不沉醉于那个目标本身。……

   一个对他既非朋友又非敌人的人能给予

   一个公正的回报,为了他的丰功伟绩。②

5. 凡是打算用宴会、宴席或豪奢的款待来赢得他人喜爱的人都清楚地表明他们缺少真正的诚实,而诚实来自美德和优点。

---

① 恩尼乌斯借大阿非利加努斯之口说出这些话。人们认为由这两句话构成的这一完整的讽刺诗,其前面还有在 Tusc. Disp. V,49 中所引用的诗句:
   一轮朝阳从亚速海上空升起,
   没有人的行为是如此公正。

② 恩尼乌斯关于大阿非利加努斯的另一讽刺诗。人们认为读作:
   没有人被埋葬在此安眠,等等。

参见《法律篇》II,57。

6.信任应当逐步地和悄悄地赢得,而不能靠武力和突袭。

7.不存在什么我们必须按它来建立国家的模式。

8.……撕毁条约的阿非利加人……

# 法律篇

# 英译本导言

西塞罗的《法律篇》是其《国家篇》的续篇；他的法律实际上就是他的理想共和国的法律。① 该书的写作大约在《国家篇》完成后不久，甚至尚未定稿出版时就开始了。某些证据显示写作开始于公元前52年；② 但显然，在西塞罗临时出任总督（公元前51—前50年）和内战（公元前49—前48年）期间中断了。公元前46年他恢复写作生涯，从此时直至他去世（公元前43年），这一期间是其修辞学和哲学著作最丰产的时期。有证据表明公元前46年③和次年④他都在写作《法律篇》；但另一方面，我们了解到，当公元前44年他在写作《感悟篇》(De Divinatione)时，《法律篇》尚未出版；⑤ 并且，我们也没有任何证据表明西塞罗生前已经完成或出版了这一著作。但如果因此得出结论，认为我们现在所见到的是未

---

① 《法律篇》Ⅰ,15;20;Ⅱ,14;23;Ⅲ,4;12—13。——英译者（以下注释除特别注明者外均为英译者注）

② 本书第2卷，第42段所提到的显然地是克洛狄乌斯去世（公元前52年元月20日）。又见 A. Gudeman, *Zur chronologie von Ciceros De Legibus*, Berl. Philol. Woch. Ⅻ(1892)，第930—932行。

③ *Ep. ad Fam.* Ⅸ,2,5.

④ 见 R. Reitzenstein, *Drei Vermutungen zur Geschichte der roemischon Litterature*, Marburg,1894年，第1—31页。

⑤ Cicero, *De Divin.* Ⅱ,1.

完成的著作,似乎也没有充分证据。①

在《法律篇》中,西塞罗使用的是《国家篇》最后摒弃的方案:他本人是书中主要人物,昆图斯和阿提库斯是其他对话者。时间是在一个漫长夏日,地点是位于阿尔皮诺的西塞罗庄园。谈话在一个内有"马略橡树"②的小树林,但场景很快就转到利里斯河岸。③后来,对话者们又去了费泼里努斯河中某岛,④整个第二卷和第三卷的谈话都在那儿进行;在现已失去的第五卷的谈话期间,他们又回到了利里斯河岸。⑤

现存的是这三卷中的绝大部分。第一卷是引言,主题是法和正义通论。在第二卷中,西塞罗提出并解说了他的理想国家中的宗教法,而第三卷专门表述和答辩的法律主要与国家官员有关,但对国家的立法、司法以及行政权力也给予了相当的关注。在我们现有的第三卷的结尾,西塞罗提出要讨论与该卷基本内容有联系的一个专题,可能是讨论国家官员权力的法律基础和限制,⑥但他的这些论述遗失了。

我们不清楚《法律篇》究竟有多少卷。但至少有五卷发表了,因为我们有出自第五卷的引文。⑦ 通常的看法是,和《国家篇》一样,《法律

---

① A. Reifferscheid, *Kritische Beitraege zu Cicero De Legibus*, Rhein. Mus. XVII(1862),第 269 页以下。

② 《法律篇》I,1。

③ 《法律篇》I,14。

④ 《法律篇》II,1—2;6—7。

⑤ Macrobius, *Sat.* VI,4,8=《法律篇》残篇 3。

⑥ *De potestatum iure*(《法律篇》第 3 卷,第 48—49 节)。

⑦ 见前注⑤。

篇》有或计划有六卷。但有人提出一种独创性的论点,主张有八卷。①当然,我们无法了解遗失部分都讨论了哪些主题。根据第三卷第47节有人猜测②第四卷的主题是司法(De iudiciis)。在该书后面,西塞罗还表示过讨论教育问题的意图(第三卷,第29—30节)。

在西塞罗的全部著作中,除《国家篇》外,《法律篇》最成功地运用了对话方式。该书中有一段文字嘲笑了这样的一种行文习惯,即其他某个人物简单表示赞同,以此来显示主要发言人的讲演要变换主题。③该书中有好几处,其他对话人明确表示他们完全不同意西塞罗所表述的意见;之所以必须如此,这无疑是因为西塞罗无法忽略昆图斯和阿提库斯的真实意见;同时这也为西塞罗提供了便利的机会与对他的观点的明确批评进行交锋。④

## 渊　源

如同《国家篇》一样,西塞罗在对《法律篇》对话作总体安排时显然依靠的是柏拉图。但西塞罗似乎忽视了这样的事实:柏拉图的《法律篇》在任何意义上都不是柏氏的《理想国》的续篇;而西塞罗自己的安排却使他的这两篇有一种必然的承续关系。他在很多方面模仿了柏拉图;⑤他虚构了《法律篇》的写作日期,并将之置

---

① A. du Mesnil 的观点,见他编辑的版本,莱比锡,1879年,第5—6页。
② A. du Mesnil,同上书,第9页。
③ 《法律篇》Ⅲ,26。
④ 见《法律篇》Ⅲ,19—26;33—39。
⑤ 参见 R. Hirzel, *Der Dialog*, Leipzig, 1895年,Ⅰ,第473—476页。

于他的其他著作的日期之后;他抛开了西庇阿的面具而以自己为书中主要角色——如同柏拉图对苏格拉底一样;在场人数;巡游式的对话特征和场景与谈话主题的和谐;以及这次对话占用了一个漫长(也许是最漫长)的夏日等。西塞罗也背离他的惯例——以自己的序言引出对话。① 这也许仍是由于柏拉图的范例。②

对第一卷内容的来源有很多争议。一种观点认为该卷内容实际上和《国家篇》的第三卷是一样的,因此认为其渊源同样来自帕奈提奥斯。③ 其他学者则认为来自阿细卡隆的学院派哲学家安提奥库斯是主要来源。④ 我们对这些哲学家们的区别点了解很少,无法决断;事实上我们甚至完全无法肯定西塞罗的全部论述仅使用了一种希腊文献。⑤

当然,第二卷和第三卷中任何主要部分的内容都来源于希腊,这没有多少疑问;⑥那些并非首创的内容的绝大部分则来源于

---

① *Ep. ad Att.* Ⅳ,16,2.

② 柏拉图的《理想国》有一篇序言,而他对《法律篇》作了特意安排,因此序言不再必要;西塞罗的同名著作也完全是这样。

③ A. Schmekel, *Die Philosophie der mittleren Stoa*, Berlin, 1892, pp. 47—63; Ioh. Golbiatius ( = G. Galbiati), *De fontibus M. Tullii Ciceronis librorum qui manserunt de re publica et de legibus quaestiones*, Milan, 1916, pp. 364—397.

④ 参见 R. Hoyer, *De Antiocho Ascalonita*, Bonn, 1883, 15; R. Reitzenstein,同上,25; A. Laudien, *Die Composition und Quelle von Ciceros I Buch der Gesetze*, Hermes ⅩLⅥ(1911),第 108 页以下。

⑤ A. Loercher, *Jahresbericht der Klass. Alt.* 162(1913),129—134;认为只有第 22—32 段直接来自一种希腊文献,这段文字采用的是克里西波斯的论述。

⑥ 参见《法律篇》Ⅲ,13—14; F. Boesch, *De Ⅻ Tabularum Lege a Graecis petita*,哥廷根,1893 年,第 16 页以下; T. Boegel, *Inhalt und Zerlegung des zweiten Buches von Cicero de Legibus*, Kreuzberg, 1907 年,第 12 页以下。又见 A. Loercher,同上,第 134—144 页。

罗马法和罗马法学家的著作。①

使我们最感兴趣的是《国家篇》包含了如此大量的关于西塞罗政治理想的具体信息。尽管《国家篇》和《法律篇》第一卷的论述是概括性和哲学性的，但《法律篇》的第二、第三卷却为我们提供了关于一个理想国家的——在今天可称之为——实际的宪制，并对许多规定作了详细的评述。这一宪制尽管大致是基于罗马的实在法和习惯，却也包含了相当数量的原创性材料。②

---

① 参见《法律篇》II，49。
② 参见 C. W. Keyes, *Original Elements in Cicero's Ideal Constitution*, Amer. Jour. of Philol. XIII(1921)，第 309—323 页。

# 第 一 卷

1　　一、阿提库斯：我肯定我认得那边的小树林以及这棵阿尔皮诺的橡树，它们就是我在《马略篇》①中经常读到的小树林和橡树；如果那棵著名的树还活着的话，那么就肯定是这棵树；而且事实上这棵树也是饱经沧桑。

昆图斯：那棵橡树的确还活着，并将永远活着，我亲爱的阿提库斯；因为它是由想象种植的。任何由农人关心、种植的树都不可能如同由诗人的歌谣所种植的树一样存活得如此久长。

阿：那是为什么，昆图斯？诗人所种植的是什么？在我看来，你在赞美你的兄弟的同时也正以同样的语词赞美着你自己。②

昆：你也许是对的。但不管如何，只要拉丁文学还活着，这个地方就不可能失去一棵叫作"马略橡树"的橡树，这棵树，如同斯凯沃拉谈论我兄弟的《马略篇》一样，③将

---

① 西塞罗的一首诗，写于公元59年或更早，看起来，*Ep. ad Att*，II.15,3中的诗句就是引自此。

② 昆图斯也是一位诗人，特别以追求希腊模式的悲剧作家而闻名。公元前54年，当他在高卢在恺撒手下服务时，他在16天内创作了四部悲剧（*Ep. ad Quintum Fr*. III.6,7）。

③ 这里可能是指某一斯凯沃拉（见本书第二卷，第47页和索引）真的对西塞罗的诗篇作了这一断言，或者斯凯沃拉——西塞罗的《马略篇》的一个人物——说了这番话。因此这引文可能来自《马略篇》，或者可能来自斯凯沃拉的警句。

>　　　　度过无数岁月直至白发苍苍。

因为我认为你不会真的相信你所热爱的雅典人能在她的城堡里保存一棵不死的橄榄树，①或者相信荷马的尤利西斯说他在提洛岛看见的高大挺拔的棕榈就是今天矗立在那里的那一棵。② 同样的道理，许多地方的许多事物在人们的心目中活得比自然使之存在的时间要更为长久。因此，就让我们假定这棵树就是那棵"结满橡子的"橡树，从它那里曾飞出了

>　　　　朱庇特的形状奇异的金色使者。③

但是，当时光或年代毁灭这棵树时，这地点也仍将有一棵橡树，人们将称它为"马略橡树"。

阿：对此，我并不怀疑。但我的下一个问题决不是对你昆图斯提出的，而是针对诗人自己。难道真的是你的诗篇种植了这棵树，或者你只是遵循传说，认为马略碰到了如同你所描述的这个事件？

马库斯：我会回答你的，阿提库斯，但一直要等到你自己回答了你的一个问题时。据说，罗慕洛斯死后在你现在的住宅所在地附近漫游时，遇到普罗库卢斯·尤里乌斯，罗慕洛斯告诉他自己是一位神，名叫奎里努斯，并命令在那地点建一座献给他的神庙，

---

① 雅典人声称在 Erechtheum 之西的埃克若普利斯的橄榄树是雅典娜手植，并且是阿提卡地区所有橄榄树的母树。
② 见《奥德赛》，Ⅵ，163—167，奥德修斯将 Nausicaa 比作这棵棕榈。
③ 引自《马略篇》。在马略看来，鹰与蛇交战取胜后东飞是一个好征兆（*De Divin*. Ⅰ, 106）。

这是事实吗?① 此外据说在离你故居②同样并不远的雅典,阿奎罗夺走了奥里提亚,这是真的吗? 而这都是传说告诉我们的。

4　阿:你问这些问题,目的或理由是什么?

马:什么也没有,只为使你不再过分地追问传说,传说就是那样传承下来的。

阿:然而,关心《马略篇》的许多内容的人们会问这些是虚构还是事实;而且,既然你所谈论的是新近的事情,又是阿尔皮诺当地人,某些人就会要求你固守事实真相。

马:就我来说,我一点儿也不希望被认为是在作假;然而,我亲爱的提图斯,你所提到的那"某些人"却表现了他们的无知:他们在这些事情上要求的是法庭上对证人所要求的那种真实,而不是诗人的真实。无疑,就是这些人相信努马曾与埃吉里娅谈话,③也相信塔奎尼乌斯头上的帽子是由鹰给戴上的!④

5　昆:那么,就我的理解来说,我亲爱的兄弟,你认为历史和诗歌应遵循不同的原则。

马:正是如此,昆图斯;因为对历史来说,评论万事的标准是真实,而在诗歌中,标准一般是其所给予的愉悦;即使如此,在史学之父希罗多德的著作以及泰奥彭波斯的著作中,人们却发现有数不清的难以置信的故事。

---

① 见 Livy Ⅰ,16。
② 在该城的东南部,靠近伊利苏斯河(Pausanias,Ⅰ,19;Plato, *Phaedrus*,229B—C)。
③ 传说中努马国王经常与女神埃吉里娅在一个神圣的园林会面。
④ 在塔奎尼乌斯·普里斯库斯成为国王之前,据说一只鹰叼走了他的帽子,盘旋高叫,然后又将帽子放在他头上,因此预言了他未来的伟大(Livy Ⅰ,34)。

二、阿:我现在有了一个我一直期待的机会,我不会让它错过的。

马:你指什么,提图斯?

阿:人们一直有一个期望,或更准确地说,一个要求,即你应该写一部历史。因为人们认为,如果你进入这个领域,那么在这个学科的文献中,我们也许同样可以与希腊人一比高低。此外,要说我给你的意见,在我看来,为了这块你拯救过的而且你还可能使之荣耀的土地,你有这个义务,不仅是对那些期望从文献中获得愉悦的人们,而且是对你的祖国的义务。因为,如同我切身感到的和我常听你提及的那样,我们民族的历史文献太少。而你肯定可以令人满意地填补这一空白,因为——正如同你一直相信的①——这一学科的文献比任何其他学科更接近雄辩学。因此,我们恳求你承担起这一任务,挤出时间承担起这一至今为我们的国人忽视或轻视的义务。因为自从那些大祭司们的编年史——一些最枯燥的人物的记录——之后,我们只有费边,或加图(他的名字总挂在你的唇边),或皮索、范尼乌斯,或威诺尼乌斯;尽管他们有的比其他人展现了更多活力,但还有什么比这帮人更缺乏生气的呢?诚然,范尼乌斯的同代人安提帕特多多少少吹出了更强劲的旋律,显示出某些力量,但他是一个粗野土气的人,缺乏训练得来的完善和技巧;尽管如此,他也许已成为对他的后继者的一个告诫:应对他们的写作下大气力。然而,你们看看,他的后继者却是克洛狄乌斯和阿塞里奥这样一些人物!这两人不应与塞利

---

① 见 Cicero, *De Oratore* II, 62。

7　乌斯相对比,而更应与我们更早的史学家们的无能和笨拙相比。此外,为什么我还要提一下马塞尔?他的委婉曲折的风格确实显出一些敏锐(尽管他借鉴的不是希腊人的丰富知识,而是借鉴了罗马的模仿者),但他的演说中有许多荒谬,他的欢乐的段落夸张得无以复加。① 他的朋友西圣奈已轻易地超过了至今为止的所有其他历史学家,只有那些著作可能尚未出版因此无法评价的历史学家除外。然而西圣奈也从未被认为是可以与你为伍的雄辩家,从他的历史著作中可以看出一种几乎是孩子气的目的,因为看得出克利塔库斯绝对是他所读过的唯一希腊作者,他的唯一愿望就是要模仿克氏。而即使他成功地达到了这一点,他离最高标准也还差一定距离。因此,这一工作非你莫属;成就这一任务就指望着你,不知昆图斯是否同意。

8　三、昆:事实上,我完全同意,马库斯和我经常讨论这个问题。但在一个小问题上我们有分歧。

阿:是什么问题?

昆:他的历史应该从什么时期开始的问题。我认为应该是最早的时期,因为那个年代的记录是以从来无人阅读过的风格写成的。但他更喜欢写他生活的时代,为的是把他自己参与过的那些事件写进去。

阿:事实上,我倒是更同意他。因为最重要的事件都发生在我们这一代的记忆中;此外,他将可以颂扬他亲爱的朋友格奈厄乌斯·庞培的活动,并包括关于他自己辉煌的和值得记忆的任执

---

① 这似乎是西塞罗想说的,但文本不很确定。

政官那年的描述。我宁可要他记录下这些事件,而不是什么俗话中所说的"罗慕洛斯和雷穆斯"之类的。①

马:当然,我理解长期以来人们一直要求我来成就这一工作,阿提库斯。如果给予我自由支配的或闲暇的时间,我也不应拒绝承担它的。然而,当一个人的时间被挤得满满的,或者他的注意力无法集中时,他是无法承担起如此重要的工作的;他必须不为工作和操心所累。

阿:那么你写的其他一些著作呢?其数量比我们的任何其他同胞的作品都要多?那些著作曾给予过你什么闲暇时间?

马:有时,那些我可以称之为"零零星星的时间"②还可利用,我不允许其浪费掉。例如,如果有几天空闲时间去乡村度假,我写作作品的长度会根据我可支配的时间来定。但除非是事先为之安排了一段闲暇时间,是不能动手写一部历史著作的,而且也不可能在短期内完成;当我一旦开始一项工作后,如果我的注意力又被迫转到其他地方,我的思路就会搅乱;而且无论我干什么,我都感到很不容易继续一项被打断了的工作,不像一次性完成那样。

阿:这番话看来是要求让你在使馆里任职,③或者要求一些类似的假日,使你有绝对的和完全的自由。

---

① 表示任何过时的或古老的(ante-diluvian)事。
② 拉丁原文 *Subsicivus* 原是一个技术性的词,调查人员用来指他们调查中省略的小块土地。后来恣意指任何剩余或零星的东西。
③ 显然这里是指"自由大使"(*libera legatio*),这项职务的获得者享有大使的所有特权,但没有任何公务。见第三卷,第9节和第18节。

马:我一直更多地指望着一个人年老后所应得的闲暇,特别是因为我不能拒绝——根据我们祖先的惯例——担任执政官的职务并为平民当顾问,因此不能拒绝履行一个并非老得不能活动的人的愉快而又光荣的义务。① 在这样的条件下,对我来说只可能像我所希望的那样多多关注你们请求我做的工作,关注其他许多甚至更有成效和更为重要的活动。

11　　四、阿:但我怕没人会接受这样一个偷闲的借口,也怕你会总是得发表演讲,特别是因为你已改变了你的方法并采用了一种不同的辩论风格。② 正如同你的朋友罗西乌斯老年时的朗诵变得[更为柔和]、③甚至让长笛也放慢速度一样,你也正一天天节制你昔日习惯的激情迸发,因此,你现在的举止与哲学家们深思熟虑的讲演没有太大差别。所以,由于这种风格看上去对即使是极高龄的人也不太艰苦,我注意到并没有准许你不再处理案件。

12　　昆:但我一直都在想,我们的人民也许会赞同你投身于法律顾问的工作。因此,只要你认为合适,我认为你应当试一试。

马:是的,昆图斯,如果这样试一试没有危险的话。而我担心在我努力减轻我的劳作时,我也许只是在增加它;我还发现,除了我通常的办案工作外(对此我从来没有不作准备、不仔细思考的),解释法律的工作又加给了我。这后一件任务对我来说不会因其所涉劳务而非常令人厌倦,只是它将使我失去机会事先反复

---

① 即,尽管不再作为活跃的法庭的辩护律师,他还希望继续从事古罗马的法律业务,为顾客提供法律上的建议。
② 显然这样一种风格的变化将会相应地使他的演说更温和些,也许也更慢些。
③ 这似乎是西塞罗的意思。

思考我的演说,而没有这种准备我从来也不敢在任何重要的案件中发言。

阿:那么,在此刻这一你所谓的"零星时间"里,为什么你不给我们详细陈述这一主题,并就市民法作一篇专论,对它进行比你的前人更深入的研究?因为我记得你在非常年轻时就已对法律感兴趣,当时我也正在研究斯凯沃拉,并且在我看来,你从未由于关注雄辩而完全放弃市民法。

马:你现在要让我来作一番很长的讨论,阿提库斯,尽管如此,我却愿意做,除非是昆图斯更愿意做其他事情;此外,因此我们现在有空,我就就这个题目谈谈我的看法吧。

昆:我当然会非常高兴听你讲话;因为我还会有更愿意做的事吗?我怎么可能比这样度过一天有更多收获呢?

马:那么,让我们到我们散步和小憩的地方去,这样的话,要是我们走够了,我们就可以休息一下。当然,在我们着手讨论一个又一个问题时,我们是不会缺少娱乐的。

阿:我们同意;并且,事实上,如果你赞同的话,我们也许可以从这儿沿着利里斯河走,走在河岸的树荫下。但请你现在就开始陈述你对市民法的看法,不要磨蹭。

马:我的看法?那么好吧,我认为在我们国家中一直有一些最出色的人,他们一向的职能就是向人民阐释(interpret)法律并回答与法律有关的问题,但这些人,尽管他们提出了重要的主张,却在不重要的细枝末节上花费了他们的时间。事实上,有什么题目如同国家的法律那样广泛?但又有什么比那些提供法律建议的人所做的工作更琐细呢?然而,对于人民来说这是必须的。尽管我并不认为那些从事这一职业的人们缺乏一种对普遍的法律的理解,但他们对市民法进行的所谓研究仅限于达到对人们有用这一目的。就学习而言,所有这一切只能算作微乎其微,尽管就实用的目的来说其不可缺少。那么,你们要求我详述的究竟是什么样的主题?你们敦促我从事什么工作?你们要我就房檐屋壁的法律写一部专论?还是要我就合同和法院程序提出一些准则?许多作者都曾仔细地讨论过这些问题,而且在我看来,它们比起你们期望我要做的来不那么重要。

五、阿:但如果你问我期望你什么,我认为,既然你已经就理想国家的政体写了一部专论,①从逻辑上讲,你还应当就其法律也写一部专论。因为我注意到你所敬爱的柏拉图就曾这样做过,②而你对他的景仰、尊敬超过对任何其他人,对他的热爱也超过对任何其他人。

马:柏拉图是在克里特岛某一夏日与克利尼亚和斯巴达的梅吉卢斯讨论城邦的制度和理想的法律,他们在克洛索斯的柏树林间和林荫道上时而漫步,时而小憩——请回想他的描写;因此,你所希望的是不是我们也以同样的方式,漫步或闲荡于这绿荫河畔庄严的白杨之间,在比法庭实践所要求的更为广泛的范围内讨论同样的主题?

阿:我当然喜欢聆听这样的对话。

---

① 即《国家篇》。
② 关于西塞罗的论文与柏拉图的《国家篇》和《法律篇》的关系,见西塞罗《国家篇》的导言,第6—7页(中译本第8—9页);《法律篇》的导言,第291—292页(中译本第147—148页)。

马:昆图斯有什么说的吗?

昆:这就是最适合于我的主题。

马:你们很明智,因为你们一定懂得,一个人不可能以任何其他方式的讨论来更清楚地阐述大自然给予人类的惠赠是什么,人们所享用的最出色的财富是什么,我们出生和生活在这一世界上所要追求和实现的目的又是什么,是什么使人们联合起来,以及在他们中有什么自然的伙伴关系。因为只有在这一切事情都清楚后,法律和正义的来源才能被揭示。

阿:那么你认为,法律科学不应如同现在多数人所认为的那样从司法官颁布的法令中推演出来,或如同人们习惯认为的那样从十二铜表法中推演出来,而是从哲学的最深层秘密中推演出来的,是吗? 17

马:很正确;因为在我们现在的谈话中,庞波尼乌斯,我们并非在学习如何依靠法律保护我们自己,或是学习如何回答客户们的提问。这类问题也许是——事实上也是——重要的;因为先前有许多杰出人物以解决问题为他们的专长,当今也有一个人[①]以最大的权威和技术在完成这一工作。但在我们现在的探讨中,我们的方式是打算包容全部普遍适用的正义和法律的领域,这样一来,我们自己所谓的市民法就将被限定于一个狭小的角落。因为我们必须解释正义的本质,而这必须在人的本质中寻求;我们还必须考虑各个国家应当如此统治的法律;然后我们必须着手各民

---

① 显然是指塞尔维乌斯·苏尔皮西乌斯·鲁夫斯,西塞罗的朋友和职业上的对手,公元前 51 年的执政官。他曾写下大量法律论文(Cicero, *Brutus*, 152)。

族(nations)*已制定并形成文字的立法和法令；而在这其中，罗马民族所谓的市民法将不会找不到一个位置的。

18　　六、昆：兄弟，就请按你愿做的那样，深入探求、寻找那真正的源泉，发现我们所追寻的目标。那些以任何其他方式教授市民法的人所教的不过是诉讼的途径，而不是正义的途径。

马：这你就错了，昆图斯，因为只是对法律的无知而不是有知才导致了诉讼。但这一点后面再谈；现在让我们来探索正义之本源。

最博学的人们决定从法律开始，而且如果根据他们的界定——法律是植根于自然的、指挥应然行为并禁止相反行为的最高理性(reason)，那么看来他们是正确的。这一理性，当它在人类的意识中牢固确定并完全展开后，就是法律。因此，他们认为法律就是智识，其自然功能就是指挥(command)正确行为并禁止错误行为。他们认为这一特性的名称在希腊来源于使每人各得其所的观念，而在我们的语言中，我认为它是根据选择这一观念而得名的。② 因为当他们将公平的观念归于法律这个词时，我们也

19　就给了法律以选择的观念，尽管这两种观念都恰当地属于法律。如果这是正确的——因为我认为一般来说是正确的——那么正义的来源就应在法律中发现，因为法律是一种自然力；它是聪明人的理智和理性，是衡量正义和非正义的标准。但由于我们的全

---

\* 英文的 nation, state 和 country 三个词中文通常都可译为国家，但三个词的含义有所不同，nation 着重民族国家，state 侧重国家机器，country 偏重地域。现根据上下文分别翻译。——中译者

② 西塞罗从希腊文 υέμω (分配) 引申出 Νόμος (公平)，从 lego (选择) 引申出 lex (法律)。

部讨论都必定与民众的推理有关,有时它就必须以民众的方式来谈论,并将以成文形式颁布——命令或禁止——的任何其所希望的东西称之为法律。因为这就是老百姓对法律的界定。但在确定正义是什么的时候,让我们从最高的法律开始,这种法律的产生远远早于任何曾存在过的成文法和任何曾建立过的国家。

昆:对于我们已经开始的这一对话的特点来说,这确实将更为可取和更为合适。

马:那么,我们应当在其源头寻求正义自身的起因吗?因为当发现起因后,我们无疑就有了一个标准,我们所寻求的万物都可以据此加以检验。

昆:我认为这正是我们所必须做的。

阿:请记下,我也同意您兄弟的意见。

马:那么,既然我们必须保留和维持国家的政体——西庇阿曾在那专门讨论这一主题的六卷著作①中证明它是最好的政体,而且我们的所有法律都必须适应这种国家;既然我们还必须反复灌输优良道德,而且不是以文字规定一切事情,那么我就将在大自然中寻求正义的根源,我们的全部讨论必须在大自然的指导下进行。

阿:很正确。有她作指导,我们就肯定不可能走错路。

七、马:庞波尼乌斯,你是否同意(因为我知道昆图斯是如何想的)只是由于不朽的众神之威力,或者是由于他们的性质、理性、力量、思想、意志,或任何其他可能使我的意思更为清楚的术语,整个大自然才得以治理?因为假如你不承认这一点,那么在

① 《国家篇》。

讨论任何其他事之前,我们就必须就此问题开始辩论。

阿:我当然同意这一点,如果你坚持这一点的话,因为我们周围鸟儿的歌唱和溪流的絮语已使我不再害怕与我同一学派的人可能偷听到我的谈话。①

马:但你还是必须小心;因为他们有时会很容易变得非常愤怒,如同其他正直的人一样;如果他们听到这话,他们将不会容忍你背叛那本卓越的书的开篇,在那书中,作者②写道,"神自己不为任何事费心,无论是他自己的事还是他人的事。"

阿:如果你愿意,请继续,因为我急于知道,我的承认会导致什么结论。

马:我将不作长篇论证。你的承认使我们走到这一点:我们称之为人的那种动物,被赋予了远见和敏锐的智力,他复杂、敏锐、具有记忆力、充满理性和谨慎,创造他的至高无上的神给了他某种突出的地位;因为在如此众多的不同种类的生物中,他是唯一分享理性和思想的。而又有什么——我并不是说只是人心中的,而是天空和大地中的——比理性更神圣呢?而理性,当其得以完全成长并完善时,就被正确地称为智慧。因此,既然没有比理性更好的东西,而且它在人心和神心之中都存在,人和神的第一个共有就是理性。但那些共同拥有理性的还必须共同拥有正确的理性。而且既然正确的理性就是法,我们就必须相信人

---

① 阿提库斯是伊壁鸠鲁学派的人。

② 伊壁鸠鲁。参见 Diogenes Laertius, Χ,139:Τὸ μακαριον και αφθαρτον ουτ αυτο πρἁγμα τὁ ει οιτ αλφ παρεχει("幸福和不朽者自身没有麻烦,也不给他人惹麻烦")。参见 Lucretius,Ⅱ,646—648;Horace,Sat.Ⅰ,5,101。

也与神共同拥有法。进一步说,那些分享法的也一定分享正义;而所有分享这些的都应视为同一共同体的成员。如果他们真的服从同样的一些权威和权力,那么这一点就更加真实;事实是,他们的确服从着这一神圣制度、神圣心灵和具有超越一切的力量的神。因此,我们此刻就必须将这整个宇宙理解为一个共同体,神和人都是这个共同体的成员。

正如在国家内法律地位的区分是由于家庭的血缘关系一样,根据我将在适当地方①探讨的一个体系,在宇宙中也是如此,然而规模更大、更壮观;因此,人类是根据血缘关系和世系而与神连为一体的。

八、因为,当考察了人的本质时,通常就提出了这样的理论(并且从各种方面看,可能是正确的):经过上天不断的变化和革命,出现了适合播撒人类种子的时刻。当这种子散落并播遍地球时,种子得到了灵魂这一神的惠赠。因为,尽管构成人的其他成分都来自会死亡的物体,因此是脆弱的并会消逝的,而灵魂却是由神在我们体内造成的。因此我们有理由说,在我们和神之间有一种血缘关系;或者,我们可以称其为共同祖先或共同起源。因此,在所有各种生物中,除了人之外,没有一种创造物具有任何对神的知识,而在人类之中,没有任何种族——无论是何等文明或何等野蛮——还不知道这一点:他们必须相信一个神,即使他们不懂他们应当相信什么样的神。因此,很清楚,人类承认神,是因为人类以一种方式记得和承认他产生的来源。

---

① 这里所提到的论述遗失了。见导言,第290—291页(中译本第146—147页)。

再者,美德同样地存在于人类和神之中,却不存在于其他任何创造物之中;然而,美德只不过是得以完善和发展到其最高点的自然;因此,在人类和神之间是类似的。由于这是真的,那么还有什么关系能比这一关系更为紧密和更为清楚呢?由于这个原因,大自然慷慨地生产出如此丰富的物品适合人类的便利和使用,她所生产的似乎就是要给予我们的馈赠,而不是偶然产生的;这不仅适用于丰饶的土地以粮食和水果形式的馈赠,而且表现在以牲畜形式的慷慨馈赠;很明显,一些牲畜的创造就是为了充当人类的奴隶,一些为人类提供它们的产品,而其他则作为人类的食物。更甚的是,由于大自然的教诲,无数的艺术被发现了;因为只是由于对自然的精巧模仿,理性才获得了这些生活的必需。

九、同样,大自然不仅为人类装备了思想的敏锐,可以说,她还给人类以各种感觉作为人的随从和信使;她展现出许多事物的模糊且并不太[明显的]意义,以此作为我们可以称之为知识的基础;她给予我们的身体这样一个外形,既便利又非常适合人类的心灵。因为她在让其他创造物都低身向下求食时,却造就唯一直立的人,而且还激励他向上天寻求——可以这样说——作为与人相近的存在和人的第一家园。此外,大自然还这样塑造了人类的面容以便表现出人的深层特点;因为不仅明亮异常的眼睛宣示了我们心中最内在的情感,而且我们罗马人所说的面容——除了人类外,这是不可见之于其他生命的——显露出人的性格。[①](希腊

---

① 西塞罗似乎视面部表情为一时情绪的反映,同时也视面容(*vultus*)为性格的显示。

人对"面容"这个词所传达的意思很熟悉,尽管他们没有表述它的词。)我将不讨论身体其他部分特殊的功能和才能,诸如人声的各种音调以及说话的能力,这是人类交流的最有效的促进者;因为所有这一切与我们现在的讨论或可供我们支配的时间有冲突;此外,在我看来,在你们读过的著作中西庇阿已就这个专题作了充分讨论。① 但是,尽管神创造并造就了人,渴望人成为所有创造物中的首领,有一点现在就应当清楚(无须考虑全部细节):大自然独自而无助地迈进了一步;因为在没有道路指南的条件下,大自然从她以最初始智力了解其特点的那些事物开始,独自而无助地强化和完善了理性的作用。

十、阿:不朽的众神呵,为寻找正义的起源,你追溯得何等深远!你的对话是如此雄辩,我现在不仅不想赶快讨论市民法(我原先期待你讲述的是与市民法有关的问题),甚至你为目前这一题目花费上这一整天,我也不反对;因为你现在着手的这些问题无疑只是在为另一个题目做铺垫,它们比这个题目本身更为重要,并构成这一题目的引论。

马:我现在简单触及的要点当然很重要;但在哲学家们讨论的全部材料中,与其他事物相比,肯定地说,没有什么比完全理解我们为正义而生以及理解权利不基于人们看法而基于大自然更有价值。只要你对人的伙伴关系或他与同胞的联系有一个清楚的理解,这个问题就立刻清楚了。因为,没有一物与他物的相像,与其对应物的酷似,有如我们所有人相互间那么相像。不仅如

---

① 《国家篇》。

此,如果坏习惯和错误信仰还没有扭曲那些较弱的心灵,还没有使他们转向他们易于趋向的任何方向的话,那么,没有一个人与其自我的相像会赶上所有人之间的相互相像。① 因此,无论我们会怎样界定人,一个定义就足以运用于全体。这就充分证明,人与人之间没有类的差别;因为如果有,一个定义就不能用于所有的人;而理性,唯一使我们超越野兽并使我们能够推断、证明和反证、讨论和解决问题并获得结论的理性,对我们肯定是共同的,并且,尽管人的所学有不同,但至少在具有学习能力这点上没有区别。因为感官对一些相同事物的感受是不变的,这些刺激感官的事物以同样的方式刺激所有人的感官;而我前面提到的那些被赋予我们心灵的原初智力也同样被赋予所有的心灵;作为思想之翻译者的话语,尽管语词选择会有不同,其所表现的感觉却一致。事实上,如果找到指南,没有任何种族的任何人不能获得美德。

十一、人类的相似性清楚地表现在人类的善良倾向上,也表现在邪恶倾向上。因为愉悦吸引所有的人;尽管这是一种会导致邪恶的诱惑,然而它也有某些导向自然之善的可能。因为它以它的光明和惬意使我们欢乐;并且由于这一原因,由于一种错误的观念,愉悦被作为一种有益的东西而被全盘接受了。也是由于一种类似的错误观念,我们逃避死亡,似乎死亡是自然的终结,我们抓紧生命因为它使我们继续存在于我们出生的那个世界之中;我们视疼痛为最大的邪恶之一,不仅是因为疼痛的残忍,还因为它

---

① 显然这是一个悖论,特意以强调来强化一个根本性的真理。看上去,这只是说:"人们是完全相同的。"

似乎会导致自然的毁灭。同样,因为道德价值和名望之间有相似之处,人们认为那些得到公开表彰的人是幸福的,而认为那些未获得名声的人是悲惨的。麻烦、欢乐、欲望和畏惧不加区分地纠缠着所有的人的心灵,而且即使不同的人有不同的信仰,那也不证明——比如说——困扰着那些以狗猫为神的种族的迷信与折磨着其他种族的迷信有质的不同。但是,有哪一个民族不喜欢礼貌、和蔼、感激和不忘恩惠呢?什么民族不痛恨和蔑视傲慢者、邪恶者、残忍者和不知感恩者呢?仅仅这些思考就向我们证明,整个人类是联结一体的,最后,由此得到的结论就是,了解正确生活的原则能使人类变得更好。

如果你们同意我刚才所说的,我就将继续下去。但如果你们有什么要得到解释,我们就首先作出解释。

阿:我们没有问题,如果我可以代表我们两人说话的话。

十二、马:那么,下一个要谈的就是,大自然如此地构造了我们,因此我们可以同他人共享正义感并将之传播给所有的人。在这全部的讨论中,我希望你们懂得我所称之为大自然的是什么[那就是大自然注入我们的那些东西];然而,由坏习惯引起的腐败如此重大,以至于自然在我们中间——可以这么说——点燃的火花,也被这腐败扑灭了,而与其对立的邪恶却冒出来并确定下来了。但如果人的判断与大自然一致,即如同那位诗人所说的,他们认为"与人类有关的一切都与他们并不相异",[①]那么正义也将为所有的人所同样地观察到。因为那些接受了大自然理性馈

---

① Terence, *Heaut. Timor*, 77.

赠的创造物也接受了正确的理性,因此他们也接受了法律这一馈赠,即运用于指令和禁令的正确理性。而如果他们接受了法律,他们也就接受了正义。现在所有的人都接受了理性;因此所有的人都接受了正义。由此来说,当苏格拉底如同他经常所为的那样,诅那第一位将功利与正义分离的人时,他是正确的;因为他控告这种分离是一切危害之起因。① 是什么引出毕达哥拉斯关于友谊的著名言词呢?② ……根据这一点就很清楚,当一位智者对具有同样美德的他人表现出人间如此广泛传布的仁爱时,那么这种意志就会传播开来,尽管这在某些人看来是不可置信的,却毕竟是不可避免的结果——也就是说,他爱自己一点儿也不胜过他爱他人。因为在那些同等的事物之间又能有什么差别呢?如果在友谊中作了最细微的区分,那么这友谊之名就会即刻消失;因为友谊的本质就在于此,只要两个朋友中的任何一方为了自己而偏好任何东西,那么友谊就不再存在了。

现在所有这些都还只是我们尚未讨论的问题的一个序言,其目的是使正义为大自然所固有这一点更易于理解。待我再就此题目说几句话后,我就将转向讨论引起这一对话的专题——市民法。

十三、昆:你当然不需要就这标题再多说什么了,因为根据你所说的,阿提库斯已被说服,当然我也是如此,大自然是正义的来源。

---

① 亚历山大的克雷芒(*Stromata* Ⅱ,21,3)告诉我们,关于苏格拉底的这一断言是斯多葛学派的第二任领袖克莱安西斯做出的。

② 我们不清楚这段毕达哥拉斯的引文是否是西塞罗提出的,我们也不清楚这"著名言词"指的是什么。那些众所周知的警句,κοινὰ τὰ τῶν φίλων,"朋友的财产是共有的",τὸν φίλον ἄλλον ἑαυτόν,"朋友是第二自我",以及其他几句有关这一题目的格言都被归功于毕氏(见 Porphyrius, *De Vita Pythag*,第 33 节)。

阿：既然这已经向我们证明了：首先，我们一直得到我们也许可以称其为众神之礼赠这样的供给和配备；其次，只有一个人们可能据以共同生活的原则，该原则对所有的人都是相同的，并平等地为所有的人所拥有；以及最后，所有人都为某种仁慈和亲善的自然情感而联结在一起，也为正义的合作联结在一起，我怎么可能不信服呢？现在我们承认这些结论都是真的，而且我认为很正确，我们怎能将法律和正义与大自然分离呢？

马：很对；正是这种情形。但我们正遵循着哲学家们的方法，但并非先前的哲学家，而是那些建立了生产智慧的作坊（打个比方说）的哲学家。昔日那些松散而又非常细致地辩论过的问题，现在哲学家们在系统地、一点接着一点地讨论着；①他们不会认为我们现在思考的对这一问题的处理已经完全了，除非单独有一个讨论来致力于这一特殊问题：正义出自大自然。

阿：当然，在讨论中你已失去了你的独立，要么你是这样的一种人——辩论中不遵循自己的判断，而只是接受他人的权威！

马：我并非总是如此，提图斯。但你要明白这一对话将指向的方向；我们全部对话的目的就在于增强国家的坚实基础，巩固城市以及治疗各民族的疾病。为此缘故，我想格外小心，我不想阐述那些尚未经过理智思考和彻底考察的最早的原则。当然，我不能指望这类原则将被普遍接受，因为这是不可能的；但我却寻求这样一些人的赞同，他们认为凡是正确和光荣的东西都应当因

---

① 特别是斯多葛派，他们非常强调对哲学问题的精确再划分，并分别对每一点作系统讨论。

其正确和光荣而渴求,认为任何东西如果不是其本身值得赞美就不能算作善,或至少是,除非因其自身而应当得到赞美之外,任何东西都不能视为大善。我要说,我期望来自所有人的赞同,而无论他们是否仍和斯珀西波斯、色诺克拉底和波勒芒一起留在老学园;或是否追随亚里士多德和泰奥弗拉斯托斯(他们原则上同意上述这一学派,尽管在表达方式上略有不同);或是否赞同芝诺,变换了术语却没有改变观念;甚或是否追随现已破裂并已被驳倒的、相信除美德和邪恶外一切都绝对平等的阿里斯托严格派。①然而,仅就某些实践自我放纵的哲学家②来说,他们只是他们自己躯体的奴隶,他们以快乐和痛苦为标准测定每一件东西值得或不值得追求,即使他们是正确的(因为没有必要与他们在此争论),也让我们请他们在自己的庭园③继续他们的讨论,甚至请他们暂时不参与任何影响国家的事物,他们对那些事物既不懂也不想懂。并且让我们恳求学园——由阿凯西劳斯和卡涅阿德斯组成的新学园④——保持沉默,因为它对这些问题除了增加混乱外无所贡献;因为如果它要抨击我们认为我们构建和安排得如此精美东西的话,它就会对之造成浩劫;与此同时,我很想战胜这一学派,因此不敢将它拒斥于这讨论之外……

---

① 斯珀西波斯、色诺克拉底和波勒芒继柏拉图之后任该学院的领袖。亚里士多德和泰奥弗拉斯托斯分别是逍遥学派的创始人和第二任领袖。芝诺是斯多葛学派的创始人。奇奥的阿里斯托是一位非正统的斯多葛学人。
② 指伊壁鸠鲁学派。
③ 伊壁鸠鲁的学生聚会在伊氏在雅典的庭园。
④ 阿凯西劳斯和卡涅阿德斯被认为是"新学园"的创始人,因为他们在学园的教学中引入了怀疑论。西塞罗这里所提到的就是这种怀疑论。

十四、……即使在这些问题上,我们没有用他的焚香就进行了赎罪①;然而对人的犯罪或对神的亵渎实在是无法赎罪的。因此,人服刑并非是由于法院的决定(因为任何地方都曾一度没有法院,而今天许多地方仍没有法院;而在那些即使是存在法院的地方,法院的活动也经常是完全不正义的),而是复仇女神折磨和追逐着有罪者(不是如同悲剧中那样②以燃烧的火炬,而是以忏悔的极度痛苦和犯罪者良心的拷问)。

如果,只是因为一种刑罚而不是自然才使人不做不义之事,那么当惩罚的威胁已不存在时,又是什么样的焦虑使那恶人坐卧不宁?事实上,从来也没有哪个恶棍是如此厚颜无耻而不抵赖他进行了犯罪,或者不编造一些有正当愤怒的故事来为犯罪找借口,并从一些正当的自然原则中为他的犯罪寻找正当理由。现在,如果甚至恶人也敢诉诸这些原则,假如他们也居然受到善的保护,这会是何等令人不平!但如果只是刑罚,只是对惩罚的恐惧,而不是邪恶本身,才使得人们躲避不道德的生活和犯罪的话,那么就没有人可以称之为不公正的人,而且更应视恶人为不谨慎的人;进一步说,我们当中的那些并非由于美德的影响、而是出于一些功利和收益的考虑而成为善者的人,就只不过是胆小鬼,而并非好人。因为,对那些除了害怕证人和法官外无所畏惧的人来

---

① 如果是指什么人的话,我们无法了解指的是谁。在这里的一段文字缺失之后,西塞罗看来是对一些轻微违法的赎罪问题作结束性评论。随后他立刻继续论述真正严重的恶行无法赎罪。
② 例如,在埃斯库罗斯的《复仇三女神》中复仇女神追逐奥雷斯特斯。所提到的火炬可能是在该剧的第 1005—1021 行。

说,如果无人知晓,他又会走上什么极端呢?如果他在一个荒凉的地方,遇到了一个孤立无援也无人照看的人,抢劫此人他可以得到一笔财产,他又会干出什么呢?我们有美德的人,天性公正和善良的人,会与这位路人谈话,帮助他,还给他指路;而另一种人,从不为他人做任何事的人,只以自己利益为标准来决定每一行为的人,我想,他会做些什么是非常清楚的!然而,如果后者真的否认他想杀死路人并抢走路人的钱财,他的否认也并非因为他认为这种行为是一种自然发生的邪恶,而是因为他害怕自己的罪行可能为他人知道,这也就是说,他可能有麻烦。呵,这是什么样的动机!这不仅完全会使哲学家感到羞耻,就是最普通的庄稼人也会感到脸红!

42　　十五、但是,愚蠢之极的观念是这样的一种确信,即任何事物都是公正的,这种确信可见之于各民族的习惯和法律中。即使,僭主颁布了这样的法律,难道就真是这样吗?如果那著名的三十僭主①曾想在雅典颁布一套法律,或者如果雅典人无一例外地都喜欢这些僭主的法律,那也不可能使这些法律被认为是正义的,有这样的可能吗?一位罗马的临时执政②提出一项法律,大致是一位独裁官可以不受惩罚地任意将任何公民——甚至不经审判——处死;在我看来,这项法律就不应再视为正义。正义只有一个;它对所有的人类社会都有约束力,并且它是基于一个大写的法,这个法是运用于指令和禁令的正确理性。无论谁,不了解

---

① 见《国家篇》Ⅰ,44。
② 这显然是指 L. 瓦勒里乌斯·弗拉库斯于公元前 82 年所提出的关于苏拉独裁官职的法律。参见 Cicero, *De Lege Agraria* Ⅲ,4; *Act* Ⅱ *in Verrem* Ⅲ,82。

这个大写的法——无论这个法律是否以文字形式记录在什么地方——就是没有正义。

而如果正义只是符合成文法和民族习惯,并且如同这些人所声称的那样,如果万物都以功利的标准来衡量,那么只要有可能,任何人如果认为对他有利就会无视和违反法律。如果大自然中不存在正义,而且那种基于功利的正义形式可以为功利本身所倾覆的话,那么由此而来的就是,正义根本不存在。如果不是把大自然视为正义之基础,那就意味着摧毁[人类社会所依赖的美德]。那么慷慨、爱国、忠诚,或者是为他人服务以及对所受恩惠表示感激的自然倾向还有丝毫立足之地吗?这些美德都起源于我们热爱同胞的自然倾向,并且这是正义的基础。否则的话,不仅对人的关怀而且对众神的礼仪和虔诚敬奉也会被废除;因为我认为这些都应当由于人和神之间存在的密切关系,而不是由于畏惧,而得到维护。

十六、但如果正义的原则只是建立在各民族的法令、君王的敕令或法官的决定之上,那么正义就会支持抢劫、通奸和伪造遗嘱,只要这些行为得到大众投票和法令的赞同。如果这样重要的权力只附属于傻瓜的决定和法令,大自然的法律可以为他们的投票所改变,那么他们为什么不颁布法令规定那些恶害应当视为善益呢?或者,如果法律能让不正义变成正义,难道它不能让恶变成善吗?而事实上,我们只要按照大自然的标准就可以感受到善法和恶法的差异;不仅正义和非正义,而且光荣和耻辱的事物也毫无例外地由大自然区分开来了。因为,一种为我们共有的智力使我们了解了各个事物,并将之清楚地显现在我们的心智中,由此我们才将光荣的行为归于美德,将耻辱的行为归于邪恶;并且只有疯子才会推论说这些判断都只是一些看法的问题,而不是自然规定的。因为即使我们乱用美德这个术语,谈论什么树或马的美德①,这也不是看法的问题,而是基于自然的。而如果这是真的,光荣和耻辱的行为也就必须由大自然来区分。因为,如果一般的美德要由看法来测定,那么它的组成部分也必须这样来加以检验;因此,谁不是根据他自己的性格而是根据某些外在环境来判断一个慎重和(如果我可以这样说的话)有很强判断力的人呢?因为美德就是得以完全发展的理性;而这肯定是自然的,因此任何光荣的事物都同样是自然的。

十七、正如同真理和谬误一样,合乎逻辑和不合逻辑的事物都是由它们自身判断的,而不是由其他事物判断的,因此,在生活行为中坚定、持续地运用理性,这就是美德,而前后不一致,这就是邪恶,这些都是由其自身的性质*[判断的]。

[或者,当一位农民根据自然判断一棵树的质量时,]难道我们不应对年轻人的性格运用同样的标准吗?难道我们应根据自然判断性格,而根据其他标准来判断产生于性格的美德和恶习吗?但如果我们对它们采用同样的标准,我们难道不也必须以自然来判断光荣和卑劣?值得赞颂的事,无论是什么,其自身中必然有些什么值得赞颂,因为善本身是因自然的原因而不是看法的原因而成为善的。如果这不是真的,人就会因看法的原因而幸

---

① 即任何物的出色之处($αρετή$)。

\* 英文中,性质与自然为同一词。——中译者

福;而还能有什么断言能比这更荒唐的呢?既然善与恶都是由大自然判断的,并又都是自然的原则,那么,光荣和卑劣的行为也肯定必须以同样的方式加以区分,并由大自然的标准来评判。但我们为人们的各种信仰和他们的分歧弄糊涂了,并且由于发现这种不同不是在感官之中,我们就认为是大自然精确地造就了这些不同,并认为不同人对其有不同看法、或同一人对其没有固定看法的那些事物是不真实的。然而,事实根本就不是这样。因为我们的感觉并没有为父母、养育者、教师、诗人或戏剧所败坏,也并没有为公众的情感领上迷途;但有人不断设下各种针对我们心灵的阴谋,或者是我刚才提到的那些人,他们趁我们的心灵尚且稚嫩和不定型时占领了我们的心灵,随心所欲地污染和扭曲我们的心灵;或者是这样的敌人,他深藏在我们身心内诱惑我们,以愉悦,这善之赝品和万恶之母,纠缠着我们的每一种感官。由于各种诱惑的腐蚀,我们不能清楚地分辨什么依据大自然是善的事物,因为这些事物并没有类似的诱惑和渴望相伴随。

十八、现在要结束我们对此题目的讨论,从我们刚才谈论所得到的清楚呈现在我们眼前的结论就是:应当为了正义和一切光荣事物的本身而追求正义和所有光荣的事物。而事实上,一切善者都热爱公平本身,热爱正义本身,对一个善者来说,犯这样一个错误——热爱其自身并不值得热爱的什么东西——是不自然的。因此,必须为正义本身而追求和培育正义;如果正义是如此,那么公平也是如此;如果公平是这种情况,那么所有其他美德也应是由于它们自身的缘故而被珍爱。那么慷慨呢?它是无所求还是指望报答?如果某人的仁慈不要任何报答,那么这种仁慈就是无所求的;而如果他收受报酬,这种仁慈就不过是种工具。毫无疑问,那些被称之为慷慨和仁慈的人只响应责任的召唤,而不是响应收益的召唤。因此公平也不要求报酬和价格;由此而来,这就是为了公平而追求公平。而这样的动机和目的是所有美德的特征。

49　　此外,如果追求美德真的是为了其他收益而不是其美德自身,那么就只有一种美德,而称其为邪恶则最为恰当。① 因为任何以绝对谋取其自我利益作为其全部行为唯一标准的人,在这种程度上他绝对不是一个善者;因此,那些以报酬衡量美德的人就导致相信不存在美德而只存在邪恶。因为如果没有人为了他人而仁慈的话,我们还能找到仁慈的人吗?如果那些回报他人的人对他所回报的人没有真正的尊敬,谁还能被视为感恩者呢?② 如果爱朋友并非为了朋友,如同人们所说的那样"全心全意地",那么友谊这神圣的东西又变成了什么呢?按此理论,为何应当\*抛弃或放弃朋友,只要不再有从友谊中得益或获利的希望!但还有什么能比这更不人道的吗?从另一方面看,如果为了友谊而寻求友谊,那么对我们同胞间的联合、对公平和对正义的寻求也就应当为了其自身的缘故。如果不是这种情况,就根本没有正义这类东西,因为最大的不正义就是从正义那里去寻求回报。

50　　十九、但我们该怎样谈论清醒、温和与自制;③如何谈论谦虚、自尊与贞洁呢?难道是因为害怕丢脸,或因为害怕法律和法庭,

---

① 显然,拉丁文 malitia 在此有其字面含义(= κακία),并且是与 virtus 相反的。后来,西塞罗决定在这种意义上使用 vitiositas 或 vitium 而不用 malitia(Tusc. Disp. IV,34;De Fin. II,39—40)。

② 这句话的含义很可疑;这里的文本可能有讹误。

\* 英文原文如此;似乎应为"不应当"。——中译者

③ 西塞罗在 Tusc. Disp. III,16 中声称他用了三个不同的拉丁词,即 temperantia, moderatio 和 modestia 来翻译希腊词 σωφροσύνη。

我们才不应胡作非为吗？如果是那种情况，人们之所以纯洁和谦虚，只是为了传为美谈，他们之所以害羞是为了博得好名誉！我甚至耻于提贞洁！或者更确切地说，我为那些相信光荣在于躲避因犯罪而受惩罚而不在于躲避犯罪本身的哲学家们感到羞耻。①

我们对此还说些什么呢？我们难道可以称那些因怕丢脸而不淫荡者为贞洁者，而丢脸本身却是来自行为固有的可耻？如果你不涉及那些在你看来是值得赞扬或鞭挞的事情的本质，那么还有什么可以恰当地给予赞扬或鞭挞呢？难道身体的缺陷——如果非常明显——会使我们不快，性格的残缺就不会？而且性格的卑鄙可以轻易地从其导致的邪恶中察觉出来。那些可以看作是卑劣性格的要比贪婪更为可厌，比情欲更为野蛮，比胆小更为可鄙，比愚蠢和傻瓜更为低下。那么，我们不应说那些在一种或几种邪恶中陷得最深的人是悲惨的——由于他们所招致的任何惩罚、损失或折磨，或者由于这些邪恶自身的卑劣性质？而同样的论证也可以反过来用于对美德的赞扬。说到底，如果寻求美德是为了其他利益，就必然存在比美德更好的东西。是钱呢，还是公职？是美丽呢，还是健康？但如果我们拥有这些东西，它们就算不上什么，我们也不可能确知它们会与我们伴随多久？也许是愉悦？但仅仅提到它也令人感到羞辱。而恰恰就是在轻视和否定愉悦中，美德才被最清楚地区分出来。

好，你们是否明白了摆在我们面前的是一系列什么题目和观念，它们又是如何紧密地相互联结在一起的？事实上，如果我不

---

① 这里的文本不确定，含义很可疑。

是强迫自己打住,这些题目还会把我带得更远一些。

二十、昆:请问带到什么问题上?因为,沿着这样一条讨论之路追寻你,我会非常高兴,我的兄弟。

马:指向最高的善,这是我们所有行动的标准,所有的行为都应指向获得最高的善。这是一个在一些最博学的人之中有很多争论和分歧的问题;但现在终于到了解决这一问题的时候了。

阿:这能做到吗?现在卢修斯·格利乌斯已经死了。

马:他的死与解决这问题又有什么关系?

阿:因为我记得,我在雅典时,我的朋友费德鲁斯告诉我下面这个关于你的朋友格利乌斯的故事。任职执政官完毕之后,格利乌斯作为地方总督去了希腊,并到达了雅典。他召集当时在雅典的所有哲学家,急切地建议他们详细地提出一些解决他们争议的办法。他说,如果他们真的不想把他们的生命浪费在辩论上,那么这个问题也许可以解决;与此同时,他还允诺将尽他本人的最大努力来帮助他们达成某些一致。

马:那说的是笑话,并常引起笑声,庞波尼乌斯;但我确实愿意被任命为老学园和芝诺之间争议的裁判。

阿:为什么?

马:因为他们的争议只有一点;在其他的每一个问题上他们都有令人吃惊的一致。

阿:真是这样吗?就只有一处分歧?

马:是的,在本质问题上就只有一点。因为老学园成员的结论是,任何与自然协调一致并有助于我们生活的东西就是善,而芝诺却认为除了光荣的东西外没有什么东西是善。

阿:这确实是不值得争论的小问题;我肯定你不是说这一点就能使他们截然不同!

马:如果他们不是在事实上而只是在言词上有分歧,那么你就非常正确。①

二十一、阿:那么你同意我的朋友安提奥库斯(因为我不敢称他为我的老师)的意见了,我曾一度和他生活在一起;他曾几乎把我从我们的花园中拉出去,而领着我在老学园中走几步。

马:他确实是个智者,并且很精明,在他自己的专长上也臻于完美;如你所知,他曾是我的朋友。尽管如此,我们很快就可以看到我是否与他完全一致;无论怎样,我认为这整个争议可以解决。

阿:为什么你认为有此可能?

马:因为下列原因。如果芝诺,如同希俄斯岛的阿里斯托一样,曾说过光荣的东西是唯一的善,丢脸的东西是唯一的恶,而任何其他东西都处于绝对同等的水平,其在场或不在场都完全无关紧要,那么他就与色诺克拉底、亚里士多德以及整个柏拉图学派有很大分歧,在涉及人类生活的全部哲学的一个最重要问题上,他们就会有一个分歧。然而,事实上,老学园认为光荣是最高的善,而芝诺认为其是唯一的善,并且,同样地,在老学园看来耻辱是最大的恶,而在芝诺看来是唯一的恶;因为他称财富、健康和美丽为优点而不是善,称贫困、生病和疼痛为缺点而不是恶。因此,芝诺与色诺克拉底和亚里士多德持有同样的信仰,但表述有所不同。然而,就在这种言词的而不是事实的分歧中,产生了关于行

---

① 即,只有很小的差别,但没有真正的区别。

为目的的争议。现在,既然十二铜表法规定沿边界线五尺宽的地带①的所有权不能因实际占有而获得,我们就不允许这位精明的人②获得对老学园古老遗产的独有权,但在确定边界时,我们应遵循十二铜表法的规定而不是马米利安法的规定,前者要求有三位仲裁者,后者只要求一位。

昆:然后,我们应作什么决定呢?

马:应当寻求和尊重苏格拉底所确定的边界。③

昆:我亲爱的兄弟,此刻,你已经在出色地运用着市民法和法令的术语,我正在等待你讨论市民法和法令。因为,虽然解决你所提到的分歧很重要,如同我经常听你评论的那样,然而,无疑正确的是,与自然保持一致的生活是最高的善。这表明享用一种基于美德的恰当生活,或者是遵循大自然并按她的法律生活,如果我可以这样称呼它的话;换言之,只要我们有能力,就应不遗余力地去实现大自然的要求;在这些要求中,大自然希望我们以遵守美德作为我们的法律。因此,尽管有可能在将来什么时候决定前面所提到的争议,但我们肯定不能在这次谈话中这样做;至少是,如果我们还打算完成我们事先所确定的事,就不可能。④

---

① 留下这条地是为了便利调转犁头,并作为通路。"擅自占有者"永远不能获得对此地的所有权。这句话通过巧妙的语词与前一句相联结;finis 同时具有"底"和"边界"的含义。

② 即芝诺。

③ 见 Cicero, De Fin. IV, 14。对这一问题的讨论在此突然中断了,但在 De Fin. IV 中又作了详细讨论。

④ 昆图斯在此催促他的兄弟回到法律这个题目上去。通过叙述获得结论的过程,他试图表明已经打下了思考法律问题的充分的哲学基础。

二十二、阿：但就我来说，我对这一讨论一直是津津有味的。

昆：我们可以在其他场合对它深入探讨；但此刻，还是让我们坚持我们开始时的那个题目，因为这个关于最大的善和最大的恶的争论肯定与那个题目无关。

马：你的建议很有道理，昆图斯；因为，到目前为止我所说的[已能满足我们眼前的目的了]。

昆：……[的确]，我所期望你谈的，并不是莱喀古士、梭伦、卡隆德斯或扎勒乌库斯的法律，也不是我们自己的十二铜表法或平民大会的决议，我想你将在今天的讨论中提出生活的法律并提出一个训练各个民族和个人的体制。

马：昆图斯，你所期望的肯定属于我们讨论的范围；我只希望我有力量充分地完成这一点！但有一点是真的，即，既然法律应成为恶的改造者和善的促进者，那么也许可以从中得出生活的指导原则。因此也同样真的是，智慧是所有善事之母；哲学就是从希腊含义为"热爱智慧"的词句而得名的。哲学是不朽的众神给予人类的最丰富、最慷慨和最崇高的礼物。因为只有哲学告诉我们，除了其他智慧外，所有事物中最困难的是——了解我们自己。这一箴言是如此重要和关键，以至于提出这一箴言的功劳不属于任何人，而是属于那位德尔斐的神了。因为了解自己的人将首先认识到他自身中有神的因素，他自身内部的本质就是神的一种神化了的形象；因此，他将总是如此行为和思考，不辜负众神的如此伟大的礼赠，并且，当他考察了和彻底地检查了自己时，他就会懂得自然为他进入生活作了何等高贵的配备，懂得他为达到和获得智慧而拥有什么样的各个方面的手段。因为可以说，从最初他开始在其心灵和精神中构筑各种模糊概念时,以及在智慧的指导下这些概念得以明确时,他感受到他将是一个善者,并且,就是由于这一原因,他也是一个幸福的人。

二十三、因为当心灵获得对美德的了解和洞察时,心灵就放弃了对躯体的屈从和放纵,就贬低愉悦,似乎那是一种羞耻的标志,就挣脱了对于死亡和痛苦的恐惧,就进入了一个为了爱也只承认爱自身的、会同由于大自然而参与的一切人的合伙;当心灵以众神和纯宗教为崇拜对象时,眼和心的视力都更加锐利,因此眼睛和心灵都可以选择善而摒弃恶,这是一种被称为慎重的美德,因为其有远见①;那么还能描绘或想象什么样的更高的幸福呢?更进一步说,当心灵考察了天空、大地、海洋、宇宙的本质时,并因此懂得所有这些都来自何方且又必定归于何处,何时并怎样注定要消亡,它们的哪些部分会死亡并是无常的,而哪些又是天赐的和永恒的;当心灵几乎控制住宇宙的统治者和治理者时,以及当心灵意识到心灵不能如同某些固定地点的居民那样为[狭窄的]城墙所封闭,而是如同某一城市的居民一样是整个宇宙的公民,那么,在这宏伟的宇宙之中,带着这种对自然和不朽众神的观点和理解,按照波锡奥斯·阿波罗的法令,心灵将会对其自身有何等出色的了解!它将会怎样嘲笑和鄙视那些百姓们称之为显赫的东西,并视其为零!

二十四、心灵将展开辩证法的战斗,来保卫所有这种区分真假的科学,或者说,保卫这种理解每一陈述的好坏后果的艺术。

---

① 参见《国家篇》Ⅵ,1。

而当心灵意识到它生来就是要参与一个国家的生活时,它就会想到它不仅必须运用习惯的精巧争论方法,还必须运用更为大量的持续的方式,①比如说,思考如何治理各民族,设置法律,惩罚恶者,保护善者,表彰杰出者,向公民同胞们颁布有利于他们的健康和荣誉的法令,这样做去赢得人们的接受;思考如何唤起他们的高尚行为,使他们从劣行中惊醒,抚慰受伤害者,并将勇者和智者的行为和思想以及恶者的臭名传给长存的记忆。那些渴望了解自己的人们感受到在人类当中存在着如此众多和如此巨大的力量,而他们的双亲及其抚育就是智慧。②

阿:你对智慧的赞颂确实令人印象深刻和真切;但赞美的目的是什么呢?

马:首先,庞波尼乌斯,它与我们将要着手讨论的一些题目有关,这些我们所渴望的题目将呈现同等崇高的特征;因为只有产生这些题目的渊源也具有崇高性,这些题目才可能具有重大的崇高性。其次,我既乐意赞颂智慧,也乐意运用智慧,准确地说,因为我认为,像我这样专注于研究智慧的人,并且由于智慧造就了现在的我(且不论造就得怎么样),我就不可能将它默默地忽视。

阿:智慧确实值得你的这一颂词,并如你所说的那样,你有义务将智慧置于你的讨论之中。

---

① 西塞罗的哲学著作,尽管采用对话的形式,却几乎没有用辩证法(*illa subtilis disputatio*),而大多数用的是特续的论述,而这是论文或演说(*perpetua oratio*)的特点。他在此的意思看来是,后一种方法更适用于指导和劝说自己的公民同胞。

② 即哲学。

# 第 二 卷

1 　　一、阿：我们现在漫步得足够远了，而你也就要开始新一章的讨论，我们是否离开此地去费泼里努斯河（因为我相信这是另外一条河的名字）的岛上，在那儿坐下结束这对话？

　　马：当然可以；那岛是我沉思、写作和读书常爱去的地方。

2 　　阿：确实，在那地方待多久我也不会厌倦，特别是当我在一年中的这一季节来到时，我蔑视豪华的乡间别墅、大理石人行道和镶嵌的天花板。以那些我们的某些朋友称之为"尼罗河"或"埃夫里普海峡"①的人工溪流为例，在看到我们面前的这一切之后，谁会不嘲笑他们呢？正如你在刚才对法律和正义的讨论中将万物追溯到自然，同样，在人们寻求娱乐和灵魂的欢乐时，自然也绝对是所有事物中最高的。因此，昔日我常感到惊奇（因为我曾认为，在这附近除岩石和群山外其他什么都没有，而你的演说和诗歌也促使了我的那种看法），我是说，我那时感到惊奇的是你对此地是如此欣赏；现在，另一方面，我则想知道当你离开罗马时，你是否有什么时候会想去其他地方？

3 　　马：事实上，任何时候我只要有可能离城几天，特别是在每年

---

① 埃夫里普是哈尔基斯西部的埃维亚和维奥蒂亚之间的海峡。

的这个时节,我都来到这个可爱且有益于健康的地方;然而,这种机会是太少了。但我认为,这地方由于另一种情况给我以额外的快乐,而那种情况对你们不可能有同样的影响。

阿:那是什么情况呢?

马:实话对你们说,这里实实在在是我以及我兄弟的祖国,因为我们是这地方一个非常古老家族的后代;这里有我们祖先的神圣仪典和我们家族的起源;这里有我们先辈的众多纪念物。难道我还需要再说什么吗?你看那边现在仍然矗立着我们的家宅,那是在我父亲的关心下重建和扩建的;由于他是个伤残人,他在此从事研究,度过了一生的大部分时光。不仅如此,我还想让你们知道,我就出生在这个地点,当时我的祖父还活着,并且当时的家宅——按旧习惯来说——还很小,就像居里乌斯①在萨宾乡间的家宅一样。由于这个原因,我的脑海和心灵里对此地总有一种千丝万缕割不断的依恋,也许因此使我从中感受到更大的愉快;而且事实上,你们记得,据说那位绝顶聪明的人②曾为了能再见一次伊萨卡岛而拒绝了不朽。

二、阿:我认为你的确有很好的理由更喜欢来此地并热爱这 4
地方。实话告诉你,由于这儿是你的来源和出生地这一事实,甚至我自己现在也变得更依恋那边的那所家宅和这整个乡村;因为那些地方珍藏着许多关于我们所热爱和钦佩的人物的记忆,以某种神秘的方式影响着我们。即使在我们所热爱的雅典,那些庄严

---

① 马尼乌斯·居里乌斯·德恩塔图斯。其他提到他简朴的乡村住所的文字,见 Cicero, *De Senec.* 55,和 Plutarch, *Cato* 2。

② 奥德修斯宁愿返回家乡,而不愿与美女卡吕普索一起长生不死(*Odyssey*, I, 55—59; V, 135—136)。

的建筑和古代艺术的精美作品也不如追思曾在那儿生活、歇息和进行讨论的无与伦比的人物更使我心旷神怡；我甚至爱注视着他们的墓。因此，将来我甚至会更喜欢这儿，因为你出生于此。

马：那么，我很高兴给你们介绍了我称之为我的摇篮的这个地方。

阿：我非常高兴能了解此地。但你刚才说这地方——我理解你是说阿尔皮诺——是你自己的祖国，这究竟是什么意思？那么，你有两个祖国？或者我们共有的祖国才是唯一的祖国？也许，你认为智者加图的祖国并非罗马而是图斯库卢姆？

马：确实，我认为他和所有意大利城镇的原住民都有两个祖国，一个来自天然，另一个来自公民身份。例如，尽管加图出生在图斯库卢姆，却在罗马接受了公民身份，因此他按其出生是一个图斯库卢姆人，按法律则是罗马人，他的一个祖国是他的出生地，另一个是法律上的祖国；正如你所热爱的阿提卡的人民那样，在忒修斯①命令他们全部离开农村搬进那座城市（即称之为 astu 的城）之前，就同时既是他们自己城市的又是阿提卡的公民，所以我们认为这两地，即我们的出生地以及我们选定的城市，都是我们的祖国。但在我们的热爱中，那表明了我们所有人共同公民身份的国家的名字一定占据首位。我们有义务为她去牺牲，将我们全身心献给她，置于她的圣坛上，并可以说，用我们所拥有一切来为她服务。但对我们来说，我们的父母之邦并不次于那接受我们的

---

① 这个传说讲的是阿提卡包括几个城邦，忒修斯统一了各国，使这一区域的所有居民都成为雅典人(Thucydides, Ⅱ, 15; plutarch, *Theseus*, 24)。

祖国。因此,我永远不会否认我的祖国就在这里,尽管我的另一个祖国更伟大,并且包容了前者;[同样地,在我看来,一个意大利城市的任何公民]都具有[两种]公民身份,但他们却认为自己只有一种公民身份。①

三、阿:的确,我们的朋友、伟大的庞培是对的;我听说,他在同你一起为安庇乌斯辩护时在法庭上说,我们的共和国肯定应当相当感激这种多重身份,因为她的两个勇士就曾出自这种多重身份。② 因此,现在我倾向于分享你的观点,即这座养育了你的城镇也是你的祖国。

而我们现在就在这岛上;真没有什么能更可爱的了。这岛如同船头一样切开费泼里努斯河,河水分成两个相等部分洗涤着两岸,迅急地流过,然后又很快地汇合在一起,只留下这块大小适中、足以进行角力的场地。③ 似乎它唯一的义务和功能就是给我们提供一个进行讨论的席位,而在完成了这之后,它立刻冲进利里斯河,仿佛进入了父系大家庭,失去了它自己的不很响亮的名字,而利里斯河水却因此凉多了。因为,我虽然到过许多河,却还从没有遇到一条河比它还凉;因此,我几乎不敢用我的脚试试水温,就像柏拉图的《费德鲁斯篇》④中的苏格拉底一样。

---

① 这里的英文翻译遵循了瓦伦关于该文本的看法。但我们也可以另一种手稿读法而翻译为:[每一个意大利城的每个原住民]都具有[两种]公民权,但只将那[更重要的公民权]视为他唯一的公民权。

② 显然是指马略和西塞罗。

③ 场地(palaestra)这个词在希腊文和拉丁文中都经常用来指学校或讨论的场所。

④ Phaedrus,230B。

7  马：你很正确，但我想，位于伊庇鲁斯的你可爱的提亚米斯河——昆图斯经常和我谈到她——与这条河一样可爱。

昆：是这样的；因为你一定不能设想还有什么会比那里我们的朋友阿提库斯的阿马尔泰亚神庙和梧桐树更优美。①

但，如果你乐意，让我们在这树荫处坐坐，并回到我们刚才对话中断的地方。

马：昆图斯，你很好地提醒了我（尽管我原先想我已逃脱了），很清楚，我一定要完全清偿我欠你的债。

昆：那么就开始吧；因为我们给了你一整天。

马："和朱庇特一起，缪斯开始演唱她们的歌，"请让我引用我翻译的阿腊图斯的诗。②

昆：引文目的何在？

马：在这里就是，我们同样必须从朱庇特和其他不朽的众神开始我们的讨论。

8  昆：太好了，兄弟；这确实很合适。

四、马：那么，在我们讨论具体法律前，让我们再一次看看法律的特点和本质，以免我们可能不时因不正确地使用术语而迷路，并忘记我们的法律必须依据的一些理性原则，尽管我们应当以其特点和本质作为判断万物的标准。

昆：的确如此，这是讲解的正确方法。

---

① 阿提库斯在提亚米斯河畔的伊庇鲁斯有一庄园，该河流入科西里亚对面的海。位于伊庇鲁斯的阿马尔泰亚神庙可能是献给美女阿马尔泰亚的(Cicero, *Ep. ad. Att.* Ⅰ,13,1; Ⅰ,16,15—18)。

② 阿腊图斯的 *Phaenomena*（见《国家篇》Ⅰ,22）。

马：哦,我发现,那些最有智慧的人一直都有这种看法,即法律并非人的思想的产物,也不是各民族的任何立法,而是一些永恒的东西,以其在指令和禁令中的智慧统治整个宇宙。因此,这些智慧者一直习惯说,法律是神的首要的和最终的心灵,其理性以强迫或制约而指导万物;为此,众神给予人类的法律一直受到正当的赞美;因为法律是适用于指令和禁令的聪明的立法者的理性和心灵。

昆：此前你也几次谈及这个题目。但在你着手各民族的具体法律时,请给我们讲清这上天之法的特点,那样的话,我们就不会因习惯而随波逐流,并在谈论这类问题上时不落入俗套。

马：从我们还是儿童时起,昆图斯,我们就听人们把"如果某人叫某人上法庭"①以及其他类似的规则称为法律。但我们必须对这个问题有真正的理解,这就是:各民族的这一和那一指令和禁令具有要求正直和不为枉行的权力;但这种权力的存在不只是早于民族和国家的存在,它还是与统治和守卫天地的神同在的。因为这一神的心灵的存在不可能没有理性,并且神的理性也不能没有这种力量来确立对和错。没有任何成文法律指定某人应独自坚守一座大桥,抵抗敌人的全部武力,并命令这座大桥在他身后倒塌;然而,我们不应因此而认为,英勇的独眼龙贺拉斯在作出如此高贵的行为时,不是在服从关于勇敢的法律和遵循其法令。卢修斯·塔奎尼乌斯统治时的罗马,尽管没有禁止强奸的成文法,但我们也不能因此说,塞克斯图斯·塔奎尼乌斯强奸特里西府椤努斯的女儿卢克雷蒂娅没有违反那永恒的法律!因为理性

---

① 引自十二铜表法(见《国家篇》Ⅱ,61。)

还存在,它来自宇宙的大自然,它督促人们正确行为而不枉为,这理性并非由于形成文字才第一次成为法律,而是理性一存在就成了法律;它是与神的心灵同时出现的。因此,运用于指令和禁令的真正且首要的法律就是至高无上的朱庇特的正确理性。

11　　五、昆:我同意你,兄弟,正确的和真的也就是永恒的,它并不随着成文法规开始或结束。

　　马:因此,正如神的心灵是至高无上的法律,因此,当[理性]在人那儿得到完善时,[那也就是法律;而这种完善化的理性存在]于智者的心灵中;①那些为了指导各民族而以多种形式和适应当时急需制定的规则,之所以称为法律,主要因为(立法者们的)*偏好而不是由于它们真是法律。因为每一个真正可以称之为法律的都是真正值得赞颂的,因为它们大致证明了以下的论点。当然,人们都认为,创造法律是为了公民的安全、国家的长存以及人们生活的安宁和幸福;人们又认为,那些第一次实施这类规则的人们当年说服了他们的人民:他们将这类规则形成文字并加以执行的目的是,一旦接受和采纳了这些规则,就使他们可能获得光荣且幸福的生活;而当这些规则形成文字并付诸实施时,很清楚,人们就称其为"法律"。从这一观点看,就很可以理解,那些为各民族制订了邪恶和不公正的法规并因此破坏了他们的诺言和协议的人所实施的根本就不是什么"法律"。由此也许可以明确:在"法律"这一概念的定义中就固有选择正义和真实的观念和

---

　　① 这括号里的猜想性文字乃接受了瓦伦的建议,为的是使上下文连贯。
　　* 括号里的文字是中译者增加的。——中译者

原则。① 因此,昆图斯,我问你,根据哲学家们的习惯:②如果有这样一种东西,一个国家没有它的话,我们就根本不能称其为国家,难道我们不必须认为这种东西是一种善吗?

昆:当然是最大的善之一。

马:如果一个国家没有法,难道不必定可以认为它根本就不是一个国家吗?

昆:这是不可否认的。

马:那么法律就必定要算作最大的善之一。

昆:我完全赞同你。

马:那么各民族实施的许多致命的、许多有害的法规呢?这些法规比之一伙强盗在他们聚会时通过的规则来说,并不更配称之为法律。如果无知、笨拙的人开出的不是治病的药而是致命的毒物,这就不可能称之为医生的药方;同样,一个民族的任何法规也不能称之为法律,即使该民族不管这是一个毁灭性的规则而已接受了它。因此,法律是根据与自然——万物中首要的和最古老的——一致而制定的有关事务正义和不正义的区别;在符合自然的标准下,构筑了这样一些人的法律,它对邪恶者施以惩罚,而保卫和保护善者。

六、昆:我完全理解你,并相信从现在开始我们一定不会将其他任何东西认作或甚至称为法律。

---

① 西塞罗从拉丁文 *Legere* 即"选择"一词中引申出 *lex* 即"法律"一词。参见《法律篇》I,19。

② 在这些话语中西塞罗才引入了一点真正的对话式。参见《国家篇》I,59—61。

马:那么,你认为提梯乌斯法或阿普列乌斯法实际上根本就不是法律?

昆:不是;李维法也不是。①

马:你说得对,特别是因为元老院只用了一句话和片刻就废除了这些法律。而那我已经解释了其本质的法律却既不能废除也不能取消。

昆:那么,你打算提出的自然就是那种将永远不被废除的法律了?

马:当然如此,只是如果它们也为你们俩接受。但我认为,我应当遵循与柏拉图相同的进程,他是一位非常博学的人,同时又是最伟大的哲学家,他首先写了一本关于国家的书,然后又在另一书中描述了这个国家的法律。因此,在我叙述那法律本身之前,我将首先赞美那法律。我注意到扎勒乌库斯②和卡隆德斯③也是这样做的,尽管他们写他们的法律不是为了写作本身的兴趣和快乐,而是为了他们各自国家的实际运用。显然,柏拉图④同意他们的意见,即法律的功能之一就是要赢得一定程度的赞同,而不总是为武力威胁所强制。

昆:提麦奥斯否认扎勒乌库斯的存在,你怎么看?

---

① 这是一些农业和粮食法,分别由(1)保民官塞克斯图斯·提梯乌斯于公元前99年,(2)保民官卢修斯·阿普列乌斯·萨图宁于公元前100年,和(3)保民官马库斯·李维·德拉苏斯于公元前91年提出。

② 见 Diodor, Sicul. XII,19,3—21,3。

③ 见 Diodor, Sicul. XII,11,3—19,2。

④ 柏拉图在《法律篇》(Laws IV,718B—723D)中讨论了强迫的力量还须加上说服的力量这一原则。

马:泰奥弗拉斯托斯肯定他存在过,而在我看来,他是一个值得信任的权威(实际上许多人对他评价更高);事实上,我的门徒们,①那些洛克里人,他的同胞公民,仍然谈论着扎勒乌库斯。但他到底是否存在过与这件事毫无关系;我的陈述仅仅依照传说。

七、因此从一开始,我们就必须使我们的公民相信:众神是万物的主人和统治者,世上所造之物都是按照他们的意志和权威完成的;众神同样是人的伟大恩人,他们观察每一个人的性格,做过什么,犯有什么罪过,在完成他的宗教义务时又带着什么目的和态度;众神记住了那些虔诚和不虔诚的人。肯定地说,那些渗透了这类观念的心灵不会不形成真实有用的意见。没有人应当愚蠢而骄傲地认为,他有理性和智力,而天上和宇宙中却没有,或认为那些为人的智力的最高推理力量几乎无法理解的事物完全没有理性的指导;的确,还有什么能比这更真实呢?事实上,一个人如果不知感激星辰的有序运转、日夜的规则更替、四季的从容进展以及大地为我们的生存所生产的产品——这样的人还怎能算作人呢?由于所有拥有理性的事物都高于那些没有理性的,而且既然任何事物高于宇宙的大自然这样一种说法是一种亵渎,我们就必须承认理性是大自然所固有的。如果一个人还记得,人们如何经常以发誓来批准条约,条约的神圣对我们的福利是何等重要,多少人由于畏惧神的惩罚而不敢犯罪,以及当不朽的众神或作为审判人,或作为见证人而成为公民联合体的成员时这样的联合体变得何等神圣,他怎么会否认这样的信仰很有用呢?

---

① 西塞罗是他们在罗马的正式代表(Cicero, *Pro Plancio*, 97)。

在此你们有了关于法律的序言;因为这就是柏拉图给予它的名字。①

昆:确实如此,兄弟,我特别高兴的是你已开始着手不同的问题,并表述了与他不同的观点。因为你前面的评述,以及你这一段关于众神的序言,与他的论述太不相同了。仅在一点上,在我看来,你模仿了他——在你的语言风格方面。

马:我可能想这样做;因为谁现在能或有一天能够在这方面模仿他呢?翻译他人的观点非常容易,如果我完全不希望保持我自己的话,我就可能这样做。以实际上同样的术语来表述同样的思想,这又有什么困难的呢?

昆:我完全同意你。我当然更喜欢你的独立,如你刚才所说的。但如果你乐意,请让我们听听你关于宗教的法律。

马:我将尽我的能力来表述,并且,由于这地点和这谈话都是私下的,我将以法律的风格来复述我的法律。

昆:你这是指什么?

马:昆图斯,有一些法律语言不像我们古老的十二铜表法和神圣法律②的语言那样古色古香,但是,为了更具权威性,这些语言也比当今语言更略带古风。我将尽可能地遵循这风格以及它的简洁。但我将不以完整的形式提出我的法律,因为那会是一个无穷无尽的任务,而只提出那些规定的要点和实质。

昆:这是唯一可能的方法;因此,让我们听听吧。

---

① Plato,*Laws* Ⅳ,722D.

② 神圣法律(*Sacratae Leges*)被认为是源于共和国最早期;该法律赋予保民官神圣不可侵犯的权力。

八、马：①他们应纯洁地接触众神，带着虔诚，而将财富留在身后。无论谁不这样做，神将亲自施加刑罚于他。

任何人不得有他个人的神，无论是新的或外来的神，除非得到国家承认。私下里，他们应崇拜那些正当地从他们的祖先传下来的神。

在城里，他们应设有神殿；在乡村和家园里他们应为拉雷斯神设有园林。

他们应当保留他们家族和他们祖先的礼仪。

他们应像崇拜神一样崇拜那些一直被视为天堂居民者和那些因他们的优点而为天堂所接收者：赫耳枯勒斯、利柏耳、埃斯枯拉庇乌斯、卡斯托耳、波鲁克斯、奎里努斯；以及赋予人类的并使之得以进入天堂所必要的那些品质：智识、美德、虔诚、诚信。为赞颂他们应当有圣殿，但不得祀奉邪恶。

他们应当履行已确立的礼仪。

在节日里，他们应不进行诉讼；他们应和他们的完成了劳务的奴隶一块庆祝这些节日。节日要在一年里有规律地安排。祭司应代表国家献上规定的粮食和规定的水果；并按照规定的礼仪在规定的日子里讲行；在其他日子里他们应同样保留丰富的奶产品和幼牲作为供品。② 为使对这些习惯的违反行为不致发生，祭司们应决定这些供品的模式和每年的变换；他们应规定适当的并取悦于每一位神的牺牲品。

---

① 在叙述了他的法律之后，西塞罗进行了解释。他的解释始于第 24 节。
② 奶、酒和蜜是献给色列斯神和其他神的（Vergil, *Georgics* I, 344）。至于"幼牲"，参看第 29 节。

有几位神应有他们各自的祭司,众神一起有他们的大祭司,以及单个神有他们的小祭司。维斯太贞女应在城市公共圣坛看守不熄的圣火。

那些对适用于公共的和私人的牺牲方法和仪式无知的人应向公共祭司寻求指救。公共祭司中应分为三类:一类负责典礼和神圣礼仪;另一类解释为元老院和人民所承认的占卜者和先知的不明确的话语;最后是至善至大的朱庇特的解说者,也即公共占卜官,他们将根据凶兆和吉兆预言未来,并保持他们的这种艺术。

21 祭司们应观察与葡萄园、果园以及人民安全相关的征兆;那些主持战争和国家事务的人应在吉兆之前得到他们的通知并应服从他们;祭司们应预见并屈从于众神的愤怒;他们应观察天空的固定区域①的电闪,并应保持城市、田野和他们观察地空旷无碍。无论是什么,只要为一位大祭司宣布为不公正、邪恶、有害或有恶兆,就将是非法和无效的;任何人如果不服从都应处死。

九、监督外交事务的祭司将是缔约、战争与和平、停火和出使的决断者和使者;他们应就战争问题做出决定。

奇事和恶兆应提交伊特鲁里亚的占卜者们决断,如果元老院这样决定的话;伊特鲁里亚应教给她的上流男子这门艺术。他们应向他们决定的任何神敬献赎罪的供品,并应为闪电和任何为雷电击中的物体进行赎罪。

妇女不得在晚上进行任何献祭,除了是以恰当形式祭祀凡

---

① 埃特鲁里亚人为此目的将天空分割为十六个区域(Cicero, *De Divin*. II, 42)。

人;①按照习惯,除了刻瑞斯神的希腊礼仪外,也不得向任何人传授仪典。②

不能赎罪的渎神行为应当认作是不孝敬地犯下的渎神行为;22那些能赎罪的应当由公共祭司来赎罪。

在没有双轮战车或身体与身体的比赛③的公共竞赛上,应为公共娱乐提供适中的歌并伴以竖琴和长笛的音乐,而这应与赞美众神相结合。

在祖先的各种仪典中,最好的应保留。

除了伊达之母④的仆人在规定的日子外,任何人不得要求捐助。

任何人偷窃或拿走圣物或存放在圣地的任何物品应视为与杀父同罪。

对作伪证者,来自神的惩罚是毁灭;而人间的惩罚是丢脸。

大祭司应对乱伦者处以极刑。

邪恶者不得以礼品平息众神的愤怒。

起誓必须谨慎;违反此法应有惩罚。

任何人不得向神敬献土地;敬奉金、银和象牙应当限于合乎情理。

---

① 这是对善良女神(Bona Dea)的神圣仪式,男子是被完全排除在外的。
② 显然,罗马采用了这种埃勒夫西斯的神秘做法。参看第35节。
③ 即体育竞赛。
④ 即库伯勒,罗马于公元前204年引入了对她的崇拜。庆祝女神库伯勒(Ludi Mogalenses)以向她表示敬意,但不许罗马人充当她的祭司;注意 Famuli 这个词,意思是"家奴"。

家族的神圣礼仪应永远保留。

凡间众神的权利应当是神圣的。家族中的人[①]死了应视为神;为此的费用和哀悼应有节制。

十、昆:我亲爱的兄弟,你如此迅速地就完成了这一套重要的法律! 然而,在我看来,你的这一宗教体系与努马的法律以及我们自己的习惯并无很大区别。

马:既然在我先前关于共和国的著作中西庇阿已提出了令人信服的证据表明我们早期国家是世界上最好的,那么你就不认为我们一定要为那理想国家提供与其特点相协调的法律吗?

昆:我当然这样想。

马:那么你必然期望这些法律将建立最佳类型的国家。如果我今天碰巧提出了我们国家现在没有或从来没有的任何规定,这些规定的大部分也仍然可以在我们祖先的习惯中发现,这些习惯通常具有法律的约束力。

阿:那么请你提出论证来支持你的这一法律,那样我也许会有机会说"如同你指出的那样"。

马:你真这样想,阿提库斯? 你没有异议?

阿:在重大问题上我肯定没有不同意见;而在小问题上,如果你乐意,我愿意服从你的判断。

昆:这也是我的观点。

马:但我得警告你们,我的论证可能很长。

阿:而我正希望那样的论证! 我们还能找到更好的活儿

---

① 这一译文是根据推测性的校勘。这里所提到的是神圣的亡灵。

干吗?

马:这法律指令我们要纯洁地接触众神,这就是,心灵的纯洁,因为万物都在其中。这并不排除身体纯洁的要求;但应懂得这一点,由于心灵比身体高出很多,在遵守了身体纯洁的要求时,我们应当更加注重心灵。因为在前一种情况中,不纯洁是用水洗去的,或是因一定日子的流逝而清除的,但心灵的污浊不能为时光的流逝抹去,也不能为任何溪流洗尽。

应带着虔诚,而将财富留在身后,这条规则是说,正直诚实令神愉悦,而应避免大量的费用。确实,既然我们渴望即使在人间穷人和富人也应平等,那么为什么在神面前我们却排除了这一点,而给我们的仪典增加大量费用? 特别是对神来说,取得他的爱以及对他的崇拜的道路不对所有的人同样开放,没有什么比这种情况更令他不快的了。

不是人间的法官,而是神他自己,将惩罚不服从,这一规定看来会由于畏惧即刻的惩罚而强化宗教的力量。

崇拜私人的神,无论新的或外来的,会导致宗教的混乱,并会引入我们的祭司所不了解的仪式。只有在我们的父辈服从了这一法律时才应崇拜由我们的父辈传给我们的众神。

我提出,城市应当有神殿,在这一点上不要遵循波斯的三大博士,据说薛西斯一世因听从他们的建议才烧毁了希腊的神殿,①理由是希腊人将众神关在室内,而所有敬奉给众神的地方都应开

---

① 参见 Herodotus, Ⅰ,131;Ⅷ,109;Cicero, De Nat. Deor. Ⅰ,115;《国家篇》Ⅲ,14。

放且自由,应将整个宇宙视为众神的庙堂和家园。

十一、希腊人和罗马人的做法更好,因为我们一直希望,为了促进我们对众神虔诚这一目的,众神应和我们住在一个城市。因为这个观念会激励一种对国家有用的宗教态度,最博学的毕达哥拉斯就说过(如果他的话中有真理的话)[①]:当我们举行宗教礼仪时,我们心灵中最强烈的就是虔诚和宗教的感情;希腊七哲中的首智者泰勒斯也说过,[②]人们应当相信他们所见的每一事物都充满了神,因此人们就会更加纯洁,就如同他们在神殿中最深刻地感受到宗教的力量一样。因为人们相信我们的眼睛以及我们的心灵都可以感受到众神。乡村间的园林具有同样的目的。我们的祖先传下来的,在农场和家园周围已确立下来的,并为奴隶和主人所分享的对拉雷斯的崇拜[③]也不应废除。

下一条,保留家族和我们祖先的礼仪指的是要保留那些——我们几乎可以说是——由众神他们亲自传给我们的宗教礼仪,因为古代最接近众神。

现在,那些规定崇拜那些神化了的人,诸如赫耳枯勒斯及其他人的法律清楚地表明,尽管一切人的灵魂都不死,而那些善者和勇者的灵魂却是神圣的。还有智识、虔诚、美德以及诚信应断然地神化,这也是一件好事;在罗马,国家已将一些庙殿献给所有

---

① βέλτιστοι γιγνόμεθα πρὸς θεοὺς βαδίζοντες, Plutarch, *De Superstitione* 9, 169E.

② Θηλῆς φήθη πάντα πλήρη θεῶν εὐαι, Aristotle, *De Anima*, Ⅰ, 411;参见 Diogenes Laertius, Ⅰ, 1, 27。

③ 参见 Cicero, *De Nat. Deor.* Ⅱ, 62。

这些品质,目的在于那些具有这些品质的人(一切善者都具有)都应相信众神确立在他们的灵魂之中。而在雅典,根据克里特人埃庇米尼德斯的建议①干了件坏事:在西龙的罪行受罚之后,他们建立了一座献给耻辱和无礼神的庙;②因为神化美德是恰当的,但不能神化邪恶。在帕拉蒂诺山献给寒热神、在埃斯奎利诺山献给厄运神以及其他这类令人厌恶的神的古老圣坛都必须拆除。但如果我们必须为众神命名,我们更应当选择这类称号,诸如胜利女神——出自胜利和力量,和维斯太女神——来自坚守不移的概念,以及诸如给予朱庇特的强大者和必胜者之类的别号;还有那些我们会渴望的事物的名称,如安全、光荣、财富和胜利。由于心灵为对善事的期望所激励,凯莱提努斯③将神神化为希望也很正确。我们还可以有幸运众神,或今日之神——因为这适用于每一天,或节俭之神——她可以帮助我们,或机遇之神——特别与未来事件的不确定性有关,或初生幸运之神——我们从出生就开始的伴侣。④

十二、下一条,我们关于假日和节日的规定命令自由人(在这些天)停止诉讼和争端,奴隶则停止辛苦劳作。无论谁安排一年的计划,他都应将这些节日安排在各项农活都结束时。就日期来

---

① 关于"西龙的罪行",见 Thucyd. I,126。关于埃庇米尼德斯的涤罪,见 Diogenes Laertius, I,10,110;Plutarch, *Solon* 12;Aristotle, *Const. of Athens* 1。

② Φησὶ Θεόφραστος ἐ υ τῷ περὶ νόμων ‘Ὕβρεως καὶ’ Ἀναιδείας παρὰ τοῖς Ἀηναίοις ἐιναι βωμούς, Zenobius, IV,36(Paroemiographi Graeci)。

③ 奥卢斯·埃提利乌斯·凯莱提努斯在第一次迦太基战争中奉献给希望女神(*Spes*)一座庙(Tacitus, *Annales* II,49)。

④ 将这一节和 Cicero, *De Nat. Deor.* II,61 相比较。

说,为了保证法律中所提到的最早的收获和幼畜作为祭品得以维持,必须注意安排插入闰月,这是努马①明智地建立起来的习惯,但如今却由于后来的大祭司的失职而变得过时了。现在,有关大祭司和占卜者的一些规定不应改变,如关于适合于各个神的祭品,如哪一位神应接受成年牺牲品,哪一位接受幼崽;哪一位接受雄性,以及哪一位接受雌性。一些祭司负责祭祀所有的神,以及每一位神均有专门的祭司,这一习惯既有助于法律的解释也有助于对违反宗教行为的忏悔。由于维斯太——她的名字来自希腊文②(我们几乎完全保留了这一希腊语的词,而不是译其含义)——将城市的火种炉置于她的保护之下,因此,维斯太贞女应负责对她的崇拜,这样,对火种的保护和守护也可以更容易维持,而其他妇女会因她们的榜样而认识到她们的性生来就可能完全贞洁。

30　　下一个规定实在是与国家的条件以及宗教有关,其目的在于,没有那些负责公共礼仪的人们的辅助,私人的崇拜不大可能令人满意地完成;因为人们对贵族的建议和权威的不断需求有助于保持国家团结。

　　我的关于祭司的规定没有忽略拜神的合法类型。因为有些祭司被委任主持常规的献祭以赢得众神的喜爱;其他祭司解释占卜者的预言——尽管这类祭司不多,因为这将是一个无休无止的工作——而以这样的方式,在祭司团之外就不会有人知道预言,

---

① 参看 Livy Ⅰ,19,书中还认为是努马首先将一年划分为 12 个月。
② 即维斯太(Vesta)='Εστια。参见西塞罗:*De Nast*,*Deor*. Ⅱ,67。这两个词具有共同词根,但维斯太有可能并非借自希腊文。

甚至那些国家认可的预言。国家中最高的和最重要的权威是占卜官的权威,他被赋予了重大的影响力。但是,我持这种观点并 31 不是因为我自己就是一位占卜官,而是由于事实迫使我们这样认识。因为,如果我们想一想他们的法定权力,还能有什么比中止由最高官员——他们拥有或不拥有最高权力①——召开的公民大会或会议,或宣布由这样的官员所主持的公民大会的立法无效的权力更为重大的吗?如果有一个占卜官说,"另换一天吧",任何已经开始的公务都须放弃,还有什么比这有更紧要的含义吗?还能有什么能比迫使执政官辞职引退的权力给人以更深刻的印象?还有什么权力能比允许或不允许召集公民大会或平民大会,或废除非法通过的法律的权力更为神圣的吗?因此,提梯乌斯法为占卜官团的法令撤销了,李维法为执政官和占卜官菲力普斯②的明智的指导撤销了。确实,没有他们的权威,无论在国内或在战地,任何行政官员的任何行动对任何人都不可能有任何有效性。

十三、阿:请等一下;我对这些权力已经熟悉,也承认其重大; 32
但在你的祭司团中,在同为出色占卜官的马塞卢斯和阿庇乌斯③之间就有重大分歧。因为我读过他们的书,发现其中一个人认为那些征兆是虚构的,是为了对国家有实际用途,而另一个人则相信你的技艺在某些程度上确实可以做预言。我希望听听你对这一问题的看法。

马:我的看法?我认为确实有这种希腊人称之为 $μαντική$ 的

---

① 参看第三卷,第 9 节。
② 参看第 14 节。
③ 参看 Cicero, *Ep. ad Fam.* Ⅲ, 4, 1。

预言技艺,其中一个分支是这样一种特殊的技艺,它着重观察飞鸟和其他征候,这一分支在我们罗马属于占卜科学。因为,如果我们承认众神存在,宇宙为它们的意志所统治,承认它们了解人类,也承认它们具有向我们显示未来事件迹象的力量,那么,我看不出有任何理由否认预言的存在。事实上,这些前提都是真实的,因此作为必然结果,我想,从这些前提中得出的结论也自然是真实的。更进一步说,我们共和国的记录,以及所有王国、民族和种族的记录,都有大量关于占卜官的预言奇迹般地为后来的事件所证实的例子。如果古代没有展示占卜的可信,那么波利义都斯、墨兰普斯、莫普苏斯、安非亚洛斯、卡尔卡斯和赫勒诺斯就从来也不可能获得如此的名声,许多民族,诸如弗里吉亚人、利考尼亚人、奇里乞亚人以及最重要的皮西迪亚人就不可能一直到今天仍在这门技艺上保持着他们的声誉,而我们自己的罗慕洛斯在建立罗马前也就根本不可能掌握那些征兆,阿图斯·奈维乌斯的名字也就不可能这些年来一直为人们所铭记——如果这些人没有做出许多与真相惊人一致的预言的话。但无疑,由于时光的流逝和人们的忽视,占卜这一技艺和科学现在已衰落得不再存在。因此,我不能同意马塞卢斯,他否认我们的祭司团曾拥有这一技艺,我也不能接受阿庇乌斯的观点,认为我们今天仍拥有这一技艺。我相信的是,在我们的祖先中占卜有双重作用,占卜被偶尔地运用于政治危机,而最经常地是用来决定活动的进程。①

---

① 在这里,我们发现了斯多葛的学说,而西塞罗曾在《预言篇》中反对这一理论;在那书中,西塞罗继承了新学园的怀疑主义,认为预言是不可能的。

阿：我相信你绝对正确，与任何其他观点相比，我赞同你所表述的观点。但是，请继续讨论法律问题吧。

十四、马：我将这样做，并且尽量简洁。我们下一个遇到的是战争法。我的法律规定，在开始、进行和结束一场战争时，正义和诚信应当至高无上，并规定国家对这一规定应有其官方解释者。此外，关于预言者完成的礼仪，关于赎罪和涤罪，我认为该法律自身已足够明确。

阿：我同意你，因为这些全都是宗教仪式的问题。

马：但在随后的一些问题上，我想知道，提图斯，你如何能同意我，或者我如何才能抨击你的立场。

阿：你指什么？

马：指女人在夜间进行献祭。

阿：但我与你是一致的，特别是因为该法律本身已将习惯的公共献祭作为例外。

马：如果我们废除了夜间的礼仪，那么我们的伊阿科斯和欧摩尔波斯族①以及他们的给人以深刻印象的神话将会变得怎样呢？因为我们并不是仅仅在为罗马人民单独立法，而是在为所有有德行且稳定的民族立法。

阿：在传授给我们自己的那些礼仪中你提出一个例外，我认为这是理所当然的。

马：我确实会这样做的。在我看来，你们希腊人建立并贡献

---

① 伊阿科斯＝狄俄尼索斯。欧摩尔波斯族是阿提卡的一个家族，在埃莱夫西斯一直拥有祭司职务。这里所论及的不过是那个埃莱夫西斯神话。

给人类生活的许多出色并实在是神圣的制度中,没有什么比那些神话更好的了。因为,通过它们,我们得以走出野蛮蒙昧的生活方式,经过教育和陶冶而进入了文明状态;并且由于这些礼仪被称作"传授",我们的确从中学会了开始生活,不仅获得了幸福生活的力量,而且获得了带着更好的希望死去的力量。① 但我一概反对夜间礼仪的理由是由一些喜剧诗人②表明的。因为如果罗马允许这样的活动,那个人③将会干出些什么呢?因为他曾将他贪欲的企图伸进一个仪式之中,而这仪式是如此之神圣以至瞥它一眼也是一种罪孽。

阿:很好,那么,请为罗马提出这样一个法律,但不要剥夺我们的习惯。

37  十五、马:这样,我将回到我们自己的立法上。肯定地说,我们必须制定最精心的规定:要以白昼明亮的光来护卫我们妇女的名誉,因为白天会有许多眼睛关注着她们;并规定,传授刻瑞斯神的奥秘只按照罗马现行礼仪进行。我们的祖先在这类性质问题上的严格可见于元老院关于酒神节的古老法令,④以及在特别征募的武装力量辅助下某些执政官进行的调查和处罚。而且,我们

---

① 参看 Isocrates, *Panegyricus*, 28。
② 希腊新喜剧经常用夜间宗教庆祝活动的不正规来解释私生子。见,例如,Menander, *Arbitrants*, 第234页以下,以及 Plautus, *Aulularia*, 36。
③ 公元前62年12月克洛狄乌斯在夜间祭祀善良女神(见第27节和注释)时化装为妇女进入了尤里乌斯·恺撒的屋子。这成为恺撒与其妻子庞培娅离婚的原因(见 Plutarch, *Caesar*, 9—10; *Cicero*, 28—29)。
④ 在这些夜间集会上的无节制现象非常严重,以至于元老院于公元前186年通过一项法令予以限制,该法令的文本一直流传至今(见 *Corpus Inscriptionum Latinarum* Ⅰ,196;Livy, XXXIX,8—20)。

也许不会被认为过于严厉,因为我可以举出这样一个事实:就在希腊的正中心有第比斯的迪埃贡达斯颁布的法律,所有的夜间礼仪都永远被废除了;还有,老喜剧中最机智的诗人阿里斯托芬①攻击作为他们所崇拜之一部分的陌生神灵和守夜者,阿氏声称,萨巴最俄斯和其他某些外来神都受到审判并被国家放逐了。

继续讲下去:非故意的违法应通过正式祭司精心予以赎罪并消除违反者的畏惧;但对把[可耻的欲望引入宗教礼仪之中]的厚颜无耻必须谴责并判为邪恶。②

下一条,由于公共比赛分别在剧院和在竞技场进行,在竞技场的应当是身体之间的竞争,包括跑步、拳击和摔跤;还有赛马,这要持续到赢得最后胜利;而另一方面,剧院应洋溢着竖琴和长笛音乐伴随的歌声,唯一的限制就是要适度,如同法律规定的那样。因为我同意柏拉图的看法,③对年轻易塑的心灵来说,没有什么比歌曲的音符更容易对它产生影响的了,音乐对善和恶的巨大力量几乎不能以语言表达。因为它使倦怠者振奋,使激动者平静;有时它使我们克己节欲,有时它使我们天马行空。许多希腊国家都认为保住他们昔日的音乐非常重要;当他们的歌曲变得不太雄壮时,他们的性格也就同时变的阴柔起来,也许这因为他们为这些新音乐的甘甜和令人衰落的诱惑败坏了,如同一些人所相

38

---

① 可能在遗失的喜剧 *Horae*《时序女神》里(参见关于阿里斯托芬的《鸟儿》的文献 874 和《马蜂》9)。

② 这里的翻译遵循了瓦伦对文本的看法。如果瓦伦是正确的,那么西塞罗在此就是再次提到了他在第 37 节所提到的事件。这法律的含义看来是轻微违法也许可以通过仪式赎罪,但严重违法只能通过惩罚违法者来偿还。

③ *Republic* Ⅳ,424D。

信的那样,或者是当其他邪恶已首先松懈了他们严格的生活,他们的耳和心都早已有了变化,他们的音乐才有了这变化的空间。为此原因,那位无疑是希腊所产生的最智慧、最博学的人非常担心这种堕落。他说,音乐之律的变化不可能不导致国家之律的变化。① 然而,我的看法却是:这种变化既不是如此重大以至于应当畏惧,但另一方面,也不应认为完全不重要;可是,我确实观察到,那些一贯为李维乌斯和奈维乌斯令人感悟的严肃音乐深深打动的听众,现在却很快随着我们的现代音乐激动起来,扭动着脖子,转移了目光。古代希腊总是严厉处罚这类违法,在事件发生很久之前就察觉到腐败逐渐钻进了公民的心灵,并使他们染上邪恶欲望和邪恶观点,促使国家迅速、完全地毁灭——如果下述事情确实是真的话:据传严厉的斯巴达曾命令从提谟修斯的竖琴上去掉七根以外的其他琴弦。②

十六、下一条法律规定是,应当保留最好的祖先的礼仪。因为当年雅典人与波锡奥斯·阿波罗就他们应优先保留什么宗教礼仪进行商讨时,神谕的回答是:"那些属于你们祖先的习惯的礼仪。"③而当希腊人再次来到,说他们祖先的习惯已经历了很多变化,问在许多习惯中他们应优先遵循哪一种时,回答是,"最好的。"这肯定是正确的,即那被认为最古老并与神最接近的就是最好的。

我禁止募集捐助,为伊达之母的募捐除外,后者只有几天时

---

① Plato, *Republic* Ⅳ,424C。
② 据说提谟修斯在通常七弦的竖琴上增加了四根弦(参见 Pausanias,Ⅲ,12,10;Athenaeus,ⅩⅣ,9,636E)。
③ 具体是什么场合不为人知,但请参看 Xenophon, *Menor*.Ⅳ.3,16;Ⅰ,3,1。

间;因为这类习惯会使人们心灵中充满迷信并使家财耗尽。

对渎神要予以处罚,这不仅适用于偷窃圣物,而且适用于任何委托在神圣处的物品。许多神殿现在仍有这种存放物品的习惯,据说亚历山大就曾在位于奇里乞亚的索利的一个神庙存放过一笔钱,并且克利斯特尼斯,雅典的一位优秀公民,由于为自己的财产担忧,也曾将他女儿的嫁妆托付给萨摩斯岛的朱诺。

关于伪证和乱伦,在此肯定无须讨论。

邪恶者不应试图以礼品讨好众神。让他们听听柏拉图的言词吧,①他说,神对这样的东西会作何感想,这是没有什么疑问的,因为没有任何善者会乐意接受邪恶者的礼品。

至于对谨慎起誓问题,[如果一个誓约确是一个]合同,通过它我们对神负有义务,那么法律的言词就足够了。可以肯定对违反宗教所支持的责任实行惩罚无可非议。那么,为什么我还要在此提出一些这类罪犯充满悲剧的命运的例子呢?我想谈谈就在我们面前出现的一些行为。尽管我怕这个例子可能超出人的命运,然而,既然我在对你们谈话,我就不作任何保留,只希望我所谈论的会使不朽的众神高兴而不是触怒他们。

十七、在我被放逐②的问题上,所有的宗教法律都被堕落公民的犯罪违反了;我们家族的拉雷斯神受到虐待,在拉雷斯神的家园所在地建立了一座放纵女神③神庙,那位保护了我们的神殿的

---

① *Laws* IV, 716E。
② 西塞罗在公元前 57—前 56 年遭放逐,该放逐法是由克洛狄乌斯提出的。
③ 西塞罗嘲笑地称在他的居所建立的女神庙是为了放纵女神(Licentia)而不是自由女神(Libertas)。

人被赶走了,离开了我家的拉雷斯神。请想一想(我们在此没有理由提到任何特别的人的名字)这样的行为随后造成了什么样的后果。即使我的一切财产都被夺走和毁灭了,我也不会允许这座城市的监护者为邪恶者亵渎,我将她从我家中转送到她父亲的家中去了。① 现在,我已经为元老院的、意大利的、而且实际上是所有民族的判决证明是清白的,是这个祖国的勇士。对一个人来说,还能有什么更高的荣誉呢?那些以其罪行蹂躏和破坏了宗教的人们,已有一部分如鸟兽散;而那些犯罪的头头和犯有最大的破坏神圣物品罪的人在他们生活中不仅为[耻辱]和羞耻所折磨,甚至被剥夺了坟地以及适当的葬礼。②

43　昆:我知道这些事实,我亲爱的兄弟,我向众神致以相应的谢意,只是我看见事情像这样发展成的实在不多。

马:昆图斯,那是因为我们对神的处罚的本质有一种错误看法;民众的看法使我们犯了错误,而未理解真相。我们根据死亡、肉体疼痛、精神苦恼或法院定罪去估量人们的不幸;我承认,这些是人的生活中共同的,对许多善者都会发生。但犯罪会伴随着可怕的复仇,并且,除了其结果外,从犯罪的根本性质来看,犯罪就是对犯罪自身的最大惩罚。我们都看到有这样一些人(如果不是他们仇恨祖国,他们本来永远不可能成为我的私敌),他们时而因贪婪,时而因恐惧,时而又为悔恨而坐立不安,并且无论他们干什

---

① 西塞罗在他居所保持有一尊小型的密涅瓦神塑像。在他被流放之前,他将之带到卡皮托利山上的朱庇特神庙,在名册上标示其为该城的守护女神(参见 Plutarch, Cicero 31;Dio Cassius, XXXVIII,17)。

② 见导言,第 289 页,注 2;Cicero,Pro Milone,86。

么事,都时而充满了对众神的畏惧,时而充满了对宗教和法庭的蔑视,他们通过收买人而不是神来推翻宗教和法庭的权威。

但我将在此打住,不再谈论他们,特别是因为我已雪了耻,比我所希望的还要好。我只想简单地说出一件事实:神的惩罚是双重的,包括终身的精神折磨,以及这样一种死后的恶名:生者们不仅赞同摧毁罪人的躯体,而且为之欢庆。

十八、我的禁令禁止向神敬献土地,这一点我与柏拉图完全一致。如果我可以翻译的话,他所表述的意见大致如下:①"因此,土地,如同家居的火炉一样,是献给一切神的;因此,任何人都不应以它作第二次奉献。城市的金和银,无论是私人拥有还是放在神殿,都是会引起占有欲的东西。取自动物尸体的象牙同样也不足够纯洁,不能用来献给一个神。铜和铁适于战争,而不适于神殿。然而,任何木制品,如果是一块木头制成的,或任何石制品,则可以在公共神殿敬献;纺织品也可以,如果其制作不超过一个妇女一个月的劳作的话。对一个神来说,白色是最合适的颜色,白色纺织品尤为合适;除了为制军旗,不应使用染料。但对众神来说,最适合的礼物是鸟类,以及一个画家在一天内完成的作品;其他礼物也应具有同样的特点。"这些都是柏拉图的规定;至于我的规定,在其他方面,我还没有订下如同他那样严格的规则,因为我考虑到人的缺点以及我们时代人类生活的资源;但就土地来说,如果关于土地的使用和适于耕作的迷信一旦增长,我担心土

---

① Laws Ⅻ,955E—956B.

地耕作就会衰落。①

阿：你已使我们对这些问题有了明确理解；现在，等着你着手处理的是永恒的礼仪和尘世众神的特权问题。

马：庞波尼乌斯，你的记忆力太出色了！我都忘记这些问题了。

阿：很可能；但我之所以记得这些问题并盼望着你对这些问题的讨论，主要原因是它们既关系到大祭司规则也关系到市民法。

马：确实如此；许多很博学的人已经就这些问题谈过和写过很多了。在我们的全部对话中，我的意图是，尽我所能，联系我们谈话将涉及的每一部门法，来研究我们的市民法的相应分类；但我的讨论将只限于指明这种划分的每一部门法的渊源。因为，一旦理解了支撑它的基本原则，任何人，只要他能追寻一定的思路，要了解与任何可能出现的陌生案件和棘手问题有关的具体法律，都不会有困难。

十九、但法律顾问们常常将实际是基于某单一原则的东西划分为无数的部分，或者是为了欺骗，因为那样似乎他们的知识数量更多也更难获得，或者是——并且也更可能是——由于在教学上缺乏技巧；因为一种技艺所包含的不仅仅是拥有知识，而且还有把知识传授给他人的技巧。就以这个部门法为例吧，两位斯凯沃拉②（他们两人都是大祭司又都是最精通法律的人）将我们刚才谈论过的这一主题搞得是何等的宽泛！普布利乌斯的儿子斯凯

---

① 参见第 67 节。
② 普布利乌斯·穆西乌斯·斯凯沃拉和他的儿子昆图斯·穆西乌斯·斯凯沃拉。

沃拉说:"我常常听到我父亲说,如果不懂市民法,没人能成为一个好的大祭司!"难道是对全部市民法的了解? 为什么必须如此?对一位大祭司来说,关于屋墙或沟渠的法律,或实际上除有关宗教外的市民法的任何其他部分又有什么用处?而那有关宗教的法律仅仅是全部市民法中非常小的一部分,只包括有关牺牲、誓约、节日、坟地和这类性质的事的规定,我认为。既然除了这个问题外的其他都很不重要,为什么我们要对这些问题制定如此众多的法律呢?事实上,即使这个相对说来有更广泛重要性的问题,也可以简化为一个基本的原则;即,这些礼仪应永远保持并在家族中不断传下去,如同我在我的法律中所说的那样,它们必须永远继续下去。

显然,我们目前关于这个问题的法律已经由权威的大祭司们确定下来了,以便于将履行礼仪强加给那些继承财产的人们,这样他们的记忆就不大可能由于家中父亲的去世而消失。在确立了这一条规则——一条足以理解恰当程序的规则——之后,无数的其他规则就出现了,充斥了法律顾问的书本。因为他们试图精确地确定那些必须履行这些礼仪的人。对后嗣说,这一要求是完全正当的;因为没有其他人可以更真实地说将取代死者的地位。下一种情况是这样的人,由于死者去世前的惠赠或遗嘱,他接受了①与其他所有后嗣加在一起所继承的财产同样多的财产。② 很自然,他也应当受到约束,因为这符合刚才陈述的原则。第三,如

―――――――――
① 即作为遗产。
② 即全部遗产的一半。

果没有后嗣,那以占有而获得①对死者去世时所拥有财产的最多部分的所有权的人也受这种责任的约束。第四,如果无人获得死者的任何财产,那么,这一责任就落在那获得最多遗产的债权人身上。最后是任何欠死者钱且尚未偿还任何人的人的责任,因为他的位置被认为是如同他已从遗产中接受了那部分钱。

二十、这就是我们从斯凯沃拉那里学到的,但那些比较古老的权威学说有不同的表述。他们的规则是以如下的术语表述的:人们注定要以三种不同方式来履行这些礼仪:或者由于是嗣子,或者由于接受了比较多的财产,或者在较多财产作为遗产留下时,以这种方式接受了什么东西。

但是,请让我们追寻这位大祭司。现在你们看见,他的一切规则都取决于一个原则,即,大祭司们决定礼仪应与财产并行,以及节日②和仪式也分配给同一些人。此外,斯凯沃拉补充说,当遗嘱规定了全部遗产的分割但没有规定任何遗产扣除时,③受遗赠者自愿取得少于留给嗣子们的财产总数,在这种情况下,这些受遗赠者将不再必须履行这些礼仪。就礼物来说,他们作出了不同的解释:如果户主同意一个人以他的名义送礼物,那么,这礼赠有

---

① 见第一卷,第55节。

② 这看来是指私人或家庭履行礼仪的节日。因此蒙森的校勘(见拉丁文本的注)没有必要。然而,西塞罗有可能用 *feriae*(节日,假日)来指"由于继承了财产才成为可能的闲适(假日)"。

③ 看来如果遗嘱作者想将他的全部财产中一半作为遗赠,习惯的做法是他从这一半中扣除一个微不足道的数量,以便免除受遗赠者的礼仪负担。这里,西塞罗显然是说当在遗嘱里没有这样写明时,受遗赠者可以通过接受略微少于半数的全部财产来逃脱这一负担。

效;但如果赠送这样的礼物他并不知情,那么除非他给予追加同意,该礼赠将无效。①

根据这些原则,会出现许多小问题,但任何有智识者都可以无须他人帮助而轻易解决它们,只要参照那项基本原则。例如,假设某甲为了不承担礼仪的义务,而接受了比所有嗣子要少的财产,后来,甲的嗣子之一为了自己的利益又获取了甲曾拒绝继承的那部分财产;再假设这全部财产,包括先前获取的,已不少于那留给所有嗣子的财产;那么,很容易推断说,获取这一部分财产的人独自对这礼仪负有义务,而排除了所有共同继承人。事实上,权威们甚至规定,如果留给某人的遗产比他在不承担宗教义务条件下有资格接受的财产多,那么该人可以通过出售的形式免除遗嘱继承人支付遗产的责任,因为经过这样的方式,该财产就不再具有遗产的性质,就如同它完全没有被遗赠一样。②

二十一、现在,由于提到这个问题以及其他许多问题,我有一个问题想问问大祭司斯凯沃拉——这位在我看来最聪明的人:在你已熟悉大祭司规则的情况下,为什么你还希望了解市民法呢?因为根据你对市民法的了解,你已在某种程度上废除了大祭司规则。因为礼仪是通过这些大祭司的权威,而并非任何法律,而与

---

① 这一决定看来是被认为与前面的决定不一致,因为受遗赠者所使用的这一计策涉及的其实是遗产中作为礼物的那部分,而且不需得到立遗嘱人的同意。

② 例如,假如甲留给乙一笔10 000塞斯特斯的遗赠。甲的继承人丙必须从全部遗留财产中支付这一遗赠。但乙与丙订立合同放弃他对这一遗赠的全部权利用以交换丙个人付给乙的10 000塞斯特斯。这样,乙就"出售"了他对遗赠的权利,并且由于他没有从甲那儿收到任何遗赠,也就不承担任何礼仪上的责任,同时也没有任何钱财上的损失。参见第53节。

财产联结起来的。因此,如果你仅仅是大祭司,那么大祭司团的权威就可以保持;但由于你也精通市民法,你就运用你的博学规避了你自己的大祭司规则。普布利乌斯·斯凯沃拉、提比略·科鲁恩卡尼乌斯,以及其他大祭司已经决定,那些接受的财产与所有嗣子接受的财产同样多的人必须履行礼仪。我们在此已有了大祭司的规则。市民法又为这规则增加了什么呢?这个关于遗产分配的指示写得很聪明,大致是应扣除一百努米;①因此找到了一种方法可以使财产与礼仪负担脱钩。就仿佛遗嘱作者不曾希望防止这种行为一样,这位法律顾问,这位同样是大祭司的穆西乌斯亲自建议受遗赠者接受少于留给所有嗣子的财产。此前,这些大祭司曾说过,无论一个人接受多少财产,他都有义务;但现在,他们却免除了他的礼仪。然而,他们的这另一方法直接取自市民法,与大祭司规则——我指的是,那种使遗嘱继承人通过出售而免除他支付遗产的义务的方案——完全无关。这使得这种情况与假如完全不曾留下这笔钱作为遗赠的情况完全相同,条件只是该受遗赠者签订一个与这一遗赠有关的正式合同,那么欠他的钱就属于合同,而不[属于遗赠]……

……[德西穆斯·布鲁图斯],②当然是一个博学的人,并且是

---

① 即从全部财产的一半中扣除,以避免礼仪(其数量大约是 4 英镑)。

② 这里明显遗失了相当长的一段;在现已遗失的文字中,西塞罗结束了他对 sacra privata 的讨论而开始对 deorum Manium iura(参看第 22 节)的讨论。在这一文稿得以继续时,讨论的题目是对死去的亲人(parentare)的献祭问题。普卢塔克(Quaest. Rom. 34)认为,根据西塞罗,这种献祭罗马人定在二月(最初是每年的最后一个月)举行,而德西穆斯·居尼乌斯·布鲁图斯(公元前 138 年执政官)确定在十二月。因此,这里所提到的显然是布鲁图斯,并且西塞罗正解释布鲁图斯为何作了这一变更。

阿克齐乌斯的一个伟大朋友；但我认为是他以腊月为一年的最后一月，如同古代以二月一样。而且，他认为纪念逝者使用最大的祭牲作为供品是虔诚的组成部分。

二十二、如今，坟地是宗教敬意上的非常重要的题目，以至于将不属于本家族的尸体埋进坟地或参加这样的礼仪被看作是极其罪孽的；在我们祖先的时代，这是奥卢斯·托库埃图斯在波皮里亚氏族问题上的决定。除非我们的祖先曾期望那些离开这一生活的人应当纳入神的行列，斋戒日——其名来自死亡，是为死者而举行礼仪的日子①——就不会像其他纪念天神的日子一样被称为节日。法律规定这类日子应安排在这样一些时间里，使之不至于与其他公共或私人节日相撞。这一整套大祭司法律表现了深刻的宗教情感和对庄严的宗教仪式的尊敬。对我来说，不必解释何时家庭哀悼期结束，牺牲什么样的阉羊来献给家神，②切割下来的遗骨应以何种方式葬入土地，③关于献祭牝猪的义务有什么规则，④或何时该坟墓才正式算作坟墓并受到宗教的保护。⑤

但在我看来，最古远的安葬形式——据色诺芬说——是居鲁士葬礼中实施的形式。因为尸体归还了大地，安放停当，如同蒙盖上了他的母亲的布罩。⑥ 传说，我们自己的努马国王就是以这

---

① 西塞罗从 de 和 nex 即死亡得出 denicales（死亡，安葬）这样一个技术性的词来称呼这些日子。
② 为了家庭的纯洁。
③ 当尸体焚烧时，要割下一个手指埋进土地以遵循更古远的葬仪。
④ 为了使该坟墓神圣化。
⑤ 见第 57 节。
⑥ 即未包裹的尸体的土葬。参看 Xenophon, *Cyropaedia* Ⅷ, 7, 25。

种仪式安葬在离冯斯祭坛不远的坟墓中的,并且我们知道科内利亚氏族甚至至今仍使用这种方法。苏拉在他胜利时命令将已经安葬了的马略的遗骨在阿尼奥河中到处撒开,①如果苏拉聪明一些,少仇恨一些,他本来可以快乐一些的,但他为一种仇恨所驱使变得太残忍了。也许是因为害怕他自己会落得同样的命运,苏拉,在高贵的科内利亚历史上第一次命令火葬他的尸体。因为恩尼乌斯说到阿非利加努斯,"他就躺在这里";②这很正确,因为"躺下"用于那些尸体被安葬的人。但他们的安葬地要一直等到完成恰当礼仪并杀猪祭祀之后才真正成为坟墓。而这种表述现在已用于一切被安葬的人,即,他们"躺在土地里",这用于那种将泥土扔向尸体并覆盖尸体的情况。存在这种习惯是为大祭司规则肯定的。因为直到将草根土扔在尸骨上,尸体火化的地方才具有一种神圣特点;但扔了草根土之后,[这葬礼就被视为完成了,而这地点就被称为坟墓];③然后,而不是在此之前,它就受到许多有关神圣性的法律的保护。因此,在某人死于船上、其尸体被扔进大海的情况下,普布利乌斯·穆西乌斯宣称其家族并没有被玷污,因为没有一根尸骨是躺在土地上的;但是死者的嗣子必须献祭牝猪;必须保持三天的宗教祭日,[并通过献祭牝猪来赎罪];④如果他在海上遇到死亡,也适用同样的规则,例外的是赎罪的供品和

---

① 参看 Valerius Maximus Ⅸ,2,1。
② 这一般认为是某一警句的头几个词(见本书的《国家篇》,未能确定其位置的残篇,第四段和注)。
③ 此处文本有讹误,文字含义不明。
④ 此处文本有讹误,文字含义不明。

宗教祭日。

二十三、阿：我懂得大祭司的这些规定，但我想探讨一下法律在这个问题上有什么规定。

马：实在是非常少，提图斯，我想你不会不知道有些什么规定；但这些规定与宗教的关系不如与坟墓之法律地位的关系大。"一个死人"，十二铜表法说，"不应在城内安葬或火化"。我想这后一点是由于火灾的危险。但增加了"或火化"这些词证明尸体火化并不被视为安葬，只有埋进土里才算安葬。

阿：那么自十二铜表法以来安葬在城内的那些名人又怎么说呢？

马：我想，提图斯，在这个法律颁布之前，有一些人由于他们的功绩给予了他们这样的特权，诸如，波普利科拉和图波图斯，并且这种特权为他们的后代合法保持下来了；或者是，还有一些人，例如盖尤斯·法布里齐乌斯，由于他们的功绩而被豁免实施这法律。① 但正如同法律禁止在城内安葬一样，大祭司团也下达了政令，规定在公共地域建造坟墓为非法。你是熟悉利利尼城门外的光荣神殿的；那里有一个传说，说是在那地点曾一度矗立着一个圣坛，又说，当年，在那附近发现一块刻着"献给光荣之神"的金属牌，这就引出了奉献目前这座神殿。但是，由于那地方有很多坟墓，就都被挖开来了；因此，大祭司团决定属于公共财产的地方不能安葬因公民私人履行了礼仪而成为神灵的人物。

十二铜表法上也还有其他规则规定，限制葬礼费用和哀悼，

---

① 参见 Plutarch, *Quaest. Rom.* 79。

59 其大部分借自梭伦的法律。① 该法律规定,"行为不要超过此:不要用斧头使火葬用的木材光滑。"你知道下面是什么,因为在童年时期,作为必修的准则,我们就学习过十二铜表法;尽管如今已无人学习它了。因此,花费限于"三幅面纱、一件紫外衣,以及十位长笛演奏者";哀悼也有限制:"妇女们面颊不得有泪水,葬礼上也不得有哀哭(lessum)。"早些时候的解释者们,塞克斯特斯·埃利乌斯和卢修斯·阿西利乌斯,承认他们并不完全理解这一条,认为 lessum 涉及某种类型的丧服。卢修斯·埃利乌斯认为 lessum 是一种悲哀的痛哭,因为这才像是这个词的所指。我倾向于这后一种解释,因为这正是在梭伦法律中禁止的事情。这些条款都是值得赞扬的,而且普遍地既适用于富人也适用于常人;这与自然相当一致,即财富上的差别应随死亡而消失。

60 二十四、其他类似的、容易增加悲哀的葬礼习惯也为十二铜表法所禁止。其中有一条法律规定:"不得收集死者的遗骨以便此后举行葬礼。"但在这里又规定了战死的或死于他乡的情况例外。这些法律还有下面一些关于涂油和[晚餐]的规定;禁止由奴隶涂油,还禁止任何类型的饮酒比赛。恰当地说,这些都是早应废除的,并且,如果不曾实际发生过这些行为,法律也不会禁止。让我们略过这一规定:"不得有昂贵的抛撒、长花环或香炉。"很显然,这些条款所依据的原则是,只有那些已经作为荣誉标志授予的奖赏才属于死者,因为该法规定了因勇敢而获得的花环可以由花环获得者或其父佩戴而不受惩罚。② 我想这是因为有这样的习

---

① 见 Plutarch, *Solon*, 21。
② 参见 Pliny, *Nat. Hist.* XXI, 3, 7。

惯出现，即为一个人举行多次葬礼，准备多副棺木，所以法律对这些问题也加以禁止。而尽管这同一法律禁止使用金子，但请注意另一处作出了一个体贴周到的例外："如果某人有金牙，带着这样的金子埋葬或火化不构成对本法律的违反。"注意，在这里，埋葬和火化也被当作不同的方式。

此外，还有两个关于坟墓的法律。其一保护属于私有的建筑，另一个保护坟墓自身。"没有他人的同意不得在距他人建筑近于60英尺处堆立火葬的柴堆或建坟"，制定这条规定是担心引发火灾。但关于"墓场"（即坟墓进口处的院子）或坟堆的所有权不能以占有而获得的规定，则是保护坟地特有权的。

这些都是我们在十二铜表法中发现的规则，它们确实与大自然一致，而大自然是法律的标准。我们的其他规则则基于习惯，也就是说这样一些习惯：葬礼应当宣布，如果要举行任何娱乐活动的话；可以为丧礼的主持者提供一个随从和一些侍从；如死者身前曾受过国家表彰，应在民众集会前宣读一个赞美词，宣读之后，应有以长笛音乐伴随的歌唱。这样的歌曲将称之为"挽歌"（nenia），这个词在希腊的意思是哀悼之歌。①

二十五、阿：我很高兴得知，我们的法律与大自然一致，并且我们祖先的智慧实在令我万分高兴。但我却找不到任何如同限制其他花费的规定那样的对纪念碑费用的限制。

马：你寻找这种限制是很对的，因为我想你是见过盖尤斯·菲古卢斯纪念碑，在这一方面，那是一个何等奢侈无度的典型。

---

① 如果西塞罗没有错，这个希腊词是我们不知道的。

222　法律篇

我们已有许多证据表明,在我们祖先的时代,几乎没有什么这种奢华的欲望。那些解释我们法律的人确实懂得这样的命令,奢侈的花费和哀悼不应视为人间众神的一部分权利,其最原初的含义就是应当限制建立纪念碑的费用。这个问题也未被最有智慧的立法者们所忽视;因为在雅典,据说,目前规定土葬的法律就来自他们第一代国王西克罗普斯;① 当最亲近的亲友们履行这一礼仪时,尸体被泥土覆盖,随后,这一地点将播下谷物,可以说是给予死者以其母亲的胸脯和乳房,但那经过谷物净化了的土地可以重新用来为生者服务。这之后是一个宴会,宴会上亲近的亲友都头戴花环;在此刻,在悼念了死者值得赞扬的行为后,如果可以真实地做到这一点的话(因为给予虚假的赞扬被认为是邪恶),……恰当的礼仪就履行完毕。后来,据那位法莱雷奥斯的人说,② 当奢侈的花费和丧葬发展起来后,它就为梭伦的法律废除了——而梭伦的法律几乎是每一字每一句都为我们的十大执政继承下来了,并置于第十铜表上。因为它所包括的关于三幅面纱以及其他的大部分规定,都是来自梭伦,并在哀悼问题上完全照搬了梭伦的字句:"在葬礼上妇女不得面颊挂泪或哀哭。"

二十六、但梭伦没有其他关于坟墓的规则,只有这一条,即任何人不得毁坏坟墓或者将陌生人尸体埋进坟里。并对破坏、推倒或打碎坟堆(我认为,这就是他所说的 τύμβος 的意思)、纪念碑或石柱的情况规定了惩罚。但此后一些时候,由于出现了我们如今

---

① 西克罗普斯的坟墓在雅典的卫城(Frag. Hist. Graec., Antiochus, 15)。
② 法莱雷奥斯的德米特里。

在塞拉米库斯公墓所看到的规模巨大的坟墓,所以法律规定任何人不得修建需要超过十人工作三天的坟墓。也不允许用拉毛粉饰法装饰坟墓或装饰他们所说的赫耳墨斯柱。① 对死者的赞美词也是禁止的,公共葬礼除外,后来则只允许由为此目的而正式任命的演说者进行。为了限制哀悼的哭泣,还禁止大量男女的集会;因为人多了会增加悲伤。正是由于这一原因,皮塔科斯禁止任何不属于该家族的人出席该家族的葬礼。德米特里还告诉我们,葬礼的浮华和纪念碑的奢侈后来再次发展到大致相当于今天罗马所达到的那种程度。德米特里亲自以法律限制这种做法。如同你们所知道的,这个人不仅在学识上出色,而且在实际管理和维护统治上也是一个非常有能力的公民。他随后不仅通过有关的处罚规定,而且通过有关葬礼时间的规则减少了奢侈;他命令尸体应当在黎明前安葬。② 但是,他还对新建立的纪念碑作了限制,规定除一个高度不超过三肘尺*的小型柱子,或者是一个台子或小水坞外,不得修建任何高出土坟的东西;此外他还任命了一位官员,专门负责执行这些法律。

二十七、这些就是你们所热爱的雅典人的法律。但让我们转向柏拉图吧,他将丧葬的恰当礼仪提交给主管宗教事务的法律顾问;这是一种我们今天仍然坚持的习惯。但他也提出下列关于坟墓的规则:③他禁止任何一块正在耕作或可以耕作的土地用作坟

---

① "赫耳墨斯柱"是一种上端刻有头像的方形柱子。
② 参看朱里安皇帝的规定(Julian, Ep. 77)。
\* 一种古代长度单位,自肘至中指端,长约 18 至 22 英寸。——中译者
③ *Laws* Ⅻ, 958D—E.

墓,而规定了对那种既可以接收尸体又对生者无损害的土地应尽最大可能使用。但是那种可以生产谷物且可以如同母亲一样为我们提供食物的土地不应因任何人——生者或死者——而有所减少。他禁止树立任何超过五人五天的工作量的高大纪念碑。他还禁止在坟墓树立或安放太大的石头,石头只需足以记录对死者的赞颂词,铭刻不超过四句崇高的诗句——恩尼乌斯称之为"长诗"的诗。① 因此,我们在坟墓问题上也有这位杰出人物的权威性看法。他还根据一个人的财产将葬礼的费用定在一至五迈纳②之间。在此之后是一段关于灵魂不朽的著名论述:安息期待着死后的善者,而贮备的惩罚却正等待着恶人。

我想,这就完成了我对全部宗教问题的思考。

昆:这很完整,我亲爱的兄弟,而且什么也不缺少。现在,继续谈剩下的问题吧。

马:我会继续谈的,真的,而且既然你一直愉快地敦促我继续这一讨论,我会在今天的对话中结束它,我希望如此,特别是在这样的一天。事实上,我记得柏拉图也是这样做的,他在一个夏日里完成了他对法律的全部讨论。③ 因此,我也要这样做,并将在下面谈谈官吏问题。因为,在一个共和国的形成中,仅次于宗教的确立,官吏肯定是最重要的。

阿:那么,就继续谈吧,实施你已开始的计划。

---

① 参见 Isidore, *Orig.* Ⅰ,38,6: hexametros Latinos primum fecisse Ennius traditur eosque longos vocat。

② Plato, *Laws* Ⅻ,959D。一迈纳大约相当于3镑10先令。

③ Plato, *Laws* Ⅲ,683C。

# 第 三 卷

一、马：如同前面我所做的,我将再次以那神圣的人物为榜样,也许,我对他的赞美比我应当对他的赞美更为频繁,这正是我感到的对他的钦佩。

阿：你当然是在说柏拉图了。

马：不会是其他人的,阿提库斯。

阿：肯定地说,对于他,你永远不存在赞誉过高或过于频繁的问题;因为即使我的一些朋友①,他们拒绝对自己朋友之外的任何人赞美,可他们还是允许我对他尽情热爱。

马：他们在这一点上确实很正确。因为还有什么更适合像你这样一个人的高尚趣味呢?你无论在生活上还是在语言上都已取得了——在我看来——最难得的高贵与精致的结合。

阿：我实在是非常高兴打断你的话,因为你给了我如此好的一个评价。但请你像你开始时那样继续讲下去。

马：那么,首先让我们用对其特点恰如其分的赞美性语言谈谈法律自身。

阿：当然可以,就像你在宗教法律中所做的那样。

---

① 伊壁鸠鲁学派。

马：那么，你们知道，官吏的职能是治理，并发布正义、有益且符合法律的指令。由于法律治理着官吏，因此官吏治理着人民，而且可以确切地说，官吏是会说话的法律，而法律是沉默的官吏。

3　此外，没有什么比治理更与正义的诸原则和大自然的诸要求（当我这样表述时，我希望人们理解我是在说自然法）如此完全一致；如果没有治理，一个家庭、一个城市、一个民族、整个人类、有形的自然界以及宇宙自身都不可能存在。因为宇宙服从神；海洋和大地服从宇宙，而人类生活服从至高无上的自然法的法令。

4　二、但是，还是回到更接近我们并更为我们所了解的问题上来：一切古代民族都一度为君主统治。这种权威最初是委托给那些在正义和智慧上杰出的人们的，我们自己国家君主存在的时期就明显是这种情况。后来，王位传给君主的后代，在当今的诸王国中仍是这个习惯。现在那些不赞成君主制的人所期望的，并非不服从任何人，而是不总是服从同一个人。但是，既然我们是在为各自由民族提供一个法律体系，并且也曾经在我们早先的六卷著作①中提出过我们所理解的理想国家，我们现在就要提出适合在那些著作中描述过的、我们认为最佳的那种国家的法律。因此，我们必须有官吏，因为没有他们的深谋远虑和细

5　心照看，一个国家就不能存在。事实上，一个共和国的全部特点都是由其对官吏的安排所决定的。我们不仅必须告诉官吏他们的管理权限；我们还必须告知公民在什么程度上他们有义务服从官吏。因为实行有效统治的人昔日必定曾服从过他人，而尽

---

① 即《国家篇》。

责服从的人看来在以后的什么时候也适合担任统治者。因此一个服从者应当期望在未来成为统治者,而那实行统治的人也应当记住不久他还必须服从。我们还必须像卡隆德斯①在他的法律中所做的那样,不仅规定公民应对官吏服从和尽责,而且要规定他们热爱和尊敬官吏。事实上,我所敬爱的柏拉图②就曾认为,那些反抗他们的官吏的人,其行为就像提坦反对众神那样,应当归为提坦的同伙。

在确立了这些事实之后,我们现在应着手陈述法律自身,如果这项计划得到你们赞同的话。

阿:我不仅非常同意这一点,而且同意你处理的全部次序。

三、马:③指令应是正义的,④公民们应尽责地并毫无怨言地服 6
从它们。对于不服从的或有罪过的公民,官吏应使用强制手段,处以罚金、监禁或鞭挞,除非是同等的或更高的权力机关,或者是人民,禁止采用这种强制手段;该公民应有权向它们申诉。官吏宣布决定后,无论是死刑或罚金,⑤都应当在人民面前举行审判,最终决定罚金或其他惩罚。对于战地统帅发布的命令不得上诉;官吏在战争期间的指令应为有效且具有约束力的。

应当有较次要的官吏,执掌部分权力,他们将被分配承担专门职能。在军队中,他们统帅其部属,并且是其部属的保民官;在

---

① 见 Stobaeus, *Florilegium* 44,40。
② *Laws* Ⅲ,701C.
③ 西塞罗对这些"法律"的第一卷的评论遗失了;见第 9、17、18 节。
④ 即符合法律;参看第 2—3 节。
⑤ 关于 *iudicassit inrogassitve* 的英文翻译,请看 Strachan 和 Davidson,*Problems of the Roman Criminal Law*,Oxford,1912 年,第 173—178 页。

城市里他们是公款的管理人;①他们负责禁闭罪犯;他们实施极刑;②他们铸造铜钱、银钱和金钱;③他们决断诉讼;④他们办理元老院所决定的任何事情。

7　应当有市政官,他是城市、市场以及习惯性娱乐的管理者。这一行政职务应成为他们进入更高职务的第一步。

监察官制定公民名册,记录公民的年龄、家族以及奴隶和其他财产。他们负责城内的神殿、街道和沟渠,负责公共财政和税收。他们将公民划分为部落,并根据财产、年龄和地位做出其他划分。他们为骑兵和步兵招募新兵;他们禁止独身;他们规范人民的道德;他们不允许任何有不诚实行为的人留在元老院。他们的数量为两人,任职五年。其他官吏任职一年。监察官职位永远不得空缺。

8　司法管理者被称为大法官,他决定或指示民事案件的判决;他是市民法的监护人。享有同等权力的大法官的数量由元老院的法令或人民的指令确定。

应有两位拥有王权的官吏。因为他们实施领导、作出判决并进行协商,根据这些职能,他们被称为总督、法官和执政。⑤在战

---

① 即高级财政官。
② 即掌司法的执政。
③ 即掌国库铸币的执政。
④ 即掌诉讼侦讯的执政。
⑤ 看来,在罗马共和国早期,执政官曾被称为 *praetor*(*prae-itor*)和 *iudex*,这明显是分别指他的军事权和民政权。据传说,这两个名称比执政官(*consul*)更为古老,执政一词是古人从 *consulere* 引申出来的;默姆森认为是由 *cum* 和 *salire* 构成的,意思相当于同僚(*collega*)。

场上,他们掌握最高军事权力;他们不隶属任何人;民族安全是他们的最高法律。

不得有人再次担任同一职务,除了间隔十年之后。他们应遵守由界定年龄的法律所确定的年龄限制。①

但是,当重大战争或内战发生时,如果元老院作出决定,一个人将在不超过六个月的时间内掌握通常属于两位执政的权力。在根据吉兆任命之后,他就将是该民族的主官。② 他应有一位统帅骑兵的助理,③其官阶应等于司法管理者的官阶。④

但是,当既无执政官也无人民主官时,不应有其他官吏,并且权力应当由元老院执掌,元老院应任命它的一位成员⑤按照习惯的方式主持执政官的选举。

当元老院如此颁令或人民如此指令时,拥有或不拥有绝对权力(*imperium*)⑥的官吏,以及诸使节应离开这个城市;他们应公正地进行正当的战争;他们应拯救同盟者;他们应约束自己和自己的下属;他们应增加这个民族的声誉;他们应光荣地返回家园。⑦

不得有人为照顾其个人事务而被任命为使节。

---

① *Leges annales* 确定了可以就任各种公职的最小年龄。
② 即独裁官。
③ 即骑兵官。
④ 即大法官。
⑤ 即摄政官。
⑥ *Imperium* 是该国的全部权力,起初由国王拥有,并由共和国高级官吏行使。*Potestas* 是一个概括的词,用于指官吏的普通权力,在此用来指不拥有全权的官员,诸如大法官。*Legati* 是大使,也是担任军队统帅或地方总督的拥有全权之官员的助理。
⑦ 从这里开始,西塞罗对其法律的评论得以保存下来了,见第18节以下。

由平民选举的、保护平民不遭受暴力的十位官吏是平民的保民官。他们的禁令和在他们主持下由平民通过的决定具有约束力。他们的人身不可侵犯。他们不得使平民得不到保民官的保护。

10　　所有官吏拥有进行占卜的权利,以及司法的权力。元老院由曾担任过官吏的人组成。它的法令有约束力。但如果与元老院主持官员同等的或更高的权力机关否决了元老院的法令,该法令也仍然应当写出来并加以保存。

元老这一等级不应有任何耻辱,应当成为其他公民的榜样。

当这个民族的选举、司法和立法法规以投票完成时,投票对高等级公民不应有所隐瞒,而对普通人应是自由的。

四、除常规官吏进行管理外,如果还需要任何额外的管理,应由人民选举官员来完成这些活动,并赋予他们进行这类管理的权威。

执政官、大法官、人民主官、骑兵主官,以及由元老院任命的进行执政选举的官员有权主持人民集会和元老院。由平民挑选的保民官有主持元老院的权利,并裁判为平民所必要的任何事务。

在人民集会和元老院中应保持节制。

11　　元老不出席元老院会议应有原因或应受谴责。元老轮流作长度适中的发言。元老应熟悉公共事务。

在人民集会上不得使用暴力。同等的或更高的权威有更大权力。① 但主持的官吏应对任何可能发生的骚乱负责。对否决坏议案者应视为服务出色的公民。

---

　　① 即那具有与主持集会的官员同等或更高法律权威的官员应有权否决公共集会上采取的立法。

主持的官吏应观察各种预兆并服从国家占卜官。他们负责将法案在阅读之后归档于国库档案馆。他们每次只应将一个问题交由人民表决。他们应把有待解决的问题告知人民，并允许其他官吏和公民私人告知人民。

不得提出个人例外的法律。其刑罚是死刑或剥夺公民权的案件只能在最大集会上由监察官从公民之中吸收的人来进行审判。

无论在候选期间、任期内或卸任后，任何官吏都不得给予或接受礼物。

对任何违反这些法律的罪行的惩罚都应与该罪行相当。

监察官负责法律的正式文本。官吏离职时，他们应将其公职行为交给监察官裁断，但不得因此获得起诉豁免。

**该法律已经宣读完毕：":解散，我将命令散发选票。"①**

五、昆：我亲爱的兄弟，以多么简洁的形式，你就将你关于官吏的一整套规定放在了我们面前！但是，它们实际上与我们自己国家的法律相同，尽管你提出了一些创新。

马：你很正确，昆图斯。因为我们国家是一个均衡类型的国家，在我所提到的论文中，西庇阿就曾赞美它并给予了最高的赞同，如果没有这些关于官吏的规定，就不可能构成这样一个国家。因为，你们必须懂得，一个政府是由其官吏以及那些指导政府事务的人组成的，并且国家的不同类型是通过它们国家的官吏构成来辨认的。由于我们自己的祖先设计了最明智、最公平的均衡体制，我也就没有什么创新的了，或最多也只有少量我认为应引入

---

① 这是对主持公共集会的官员的正式宣言的引用。

我们制度的创新。

13　阿:现在你是否可以谈谈你的理由:为什么认为这些有关官吏的规定是最好的?——就像在我的提议和请求下,你论及宗教法律时所做的那样。

马:我将按你的要求去做,阿提库斯,依据那最博学的希腊作家的研究和讨论来处理这整个主题。我还将像我以前那样涉猎一下我们的法律。

阿:这正是我盼望的讨论问题的方法。

马:但是,在我先前的著作中,我已对这一主题的一般性问题涉及很多,因为那为探讨理想国家的本质所必须;但在这个官吏问题上,有一些要点曾首先为泰奥弗拉斯托斯,其后又为斯多葛派的第欧根尼①更精确地研究过。

14　六、阿:你真的打算说,甚至斯多葛派也讨论过这些问题吗?

马:他们中没有任何人讨论过,只是我刚才提到的那位哲学家除外,而且在他之后,还有出色的和非常博学的帕奈提奥斯。②因为,尽管那些老一代的斯多葛派学者也讨论了国家,也有敏锐的洞见,但他们的讨论是纯理论的,并且,他们不想象我一样对各民族和公民们有用。由柏拉图领导的另一个学派③提供了我们目前的大部分材料。在他之后,亚里士多德和柏拉图的另一位学生——本都的海腊克利德斯④通过讨论阐明了关于国家构成的整

---

① 我们有泰奥弗拉斯托斯(Περὶ Νόμων)和第欧根尼(Νόμοι)的法律论文集的记录。
② 见《国家篇》Ⅰ,34,以及《国家篇》导言,第5页(中译本第6页)。
③ 在此学院派和逍遥学派被归为一类。
④ 现存有他的一部(或多部)著作 Περὶ Πολιτειων 的残篇。

个主题。并且,如同你们所知道的那样,亚里士多德的门生泰奥弗拉斯托斯就专长于这类问题。狄凯阿科斯,①亚里士多德的另一个门生,也没有忽略这一思考和研究的园地。后来泰奥弗拉斯托斯的一个追随者,我先前曾提到的法莱雷奥斯的德米特里,②他十分成功地将知识带出树荫下的凉亭和学者的隐居处,他不仅将知识带进阳光和灰尘之中,而且甚至带进这场争论的最前线和中心。我们可以提出许多只有中等知识的伟大现实政治家的名字,提出许多非常博学但在实际政治上经验不多的人的名字;但是除此人之外,还能马上发现谁在这两个职业上都是如此杰出,以至于无论在追求知识上还是在实际治理一个国家上都位于最前列呢?

阿:我认为,这样的人可以找到;事实上,我想他会是我们三人中的一个! 但是,请你继续你刚才说的话。

七、马:随后,这些哲学家考虑了对国家来说是否最好只有一个行政长官,其他的每一个人都服从他。我理解,在赶走国王之后,这曾被我们的祖先认为是最好的方案。但既然先前得到赞同的君主制后来又被否决了,尽管主要并非是王位的而是国王的过错,那么如果由一个行政长官来统治所有其他人,这就似乎是所废除的仅仅是国王这个名字,而这个制度仍然存存。因此,泰奥彭波斯建立与斯巴达国王相对立的五人行政长官制,在我们之中

---

① 他的关于斯巴达的混合政制的著作($Τριπολιτικός$)失传了。关于狄凯阿科斯和泰奥弗拉斯托斯的争论,见 Cicero, Ep. ad Att. Ⅱ, 16, 3。

② 在第欧根尼·莱厄提乌斯的著作(Ⅴ, 5, 80)中,可以见到德米特里全部政治著作的清单,其中包括一本法律论文集($Περὶ Νόμων$)。

16　建立与执政官相对立的保民官,这并非没有好的理由。因为执政官拥有让除保民官外的所有其他官员服从的法定权力,而保民官是在执政官之后建立的,为的是防止先前发生过的事再度发生。因为存在一个不隶属于执政官命令的官员是削弱执政官权力的第一步,而第二步则是,这同一官吏还支持其他人——公民个人和官吏——不服从执政官。

17　昆:你刚才提到的情况实在是很大的不幸。因为,正是设置了这个官职才造成了贵族政治影响力的衰落和大众权力的增长。

马:你错了,昆图斯。执政官的权力,当它独自突出时,这在人民看来是太傲慢也太暴虐了,这难道不是不可避免的吗?但一种适度并明智的权力限制从那时起就产生了①……

……如果一个人不能区分有用和无用,他将怎么能够保护同盟者呢?……

……运用[该法律于其他情况];该法律裁决所有的情况。

18　八、他们将光荣地返回家园。因为善良正直的官员从敌人或同盟者那里除了光荣外不应将任何其他东西带回家园。

此外,这立刻就很明显,没有什么比为公共事务以外的目的而任命某使节更丢脸的了。我对那些作为使节外出接收遗产或强制执行合同的人——无论是现在或是昔日——的行为不想说什么,因为那也许是由于人的本质上有弱点。但我只问一点:有什么能比这样一个事实更为耻辱呢?——一个任职使节的元老

---

①　我们的文本在此有一很大的空白,在空白的最后我们发现西塞罗对他的法律的评论还只是在进行中。下面的残篇,以及手稿中继续评论的言词,看来似乎是他对 *sociis parcunto* 和 *populi sui gloriam augento* 的评论(第 9 节)的一部分。

没有官方义务、没有指示、也没有任何公务可照看。事实上,如果不是因为一位不负责任的保民官说情的话,当年我任执政时,我本来是可以经元老院全体会议的同意而废除这种使馆的——尽管有这样一个事实,即习惯给予了元老院有价值的特权;但是,我确实限制了这种任命的任期为一年,而以前一直没有限期。因此,这种耻辱仍然存在,只是时间范围有了限制。

但现在,如果你们乐意,就请让我们离开行省回城去吧。

阿:我们都非常高兴这样做,但那些仍在行省的人却根本不会高兴!

马:但是,提图斯,如果他们将服从这些法律的话,那么,对于他们来说,就没有什么比这城市和他们自己的家园更可爱的了,也没有什么比行省看来是更劳累和更使人厌倦的了。

但下面的法律——确立了如同在我们国家存在的那种平民的保民官权力的法律——不需要讨论。

昆:但是,我亲爱的兄弟,我确实想问问你对这种权力的看法。因为在我看来,这是一个有害的东西,它产生于国内的冲突,并趋于引发国内的冲突。如果我们抓住这个问题,回忆其源头,我们就会看到它是在这座城市的一部分被武力占领和包围后,在我们的公民中有党派纠纷的过程中孕育的。随之,它很快被废除了,[1]如同十二铜表法规定的应杀死严重畸形的婴儿那样,[2]在这之后,这一制度却又由于某种原因很快复活了,而这次再生比起

---

[1] 在十人团时期(见《国家篇》Ⅱ,61—63),那时既没有执政官也没有保民官。

[2] 只能遗弃畸形男孩,传统上把这一限制归于罗慕洛斯(Dionys. Halic. Ⅱ,15;Seneca, *Dial*. Ⅲ,15,2)。

此前来更为骇人和可怕。

　　九、什么样的罪行它没有犯下！它的第一个法令——显示了其骇人本质的法令——就是剥夺元老们的一切特权,它到处让最低等的人与最高等的人平等,并造成完全的混乱和无序。但是,即使在摧毁了贵族权力之后,它也从来没有安静下来。因此,除了盖尤斯·弗拉米尼乌斯①和其他一些人的情况（那些是很早以前发生的,所以似乎有些过时了）以外,保民官提比略·格拉古给最佳公民们留下了什么权利呢？然而,甚至在格拉古之前五年,保民官盖尤斯·居涅提乌斯,②这个人类中最卑劣可耻的人,就干下了一件破天荒的事,他将德西穆斯·布鲁图斯执政官和普布利乌斯·西庇阿执政官关进了监狱,而他们都是伟人啊！更有甚者,难道不是盖尤斯·格拉古的下台并把匕首扔进论坛,公民可以用刀子互相厮杀③（这是格拉古对自己的所作所为的描述）,因此引出了——通过这个保民官的职位——这个国家的完全的革命吗？难道还用我继续提出萨图宁、苏尔皮西乌斯以及所有其他保民官吗？不利用刀剑这个共和国就无法保卫她自己不受这些人的伤害。但是,为什么我要引证古代的那些影响他人的例子,而不引证我们亲身经历的新近的例子呢？那些曾如此肆无忌惮或如此针对个人地敌视我们以至于阴谋削弱我们地位的人,谁不是磨快了一些保民官的匕首对准了我们？当邪恶者和堕落者在任何家庭、甚至任何家族中也找不到这样的工具时,在那些共和

---

① 见 Cicero, *Brutus*, 57；*De Senec*. 11。
② 于公元前183年。
③ 这里似乎是在说,是格拉古的革命性提议引起了激烈的党派之争。

国的黑暗日子里,他们实际上认为有必要把这些家族都投入混乱之中。① 而对我们来说,这是一个令人骄傲的区别,它将带给我们不朽的名声,这就是,没有一位保民官可以为任何奖赏所诱惑来反对我们,除了那位永远无权成为保民官的人之外。但是,他又造成了多么大的毁灭,这样的毁灭肯定也只有为一个疯狂暴徒煽动起来的可恶的毫无理性和充满绝望的野兽才可能造成!因此,我真心同意在这一问题上苏拉的法律,它剥夺了保民官们作恶的权力,而只留给他们发放救济的权力;至于我们的朋友庞培,尽管在所有其他问题上我总是给予他慷慨的、事实上也是最高的评价,但对他对待保民官权力的态度,我无话可说,因为我不想批评他,而且我也无法赞扬他。②

十、马:你对保民官职位的毛病看的非常清楚,昆图斯,但在批评任何制度时,对其长处完全不提,只列数其短处,挑剔其缺点,这是不公正的。如果你使用这样的方法,收集某些我不愿提其名的执政官的恶劣行径,那么,甚至对执政官职位也可以强烈谴责。事实上,我承认保民官的权力本身中就有恶的因素;但当这一官职建立起来时,我们不可能只得到我们所期望的善而没有你所提到的恶。"保民官的权力太大了,"你说。谁能否认这一点呢?但人民自身的权力更为残酷,也更为凶暴;与没有领导控制

---

① 这里说的是克洛狄乌斯,一个贵族,他诱使一个平民收养他,这样他就可能变得有资格担任保民官,以便攻击西塞罗。

② 苏拉的法律,公元前81年通过,这些法禁止保民官在平民大会上提出法律,并排除他们在外,使其不能晋升国家的一些更高职务。公元前75年开始撤销这些法律,并开始恢复保民官的全部权力,一直到公元前70年庞培任执政官时才完成。

它相比,这种权力有时因为有领导控制而在实践上会更为温和
些。因为,一个领导人会意识到这一点,他是在冒险行动,而人民
的冲动完全意识不到任何风险。"但是,"你会反对说,"保民官有
时会煽动人民。"是的,但他们也经常使人民安静下来。因为,什
么样的保民官团会如此疯狂,以至他们十个人当中没有一个人还
保持着一点清醒? 提比略·格拉古不仅不理睬另外一个保民官
的否决,甚至剥夺了他的权力,①正是这个事实造成了格拉古的倒
台,这是为什么? 难道推翻他的不正是他自己的行为——当他的
同僚行使否决权反对他时,他将同僚赶下了台——而是其他什么
人的行为吗?

但请想一想我们祖先在处理这个问题上的智慧。当元老院
授予平民这一权力时,②冲突停止了,起义结束了,妥协办法找到
了,从而使那些下层人相信他们被给予了与贵族的平等;而这样
的妥协是这个国家的唯一解救办法。"但我们有过两个格拉古,"
你会说。是的,此外,你还可以提出更多的人;因为当选出一个十
人团后,你就会发现任何时期都有些保民官的行为有害,并且也
许发现更多的保民官不负责任并对善缺乏影响力;而与此同时,
元老院的命令不会受到妒忌,并且普通人也不会为争取他们的权
利而作殊死的斗争。因此,很明显,要么君主制从来就不应当废
除,要么就是要给予普通人民真正的自由,而不是虚假的自由;但

---

① 马库斯·屋大维,提比略的同事和政敌,公元前 133 年提比略策动人民非法剥夺了他的保民官职务。

② 传说保民官建立于公元前 494 年,在平民第一次退到圣山之后(Livy Ⅱ,33;《国家篇》Ⅱ,58)。

现在是以这样一种方式给予这个自由的,以至于人民受到许多出色规定的引诱而服从贵族的权力。

十一、但是,我亲爱的杰出的兄弟,谈到我自己的情况——它不得不与保民官的权力相联系——它使我没有任何理由抱怨反对保民官职位自身。因为并非普通群众受人怂恿妒忌我的位置;恰恰相反,是监狱的门被人打开,奴隶被征募来反对我,并使用军事力量相威胁。当时我不得不与之斗争的并非那个恶棍,①而是这个国家生活中一次最严重的危机;如果我不讦就这场危机,我的国家就不可能得到我更长时间的服务。而结果证明我是对的;因为在那里有谁——不仅仅在自由的公民中,而且在那些应获得自由的奴隶中——不为我的安全而努力?但是,如果我为共和国的安全履行服务的结果不曾获得一致同意;如果一群疯狂暴民已受挑动而憎恨我并导致了我的被放逐;如果保民官的权力曾挑动人民来反对我,就像当年格拉古挑动人民反对莱奈斯那样,②像萨图宁反对梅特卢斯那样,③我亲爱的兄弟,即使那样,我也仍然会熬过来的,我也会得到那些雅典哲学家们的慰问,他们的工作就是提供这类安慰;但更多的是会得到雅典的那些杰出公民的安慰,这些人在他们被放逐时宁可放弃那不知感恩的城市也不允许

---

① 克洛狄乌斯。
② 盖尤斯·格拉古任保民官时于公元前123年放逐了普布利乌斯·波皮里乌斯·莱奈斯。
③ 努米底亚的昆图斯·卡西利乌斯·梅特卢斯曾拒绝元老们的要求,不愿宣誓遵守卢修斯·萨图宁的土地法,因此而自我流放(公元前100年)。

它继续其不公的行为。①

你说你不能在此问题上完全同意庞培；但在我看来，你并没有对这一点给予足够的考虑，即他必须决定的，不仅是什么为理想中之最佳，而且是什么为实践之必须。因为他意识到这个公职是我们共和国不可缺少的；因为当我们的人民对它还没有任何经验时已是如此急于寻求它，而现在他们已经了解了它，又怎么可能放弃呢？对一个明智的公民来说，在处理一种其本身并非邪恶、因人民珍视而无法反对的制度时，其义务是不要交由一位民众领袖来保护该制度，那样将必然产生恶劣后果。

你们知道，我亲爱的兄弟，在这样的对话中，为了转换一个新的主题，习惯是说"很对，"或"确实如此。"

昆：事实上，我并不同意你，但总体来说，我还是希望你开始下一个题目。

马：这么说，你还很固执，坚持你先前的意见？

阿：实话对你说，我也不是不赞同昆图斯；但还是让我们来听听其他的话吧。

十二、马：在下一个法律中，进行占卜的权利和司法的权力被授予一切官吏。授予司法权力是为了确立人民对上诉案件有审判的权利；授予占卜权力则为了以一些貌似有理的搁置借口而使许多无益的公民大会得以休会；因为不朽的众神经常以征兆来拒绝人民意愿的不公正的主张。

---

① 西塞罗显然是指诸如阿里斯提德斯、地米斯托克利和西门等领袖的被放逐（参看《国家篇》Ⅰ,5）。

元老院完全由前官吏组成,这一法律规定肯定是一种受欢迎的措施,因为它保证了,除通过公众选举外,任何人不能进入那高贵等级,从而剥夺了监察官们自由选择的权利。但我们已为这一短处作了弥补,因为元老院的权力是由我们的下一条款合法确立的,这条款就是:它的法令具有约束力。因为事实是如此,如果承认元老院是公共政策的领导者,并且所有其他等级都维护元老院的法令,并愿意允许最高等级以其智慧来进行治理,那么这一妥协——最高权力给予人民而实际权力给予元老院——就使我描述过的保持那种平衡和谐的制度成为可能,特别是如果我们的下一条法律得到服从的话。这法律如下:那个等级不应有任何耻辱,应成为其他公民的榜样。

昆:这确实是一个卓越的法律,兄弟,但那个等级不应有任何耻辱这一规定过于概括,需要一个监察官来解释。

阿:尽管这一等级完全忠诚于你并对你执政期间保持着最为感激的记忆,那么,如果你允许,我会说对元老院的错误行为进行惩罚的工作会使所有的法官以及监察官劳累不堪!

十三、马:我们不需要进入这个问题的讨论,阿提库斯。因为我们不是在讨论目前的元老院或我们时代的人,而是在讨论未来的元老院或人;这也就是说,如果他们中有谁愿意服从我的这些法律的话。因为当我们的法律要求元老没有任何耻辱时,甚至任何一个干过耻辱事的人都不会进入那一等级。当然,这是难以实现的,除非通过教育和训练;在这一点上,我也许可以说些什么,如果我在后面有地方安排它并有时间的话。

阿:要为它找到地方,你肯定不会有困难,因为你正在以常规的次序讨论着这一整套法律;至于时间,这漫长的白天给了我们充分的时间。① 但如果你真的要省略讨论教育和训练的话,我就会坚持要你回到这个问题上去。

马:是的,阿提库斯,请提醒我这一点,或提醒我也许省略了的任何其他问题。

它应当是其他公民的榜样。如果我们保证了这点,我们就已经保证了每一件事。因为,如同整个国家总是为显要人物的邪恶欲望和恶行所破坏那样,对他们这部分实行自我限制,国家就改进了并改造了。有人曾批评我们共同的朋友、杰出的卢修斯·卢库卢斯在图斯库卢姆的别墅太奢华,他的答复非常巧妙。他说他有两个邻居,一个罗马骑士住在他上面,一个自由人住在他下面;由于这些人的别墅也都非常奢华,他认为自己作为较低等级的一个成员应有同样的特权。但是,卢库卢斯,难道你不认为甚至连他们对奢华的欲求也是你自己的过错:如果你不曾沉溺于奢华,也就不可能会允许他们这样做。因为谁能眼睁睁地看着这些人的别墅摆满了塑像和绘画(这些一部分是公共财产,一部分是属于众神的圣物)呢? 如果这些本来有义务消灭那过分欲望的人不存在这类欲望的罪过,那么谁还会不消除他们自己的过分欲望呢?

十四、因为,对有高位的人来说,他们做恶还不是最大害处,尽管其本身已很糟糕,更有害的是他们有很多模仿者。因此,如果你回头想想我们早期的历史,你就会发现我们的最杰出人物的

---

① 参看第二卷,第 69 节。

品质都得以在全国再生产;无论这些显要人物的生活发生什么变化都会在全体人民中再次发生。在可靠性上,我们对这种理论可以比对我们敬爱的柏拉图的理论有更大的确信。因为柏拉图认为,改变一个民族的音乐特点会改变一个民族的特点。① 但我认为,当一个民族的贵族的生活方式和习惯改变时,该民族的特点之转变才会发生。有鉴于此,上层人干坏事对国家特别危险,因为他们不仅自己沉溺于邪恶勾当,而且以他们的病毒传染了整个共和国;不仅因为他们腐败了,而且因为他们还腐蚀其他人,并以他们的坏榜样而不是他们的罪孽造成更大危害。但这个适用于整个元老阶层的法律的适用对象甚至可以更窄。因为只有少数人(事实上,非常少),由于他们的高级公职和巨大名声才有这种腐蚀或者改变民族道德风气的能量。

但我对这个问题已经说得够多的了,我在先前的著作中②甚至讨论得更为完整;因此让我们继续讨论下面的问题吧。

十五、下一条法律讨论投票的问题,根据我的法令,投票对高等级公民不应有所隐瞒,而对普通人应是自由的。

阿:我对此确实非常细心关注,但我不能清楚地理解你所表述的这一法律或其术语的含义。

马:我会解释的,提图斯。这个问题是一个困难的问题,已经有不少人探讨过了。问题是,在选举官吏、判决刑事案件和对提出的法案表决时,记名或不记名投票哪种更好?

---

① 参看第二卷,第39节。
② 这里提到的《国家篇》中的这段文字现已遗失。

昆:对此还能有什么问题吗?恐怕我会再次不同意你的。

马:我肯定你不会的,昆图斯。因为我知道,我的意见就是你一直主张的,即,没有什么投票方法会比公开唱票更好的了。但我们必须考虑这种办法是否可行。

34　　昆:但是,我亲爱的兄弟,请允许我大胆地说,这种观点比其他任何观点都更常使缺乏经验的人迷路,并非常频繁地妨碍公务;我说的就是这种确信:有些措施既明智又好但不可行;这也就是说,不能反对人民。因为,首先,如果事务是由主管者专制性实施的,那么就可以反对人民;其次,在维护一个善的事业时,即使是权力太大也比向恶的事业投降要好。但是每一个人都知道,秘密投票的规定剥夺了贵族的一切影响力。这样的法律从来没有为享受自由的人民所期望,而只为在国家强人的暴政下的人民所要求。(正是这个原因,当口头表决时,我们记录到的对强权人物的谴责比使用投票表决时的谴责更为严厉。)因此,即使是在一些坏议案中,也应当找到一些方法,使人民不急于给予强权人物以不当的投票支持,但不应为人民提供隐蔽所,使他们在那里能以无记名投票来掩盖他们的有害表决,并使贵族无法了解人民的真正看法。由于这些原因,从来没有任何品格高尚的人提出或支持过你的这种措施。

35　　十六、现在确实存在四项这样的无记名投票法。第一项有关官吏选举;这就是加比尼乌斯法,①是一个不知名的下等人提出

---

① 奥卢斯·加比尼乌斯,公元前139年任保民官,提出该法。参看新发现的李维节录(Book LIV, *Papyri Oxyr.* Ⅳ, 101, 193行以下):A: Gabinius verna [e nepos rogationem tulit] suffragium per ta[bellam ferri]。

的。两年之后,又有卡修斯法,①是有关公开审判的;这是由卢修斯·卡修斯提出的,他是一个高贵的人,但是他——我这样说并不是对他的家庭有偏见——不与贵族站在一起,并且由于偏爱受大众欢迎的议案,他总是寻求下层民众那无常的掌声。第三项是卡波的法,②在采纳或拒绝所提法案时适用;卡波是一个闹派性并爱捣鬼的公民,即使他对贵族派重新表示忠诚,他也不能从贵族那儿获得人身安全。此后,口头表决的方式除了对叛国罪的审判外似乎就不存在了,卡修斯甚至将后者也排除在他的无记名投票法之外。但是盖尤斯·塞利乌斯③甚至规定这样的审判也用无记名投票;然而,他在生命结束时后悔自己为了摧毁盖尤斯·波皮里乌斯而对这个共和国造成了这一损害。事实上,我们的祖父,在他的全部生命中,都竭尽全力反对这个城市④通过无记名投票法,尽管他的妻子(即我们的祖母)是马库斯·格拉提第古斯的姊妹,而马库斯又是提出这法律的人。格拉提第古斯掀起了一个常言所说的酒勺中的风波,就像他的儿子马略⑤后来在爱琴海所作的那样。确实⑥……对我们的[祖父]米说……当这一事情报告他

---

① 卢修斯·卡修斯·隆吉努斯·拉维拉,公元前137年任保民官,提出该法(参看 Cicero, *Brutus*, 97, 106)。
② 帕皮里乌斯法(*Lex Papiria*),是盖尤斯·帕皮里乌斯·卡波——公元前131年任保民官——提出的法律。
③ 塞利乌斯法(*Lex Coelia*),盖尤斯·塞利乌斯·卡尔都斯——公元前107年任保民官——提出的法律。
④ 阿尔皮诺(Arpinum)。
⑤ 这位马略·格拉提第古斯是为马略兄弟之一收养的;这里提到的事件可能是公元前86年马略任执政官时因铸币而引起的骚动。
⑥ 在此遗失了一些内容,可能只有几个词。

时,执政官马库斯·斯考鲁斯对他说:"马库斯·西塞罗,我希望你已作出选择,以你在处理一个小城事务时所表现出来的那种气魄和精力,将你的努力献给这个伟大共和国的福利。"

37 因此,既然我们现在不是在简单复述罗马的现行法律,而是在恢复那些失去的旧法,或者提出新法,我认为你应当提出的,不是可以从目前这样的罗马人民那里得到的东西,而是实际上最好的东西。你所敬爱的西庇阿因为卡修斯法而受过,因为据说由于他的支持才使那法律的颁布成为可能,并且如果你提出一个无记名投票法,你就必须独自对它负责。因为它不可能得到我的同意,而且从阿提库斯的表情判断,他也不会同意。

十七、阿:肯定地说,凡是受大众欢迎的议案从来都没有使我愉快过,我认为最好的政体是马库斯任执政官时期在此实行的政体,即将权力给予贵族。

38 马:好,我看到你们不用无记名投票就否决了我的法律!但请让我解释——尽管在我先前的著作中,西庇阿已经为这些观点做了足够的辩护——我是以这种方式给予人民自由的:它保证了贵族阶层将具有重大影响并有机会运用这种影响。因为有关投票,我的法律的文字是这样的:它们对高等级公民不应有所隐瞒,而对普通人应是自由的。这一法律意味着废除一切近年以各种可能的方式保证秘密投票的法律,这些法律规定在人民投票时不得有人察看选票,不得有人询问和勾引投票人。马略法甚至将投

39 票的通道规定得更窄。① 如果制定这类规定是为了干涉买卖选

---

① 公民们经过"桥"或"通道"来投放他们的选票,将通道变窄显然是为了将旁观者隔开。

票,如同通常那样,我并不批评它们;但如果法律从来没有实际防止贿赂,那么还是让人民以他们的无记名选票来维护他们的自由吧,但由于有规定,这些选票要公开并主动向任何我们的最佳和最显要的公民展现,因此人民也可以以光荣赢得贵族同意的特权来享有自由。但,昆图斯,这意味着你们刚才提到的那种结果已经实现了,即受选票谴责的人一定比受口头表决谴责的人数量少,因为人民对拥有这种权力满意;让他们仅仅保持这种权力吧,而在其他问题上让他们受制于影响和喜好。而且这样做,排除了一般性捐款对人民投票的腐蚀性影响,难道你们看不到,如果最终可以排除贿赂,人民在投票前就会征求贵族的意见?因此我们的法律准许了外观上的自由,却保存了贵族的影响力,也排除了各阶级间引起纠纷的原因。

十八、下一条法律规定了有权主持人民大会和元老院的人。[40]这之后是一条重要的和一条在我看来出色的规定:在人民大会和元老院应保持节制。所谓节制,我是指沉着安静的行为,因为主持者所控制和决定的不仅是与会者的精神和愿望,而且几乎是他们的面部表情。但是,尽管[在民众集会上很难保持这种节制],在元老院却并不困难,因为元老不是那种根据他人的权威才有自己意见的人;相反,他希望自己得到尊敬。对元老,我们有三点命令:首先,要出席,因为全体出席使元老院的决定增添尊严;其次,轮流发言,也就是要等到招呼他时;第三,要简洁而不是无休止地讲个不停。因为表述意见的简洁是发言者的重要美德,无论在元老院里还是在其他地方。永远不应进行冗长的发言,除非是,第一,元老院要采取某种有害的行动——这最经常通过某些非法影响而出现——并且没有官吏采取任何措施防止,在这种情况下,耗费上一天就是件善事;①或者,第二,讨论的问题非常重要,为了使元老院赢得一个明智政策或是为之提供信息,冗长就是必须的。顺便说一句,我们的朋友加图运用这两种雄辩都非常熟练。我还增加了这条命令:他应熟悉公共事务。很明显,对一个元老来说,他必须熟悉共和国的情况。这条规则具有广泛的适用性;他必须了解可动员的军队数量,国库情况,谁是我们的同盟者、朋友和属国,以及各适用什么法律、协议和条约。他还必须懂得通过法令的习惯性程序,了解我们祖先传给我们的先例。由此你可以形成一种知识广泛、努力勤奋和记忆超群的观念,而这些对一个准备履行其义务的元老来说是绝对不可缺少的。

我们的下一个问题是人民的集会,我们对此的第一个也是最重要的规定是:不得使用武力。在一个有稳固而确定的政体的国家里使用武力,没有什么比它对治理更具破坏性,也没有什么比它更与正义和法律完全对立,没有什么比它更与文明人不相称。另一个规定命令说应尊重否决权。与遵守这一习惯相比,没有什么是更为有利的了,因为一个好议案没有通过,总要比让一个坏议案通过好些。

十九、关于主持官员的责任,我的规定完全出自那位最聪明的人——克拉苏的意见。当年,盖内乌斯·卡波挑起的动乱引起执政官盖尤斯·克劳迪乌斯②的关注,元老院便在其法令中采用了克拉苏的观点。他们一致认为,当人民集会反对主持官员意志

---

① 即为了防止法令的通过。

② 提到的可能是盖尤斯·克劳迪乌斯·普尔喀(公元前92年任执政官)和盖内乌斯·帕皮里乌斯·卡波(公元前96年任保民官,公元前93年任民政官)。

时,动乱也不会发生,因为只要有一个议案被否决,混乱发生,主持者就有权休会。当公务已不再可能进行时,鼓励这种混乱的人就是在寻求暴力,根据这一法律,他也就失去了这样行为而不受惩罚的豁免权。下一条法律是:否决一个坏议案的人应视为服务出色的公民。为了获得这一法律明确规定的对他的赞扬并得以传播,谁还会不急于来拯救这个共和国呢?

随后的一些规定已经可以在我们国家的习惯和法律中发现:主持官员应观察各种征兆并服从国家占卜官。但一个好的占卜官有义务记住,在重大的紧急关头,他应当出来拯救国家。他必须牢记,他已被任命为至善至大的朱庇特的解说者和助手,同由他指挥观察各种征兆的那些助手完全一样;那些精心标明的天空的若干区域也已分配给他,以便他可以经常观察天空来辅助共和国。

此后的两项规定有关法律的颁布,一是每次就一个问题提出动议,另一是给予公民个人和官吏发言的机会。

随后是两条出色的法律,出自十二铜表法,①一条是禁止个人例外的法律,另一条是除了在最大集会上,禁止在其他地点审判其刑罚为死刑或剥夺公民权的案件。在出现甚或想到令人烦恼的平民保民官之前,我们的祖先为保护后代人就规定了何等令人钦佩的措施!他们要求不应提出任何专门惩罚个别人的法律,因为那就是个人例外的法律。没有什么能比这样的法律更不公正的,因为"法律"这个词本身就意味着一种约束所有人的法令或指

---

① 参看西塞罗:*Pro Sest*. 65;*De Domo*,43;《国家篇》Ⅱ,61。

令。他们还要求影响个人命运的决定只应当在按百人队投票的人民集会(Comitia Centuriata)上做出;因为当人民是根据财产、地位和年龄来划分时,他们的决定比在没有任何划分的部落集会上的决定更为明智。为此原因,卢修斯·科塔,一个有巨大才能和最高智慧的人,在谈到我个人的案件时,他的意见非常正确:根本就没有做出针对我的合法决定。① 他认为,在我的案件中,除了在集会上动用了武装的奴隶这一事实外,部落集会作出的死刑或剥夺公民权的任何判决都不可能合法,而且任何集会通过个人例外的法律也是非法的。据此,他的结论是,我无须任何法律来废除那些针对我的却又从来没有合法通过的东西。但你们和其他重要人物则认为,最好全意大利应宣布它对一个人的看法,为反对这个人,那些奴隶和强盗们声称他们曾颁布过法律。②

二十、下一条法律与收受金钱和贿赂有关。由于我们的规定不可能仅仅体现为法律的形式就变得有效,而是必须通过法院来执行,我增加了:惩罚应和罪行相当,这样每个人的恶行都会受到相应的惩罚:施暴受到死刑或剥夺公民权的惩罚,贪婪受到罚金的惩罚,不择手段地追求公职的荣誉则受到耻辱的惩罚。

我最后的法律在我们之中从未使用过,但对公共利益是必需的。我们没有法律卫士,因此法律便成为我们的书记员所希望的任何事物;我们从国家抄写员那儿取得法律,却没有官方记录。

---

① 这里指的是放逐西塞罗的法令(公元前58年春天);参看 Velleius Paterc. II,45;Cicero, *De Domo*,47。

② 这里指的是撤销放逐西塞罗的法律(公元前57年8月4日);参看 Cicero, *Ep. ad Att.* IV,1,4。

希腊人对此则较为细心,他们选举了"法律卫士",法律卫士不仅一直照看法律文本,如同罗马以前做的那样,而且监视人们的行为并提醒他们服从法律。① 根据我的法律,这个责任将分派给监察官,因为我颁令监察官职应从不空缺。官吏,在结束他们的任职后,要对同一些监察官报告并解释他们的职务行为,监察官将对他们作出初步判断。在希腊,这件事务是由公开任命的监察官监督,但事实上,你不可能期望指控人非常严厉,除非他们志愿提出指控。有鉴于此,在监察官面前解释和辩护公职行为似乎更好,但对在普通法庭前仍然要对法律和指控负责的官员除外。②

现在我们对官吏的讨论结束了,除非你们还有其他与之相关的问题提出。

阿:但即使我们不提,难道这个议题本身没让你想起还有待讨论的问题吗?

马:还有待讨论的问题?我想你是说法院,庞波尼乌斯;这个问题是与官吏的问题相联的。

阿:但你不认为你应当就罗马民族的法律说几句吗,如同你计划的那样?

马:你认为我忽略了什么与之有关的问题?

阿:一些对关心公共事务的人来说如果不了解就非常丢脸的事。因为你刚提到这样一个事实,即我们从国家抄写员那儿取得

---

① 看来法莱雷奥斯的德米特里曾授予这些法律卫士(νομοφύλακες)特别的权力。
② 这是将雅典的法律规定修改以适用于罗马,根据这些规定,官员离任时要对其公职行为进行审查,并且民众可以有机会对他们的行政行为提出指控(见 Aristotle, *Const. of Athens* 48,4)。

法律文本；而同样的是，我注意到许多担任官吏职务的人，由于不了解法律赋予他们的正式职权，只了解一些其秘书让他们了解的问题。因此，在你提出关于宗教问题的法律之后，如果你认为这种履行宗教礼仪责任的转移是一个特别值得探讨的问题，那么，肯定你就必须讨论官员的合法权力，既然你们的官吏已被法律承认了。

49　　马：我将简单谈谈，如果可能的话。因为马库斯·尤尼乌斯，你父亲的朋友，曾献给你父亲一个长篇论文探讨过这个问题，① 在我看来，论文写得细心且有学识。现在我们应当单独地探讨一下大自然的法，但就罗马法来说，我们必须遵循先例和传统。

阿：我赞同你，这恰恰是我所期望的那种讨论。②

---

① 这里提到的是现已失传的马库斯·尤尼乌斯·格拉开努斯的著作 *De Potestatibus*（《权力论》）。

② 这一卷以及这一著作的其余部分，除了后面的残篇外，都遗失了。见导言，第 290—291 页（中译本第 146—147 页）。

# 残　　篇

1. 让我们视我们自己是幸福的,死亡将给予我们一种或者是比我们在地球上的生活更好的存在,或至少是一种不会更差的生活条件。因为死亡后的生活与神相似,心灵不受肉体的束缚,却又保持着其力量;而从另一方面来看,如果我们没有意识,也至少不会有邪恶落在我们头上。

2. 由于这唯一并且是同一的大自然将宇宙聚在一起并支持着这宇宙,因此大自然的各个部分都相互和谐,因此人类是由自然联结起来的;但由于他们的堕落,他们争吵,意识不到他们来自同一血脉并服从唯一和同一的保护力。如果理解了这一事实,人类就肯定会过着众神的生活!

3. 现在太阳已略微过了正午,这些幼树也不足以荫蔽这整个地方,我们是否应下到利里斯河那边去,在桤木树荫下结束我们的对话?①

---

① 出自第五卷;见导言,第 291 页(中译本第 146 页)。

# 专有名词索引

**国**为《国家篇》代号。**法**为《法律篇》代号。中文数为卷数（如一、二、三），阿拉伯数字为节数，即本书边码。所有年代均为公元**前**年代。

Aborigines 阿博里金尼（部落名，艾涅卡斯在意大利发现的），国二，5。

Academy，Old 老学园（柏拉图建立的哲学学校，也用以称师生聚会的地方），法一，38、53、54、55。

Academy，New 新学园（老学园的分校，怀疑学派和折中学派的），法一，39。

Accius，Lucius 卢修斯·阿克齐乌斯（著名的罗马悲剧诗人，生于 170 年），法二，54。

Achilles 阿喀琉斯（古希腊特洛伊战争中的英雄，传说他除脚踵外全身刀枪不入），国一，30。

Acilius，Lucius 卢修斯·阿西利乌斯（约 200 年；罗马法学家），法二，59。

Aegean Sea；爱琴海（地中海的东部，在希腊和小亚细亚之间），法三，36。

Aegyptus 埃及：请看 Egypt。

Aelius Pactus Catus，Sextus 塞克斯特斯·埃利乌斯·帕克图斯·卡图斯（198 年任执政官；著名的法学家），国一，30；法二，59。

Aelius Stilo，Lucius 卢修斯·埃利乌斯·斯蒂鲁（约 150—90 年；第一位罗马语法学家，又是一位古物收藏家；西塞罗的老师），法二，59。

Aenianes 埃尼安人（希腊中北部的民族），国二，8。

Aequi 埃魁人（意大利中部山区民族；据传 304 年为罗马人所征服），国二，36。

Aeschines 埃斯基涅斯（约 390—320 年；著名的雅典雄辩家），国四，3。

Aesculapius 埃斯枯拉庇乌斯（希腊医疗之神），法二，19。

Aetolians 埃托利亚人（希腊中北部民族），国三，15。

Africa and Africans 阿非利加和阿非利加人（非洲大陆西北海岸），国二，9；国六，9；残篇 8。

Africanus 阿非利加努斯：请看 Scipio。

Agrigentum 阿格里根托姆（即希腊的阿克拉加斯；西西里岛南部一城邦），国三，45。

Ahala，Gaius Servilius 盖尤斯·塞维利乌斯·阿哈拉（据传 439 年在独裁官辛辛纳图斯手下任骑兵长官；后因杀斯普里乌斯·麦里乌斯而被放逐），国一，6。

Alba Longa 阿尔巴隆加城（拉丁人早期首府；传说约 650 年为罗马人所毁），国二，4。

Alexader the Great 亚历山大大帝（356—

专有名词索引　255

323年;马其顿国王,东方的征服者),国三,15;法二,41。

Algidus 阿尔吉都斯山(阿尔卑斯山一峰,意为寒冷,临近图斯卡伦),国二,63。

Amaltheum 阿马尔泰亚,法二,7(请看注)。

Amphiaraus 安非亚洛斯(阿吉维的英雄,希腊神秘的先知;他的预言在奥罗普斯和第比斯非常流行),法二,33。

Ampius Balbus, Titus 提图斯·安庇乌斯·巴尔布斯(63年任保民官;西塞罗的朋友),法二,6。

Amulius 阿慕利乌斯(神秘的阿尔班城国王;他篡夺了他哥哥努米托的王位;他是罗慕洛斯与雷穆斯兄弟俩的叔父),国二,4。

Anaxagoras 阿纳克沙戈腊斯(小亚细亚克拉苏厄纳人;约500—428年;哲学家,主要以其关于最高智力的学说而闻名;因不敬神罪而被逐出雅典),国一,25。

Ancus Martius 安库斯·马蒂乌斯(传说罗马第四代王),国二,5;33;35;38。

Anio River 阿尼奥河(罗马以北三英里处,流入台伯河),法二,56。

Antiochus of Ascalon 阿细卡隆的安提奥库斯(哲学家;新学园的领袖;折中主义者,倾向于斯多葛派;79—78年为西塞罗和阿提库斯的老师),法一,54。

Antipater, Lucius Coelius 卢西乌斯·科衣利乌斯·安提帕特(第二次迦太基战争的历史学家;未使用编年史的方法),法一,6。

Apis 阿匹斯(在埃及被崇拜的神牛),国三,14。

Apollo 阿波罗(希腊神),国二,44;法一,61;法二,40。

Appius 阿庇乌斯(请看 Claudius)。

APuleian Laws 阿普列乌斯法,法二,14(请看注)。

Aquilius, Manius 马尼乌斯·阿奎利乌斯(129年任执政官),国一,14。

Aquilo 阿奎罗(希腊的 Boreas;北风之神),法一,3(请看注)。

Aratus 阿腊图斯(西里西亚的苏里人;约315—240年;长诗《菲诺梅那》(*Phaenomena*)的作者),国一,22(请看注),56;法二,7。

Arcadians 阿卡迪亚人(希腊伯罗奔尼撒中部的民族),国三,25。

Arcesilaus 阿凯西劳斯(伊奥里斯——古希腊在小亚细亚北海岸地区的殖民地——的皮坦地方人;约315—240年;哲学家;所谓中古学园的创始人;倾向于怀疑主义),法一,39。

Archimedes 阿基米德(西西里的叙拉古人;约287—212年;古代最著名的数学家),国一,21,22,28。

Archytas 阿契塔(意大利南部塔兰托人;公元前四世纪初人;政治家、将军、数学家和科学力学的奠基人),国一,16、59,60。

Areopagus 阿雷奥帕古斯(雅典的小山,曾有阿尔帕古元老院;即圣保罗提到的"马尔斯山"),国一,43。

Aristo 阿里斯托(希俄斯人;约275年;斯多葛学派哲学家,认为除美德和邪恶外,万物皆为中性,无好坏之分),法一,38,55。

Aristodemus 阿里斯托德摩斯(雅典悲剧演员,生活于公元前四世纪初),国四,13(请看注)。

Aristophanes 阿里斯托芬(约444—380年;雅典古喜剧最著名的诗人),法二,37。

Aristotle 亚里士多德(约384—322年;著名雅典哲学家;他的时代的各种知识的集大成者;逍遥学派的创始人;柏拉图

的弟子;亚历山大大帝的老师),法一,38、55;法三,14。

Arpinum 阿尔皮诺(拉丁姆的一个城镇,位于罗马东南约 60 英里处;马略和西塞罗的出生地),法一,1、4;法二,5。

Asellio, Sempronius 森普罗尼乌斯·阿塞里奥(公元前二世纪末人;罗马历史学家),法一,6。

Asia 亚洲(小亚细亚),国二,9;国三,41;国六,11。

Assyrians 亚述人(在亚洲,底格里斯河以东),国三,7。

Aternius, Aulus 奥卢斯·埃特尼乌斯,国二,60(请看注)。

Athens and Athenians 雅典和雅典人(在书中多次出现)。

Athos 圣山(希腊东北迦尔斯代半岛上的山),国三,残篇 5。

Atilius, Aulus 奥卢斯·阿蒂利乌斯(269 年,266 年任执政官;第一次迦太基战争的指挥官),国一,1。

Atlantic Ocean 大西洋(拉丁文为 Atlanticum mare 或 Oceanus),国六,21。

Attica 阿提卡(以雅典为主要都会的希腊地区),国三,42;法二,5。

Atticus, Titus Pomponius 提图斯·庞波尼乌斯·阿提库斯(109—32 年;罗马人,长居雅典;西塞罗的朋友、顾问和出版者,两人有大量书信往来,其中大多数留存至今;一位伊壁鸠鲁派学者;《法律篇》对话人物之一)。

Attus Navius 阿图斯·奈维乌斯(传说中罗马第五代国王塔昆尼乌斯·普里斯库斯的占卜师),国二,36;法二,33。

Aventine 埃文提尼(山名;罗马七小山之一),国二,33、58、63。

Axinus 黑海,请看 Black Sea。

Bacchanales 酒神节,法二,37(请看注)。

Black Sea 黑海(也称 Pontus Euxinus, 或 Axinus),国三,15。

Brutus, Decimus 德西穆斯·布鲁图斯(138 年任执政官),法三,20(请看法二,54 和注)。

Brutus, Lucius Junius 卢修斯·居尼乌斯·布鲁图斯(传说中罗马共和国的创立人;他驱逐了高贵者塔奎尼乌斯;509 年任执政官),国二,46。

Busiris 布西里斯(神话中埃及国王和杀人祭神的执行人),国三,15。

Caecilius, Statius 斯代提乌斯·凯基利乌斯(第二世纪初人;罗马喜剧诗人),国四,11。

Calatinus, Aulus Atilius 奥卢斯·埃提利乌斯·凯莱提努斯(258 和 254 年任执政官;249 年任独裁官;第一次迦太基战争的统帅),法二,28。

Calchas 卡尔卡斯(特洛伊战争时希腊神秘的预言者),法二,33。

Camillus, Marcus Furius 马库斯·弗里乌斯·卡米卢斯(传为 403—365 年;著名的罗马将军;因被控反对维夷之战的战利品分配不公而志愿流放),国一,6。

Canuleian Plebiscite 凯努勒衣乌斯平民法令,国二,63(请看注)。

Capitol 卡皮托利山(或 Capitolium;罗马一小山;朱庇特神庙所在地),国二,36、44;国六,11。

Carbo, Gaius Papirius 盖尤斯·帕皮里乌斯·卡波,法三,35(请看注)。

Carbo, Gnaeus Papirius 盖内乌斯·帕皮里乌斯·卡波,法三,42(请看注)。

Carneades 卡涅阿德斯(昔兰尼人;约 213—129 年;怀疑主义哲学家;新学园的创始人),国三,8、9;法一,39。

专有名词索引　257

Carthage and Carthaginians 迦太基和迦太基人(拉丁文为 Carthago 或 Karthago；北非城市，迦太基战争中罗马人的敌人；毁于146年)，国一,1,残篇3；国二,9,43,67；国三,7,15,残篇3；国六,11。

Cassius and Cassian Law 卡修斯和卡修斯法(卢修斯·卡修斯·隆吉努斯·拉维拉,137年任护民官；127年任执政官；125年任监察官)，法三,35(请看注)、36,37。

Cassius，Spurius 斯普里乌斯·卡修斯(根据西塞罗所记载的传说约在496年为执政官；因被怀疑阴谋篡夺王位而被处死)，国二,49,57,60。

Castor 卡斯托耳(罗马神话中波鲁克斯——即希腊神话中的波吕丢刻斯——和海伦之弟；勒达和廷达瑞俄斯或宙斯之子；卡斯托耳神和波鲁克斯神又被称为 Gemini，Dioscuri，或 Castores，在意大利很受崇拜)，法二,19。

Catadupa 卡塔都帕瀑布(尼罗河的大瀑布)，国六,19。

Cato，Marcus Porcius 马库斯·波西乌斯·加图(被称为监察官加图或大加图；约234—149年；195年任执政官；184年任监察官；著名战士、政治家和作家；著有 De Agri Cultura，Annales《农事杂谈》等书；以提倡简朴的生活和严谨的道德著称)，国一,1,27；法二,1,3、37；国二,40；国四,11；法一,6；法二,5。

Cato，Marcus Porcius 马库斯·波西乌斯·加图(被称为迦太基的加图或小加图；95—46年；54年为掌军权的执政官；以坚定的共和国事业拥护者而著称；当这无望时，在迦太基自杀)，法三,40。

Caucasus 高加索山脉(黑海东岸的山脉)，

国六,21。

Cecrops 西克罗普斯(神话中雅典的创建者)，法二,64。

Ceramicus 塞拉米库斯公墓(位于雅典西北方的墓地)，法二,64。

Ceres 刻瑞斯(罗马谷物女神，即希腊神话中的得墨忒耳谷神)，法二,21；37。

Charondas 卡隆德斯(传说中约500年时西西里岛卡塔尼亚的立法者)，法一,57；法二,14；法三,5。

Chios 希俄斯岛(爱琴海的岛屿)，法一,55。

Chrysippus 克里西波斯(西里西亚的索里人，约280—206年；希腊斯多葛派最著名的哲学家；多产作家；以辩论的技巧闻名)，国三,12。

Cicero，Marcus Tullius 马库斯·图利乌斯·西塞罗(雄辩家西塞罗之祖父)，法三,36。

Cicero，Marcus Tullius 马库斯·图利乌斯·西塞罗(106—43年；63年任执政官；著名的罗马雄辩家、政治家和作家；现存有他的许多演说、书信，以及关于修辞学和哲学的著作；《国家篇》和《法律篇》的作者；《法律篇》对话中的主要人物)，在法篇中不断出现。

Cicero，Quintus Tullius 昆图斯·图利乌斯·西塞罗(62年任掌军权的执政官；死于43年；前者之弟和通信者；《法律篇》对话人物)，在法篇中经常出现。

Cilicia and Cilicians 奇里乞亚和奇里乞亚人(在小亚细亚半岛)，法二,33,41。

Claudius Pulcher，Appius 阿庇乌斯·克劳迪乌斯·普尔喀(143年任执政官；137年任监察官；著名雄辩家；提比略·格拉古的信徒)，国一,31。

Claudius Pulcher，Appius 阿庇乌斯·克劳迪乌斯·普尔喀(臭名昭著的克劳迪乌斯之弟;54 年任执政官;以占卜官为西塞罗的同僚),法二,32。

Claudius Pulcher, Gaius 盖尤斯·克劳迪乌斯·普尔喀,国六,2(请看注)。

Claudius Pulcher, Gaius 盖尤斯·克劳迪乌斯·普尔喀,法三,42(请看注)。

Cleon 克里昂(约 427—422 年间雅典民众的领袖),国四,11。

Cleophon 克莱奥丰(约 410—404 年间雅典民众的领袖),国四,11。

Clinias 克利尼亚(克里特人;柏拉图《法律篇》中的人物),法一,15。

Clisthenes 克利斯特尼斯(雅典政治家;雅典民主的创始人;约活跃于 500 年),国二,2;法二,41。

Clitarchus 克利塔库斯(科洛丰人;四世纪后期;亚历山大大帝史的雄辩的作者),法一,7。

Clodius 克洛狄乌斯(身世不详的罗马历史学家),法一,6。

Cnidus 克尼多斯半岛(在小亚细亚西南部),国一,22。

Cnossos 克洛索斯(克里特城市),法一,15。

Cocles, Horatius 独眼贺拉斯(罗马传说中的英雄;相传在 508 年,他和两个同伴抗击了埃特鲁斯坎军队,保卫了苏布里克桥),法二,10。

Coelius 塞利乌斯山(罗马七小山之一),国二,33。

Coelius Antipater, Lucius 卢西乌斯·塞利乌斯·安提巴德尔(约活跃于 120 年;第二次迦太基战争的历史学家),法一,6。

Coelius Caldus, Gaius 盖尤斯·塞利乌斯·卡尔都斯(94 年任执政官),法三,36(请看注)。

Colline Gate 科利尼门(罗马最北的城门),法二,58。

Congus, Junius 尤尼乌斯·康格斯(不详;可能是罗马历史学家),国一,残篇 1。

Conlatinus, Lucius Tarquinius 卢修斯·塔奎尼乌斯·康莱提努斯(罗马传说中卢克莱提娅的丈夫;曾帮助驱逐了国王塔奎尼乌斯(高傲者);509 年任执政官),国二,46、53。

Consuales 孔苏斯节,国二,12(请看注)。

Contumelia 康图米利亚(希腊神),法二,28(请看注)。

Corinth and Corinthians 科林斯和科林斯人(伯罗奔尼撒东北部),国二,7、8、34、36。

Cornelian clan 科内利亚氏族(罗马最高贵的氏族,包括显贵和平民家族),法二,56、57。

Cornelius 科内利乌斯,请看 Scipio。

Coruncanius, Tiberius 提比略·科鲁恩卡尼乌斯(288 年任执政官;第一位平民阶层的大祭司;以法律的学问闻名;抗击埃特拉斯坎人和皮洛士人的统帅),法二,52。

Cotta, Lucius Aurelius 卢修斯·奥雷利乌斯·科塔(65 年任执政官;64 年任监察官;西塞罗之友),法三,45。

Crassus, Lucius Licinius 卢修斯·科奇尼乌斯·克拉苏(95 年任执政官;92 年任监察官;著名雄辩家),法三,42。

Crassus Dives Mucianus, Publius Licinius 普布利乌斯·利奇尼乌斯·克拉苏·狄维斯·穆齐阿努斯(131 年任执政官;提比略·格拉古改革的捍卫者),国一,31;国三,17。

Crete and Cretans 克里特岛和克里特人(伯罗奔尼撒以南大岛),国二,2;国三,15;法一,15;法二,28。

Croton 克罗顿城(意大利南部的希腊城

专有名词索引 259

市),国二,28。
Cures 库雷斯(罗马以北古代萨宾人的城),国二,25;法二,3。
Curiatius, Gaius 盖尤斯·居涅提乌斯(138 年任保民官),法三,20。
Curius Dentatus, Manius 马尼乌斯·居里乌斯·德恩塔图斯(290、284 和 275 年任执政官;272 年任监察官;抗击皮洛士的统帅;正直人和将军的榜样),国三,6、40。
Cylon 西龙(试图夺取雅典政府的领导人,据传发生在 612 年;执政官米加克勒斯违反誓言和庇护权而将他的许多追随者处死),法二,28。
Cypselus 西普色洛斯(约 650 年科林斯的"僭主"),国二,34。
Cyrus 居鲁士(大帝;六世纪;波斯帝国的创建者;色诺芬的著作 Cyropaedia 中首要人物),国一,43、44;法二,56。

Delos 提洛岛(爱琴海之岛;日神阿波罗和月神阿耳特弥斯的诞生地),法一,2。
Delphi 德尔斐(位于希腊中北部的福基斯;古代世界最著名的、阿波罗宣示神谕之处),国二,44;法一,58。
Demaratus 德马拉图斯(科林斯人;罗马的传奇人物,他从科林斯逃到塔奎尼,成为罗马第五代国王塔奎尼乌斯·普里斯库斯之父),国二,34。
Demetrius of Phalerum 法莱雷奥斯的德米特里(约 350—280 年,雅典雄辩家、政治家、哲学家和诗人;约 317—307 年统治雅典;泰奥弗拉斯托斯的学生;因其实践政治哲学而极为西塞罗崇拜),国二,2;法二,64、66;法三,14。
Diagondas 迪埃贡达斯(第比斯城的立法者;其他不详),法二,37。
Dicaearchus 狄凯阿科斯(西西里岛的美塞

那人;四世纪;逍遥派哲学家;亚里士多德的学生),法三,14。
Diogenes 第欧根尼(美索不达米亚的塞琉西人;斯多葛派哲学家;克里西波斯的学生;卡涅阿德斯的老师),法三,13。
Dion 狄翁(被认为是斯多葛派哲学家;其余不详),法三,13。
Dionysius 狄奥尼修斯(叙拉古的"僭主";约 405—367 年),国一,28;国三,43。
Dolopes 多洛普斯人(色萨利和西若斯岛人),国二,28。
Doris 多里士(希腊中北部城邦),国二,8。
Draco 德拉科(雅典立法者;七世纪后期;相传以其法严厉而闻名),国二,2。
Duelius or Duilius, Gaius or Marcus 盖尤斯或马库斯·杜伊利乌斯(260 年任执政官,并在西西里岛迈利附近的海战中击败了迦太基人),国一,1。

Egeria 埃吉里娅(罗马喷泉仙女;国王努马的顾问),法一,4。
Egypt and Egyptians 埃及和埃及人(拉丁文为 Aegyptus, Aeggptii),国三,14;15;国六,11。
Eleans 埃列亚人(在伯罗奔尼撒西北部的伊利安地区的民族),国四,4。
Empedocles 恩培多克勒(西西里岛阿格里真托人;约 494—434 年;著名哲学家),国三,14。
Ennius, Quintus 昆图斯·恩尼乌斯(意大利东南部卡拉布里亚地区鲁迪亚人,约 239—169 年;著名罗马悲剧、喜剧和史诗诗人;很为西塞罗尊敬并引用),国一,3、25、30、49、64;国三,6;国五,1;国六,10;残篇 3、4;法二,57、68。
Epicureans 伊壁鸠鲁学派的,请看 Epicurus。
Epicurus 伊壁鸠鲁(约 342—270 年;雅典

哲学家；伊壁鸠鲁学派的创始人，认为幸福是最高的善），国六，3。

Epimenides 埃庇米尼德斯（克里特岛克诺索斯人；擅长宗教仪典；据说约500年时曾为雅典涤罪），法二，28（请看注）。

Epirus 伊庇鲁斯（在希腊西北部），法二，7。

Esquiline 埃斯奎利诺山（拉丁文为 Esquiliae 或 Esquilinus mons；罗马七小山之一），国二，11；法二，28。

Etruria and Etruscans 埃特鲁里亚和埃特鲁里亚人（在意大利罗马的西北附近），国二，9、34、38；国三，7；法二，21。

Eudoxus 欧多克索斯（小亚细亚西南部的克尼都斯人；约390—337年；数学家和天文学家；阿契塔和柏拉图的学生），国一，22。

Eumolpidae 欧摩尔波斯族，法二，35（请看注）。

Euripus 埃夫里普，法二，2（请看注）。

Fabius Maximus Cunctator, Quintus 昆图斯·费边（或法比乌）·马克西姆（223—209五次任执政官；第二次迦太基战争中抗击汉尼拔的著名统帅），国一，1；国五，10。

Fabius Pictor, Quintus 昆图斯·费边·皮克托（约活跃于200年；第二次迦太基战争的编年史作者），法一，6。

Fabricius Luscinus, Gaius 盖尤斯·法布里齐乌斯·卢西努斯（282、278 和 237 年任执政官；抗击皮洛士的统帅；以正直闻名），法二，58。

Fannius, Gaius 盖尤斯·范尼乌斯（122 年任执政官；当时的编年史作者；雄辩家；帕奈提奥斯的学生；西塞罗《国家篇》的对话人物），国一，18，残篇 2；法一，6。

Febris 斐布里斯（罗马司寒热之神），法二，28。

Fibrenus River 费泼里努斯河（流经西塞罗的庄园，入里利河），法二，1、6。

Fides 菲狄斯（罗马神），法二，19、28。

Figulus, Gaius 盖尤斯·菲古卢斯（可能即盖尤斯·马基乌斯·菲古卢斯，64 年任执政官），法二，62。

Flaminius, Gaius 盖尤斯·弗拉米尼乌斯（238 或 232 年任保民官），法三，20。

Fons 冯斯（罗马神），法二，56。

Formiae 福米埃（罗马和那不勒斯之间意大利西南沿海的城镇，莱利乌斯的别墅所在地），国一，61。

Fors 福斯（罗马神），法二，28。

Fortuna 福图娜（罗马命运女神），法二，28。

Furius Philus, Lucius 卢修斯·弗里乌斯·菲卢斯（136 年任执政官；西班牙之战失败的统帅；《国家篇》中对话人物），国一，17、19、20、21、34、37；国三，5、8。

Gabinian Law 加比尼乌斯法，法三，35（请看注）。

Galba 加尔巴，请看 Servius。

Galli 请看 Gaul。

Gallus 请看 Sulpicius。

Ganges River 恒河（印度），国六，21。

Gaul and Gauls 高卢和高卢人，国二，11；国三，15。

Gellius Poplicola, Lucius 卢修斯·格利乌斯·帕泼里科拉（72 年任执政官；70 年任监察官），法一，53。

Gnosii 请看 Cnossos。

Gracchi 格拉古兄弟，法三，24（请看 Gracchus）。

Gracchus, Gaius Sempronius 盖尤斯·森普罗尼乌斯·格拉古（123 年任保民官；著名大众改革家），法三，20、24、26。

Gracchus, Tiberius Sempronius 提比

略·森普罗尼乌斯·格拉古（前者之兄；133 年任保民官；著名大众改革家），国二,49；国三,41；法三,20、24。

Gracchus, Tiberius Sempronius 提比略·森普罗尼乌斯·格拉古（169 年任监察官），国六,2。

Graecia, Graeci, Graii 希腊，请看 Greece。

Gratidius, Marcus Gaius 马库斯·盖尤斯·格拉提第古斯（阿尔皮诺人，102 年去世），法三,36。

Greece and Greeks 希腊和希腊人（拉丁文为 Graecia, Graeci, Graii）。

Helenus 赫勒诺斯（史诗《伊里亚特》中的预言者），法二,33。

Heraclides Ponticus 海腊克利德斯·庞提库斯（本都赫拉克利亚的；约活跃于 340 年；哲学家；柏拉图的学生；有大量作品的作者），法三,14（请看注）。

Hercules 赫耳枯勒斯（希腊的赫拉克勒斯；完成 12 项功绩的著名英雄），国二,24、残篇 3；法二,19、27。

Herodotus 希罗多德（小亚细亚半岛哈利卡那苏斯人；约 490—428 年；"历史学之父"），法一,5。

Homer 荷马（传说为史诗《伊里亚特》和《奥德赛》的作者），国一,56；国二,18、19；国五,3；国六,10；法一,2。

Honor 荷诺尔（罗马的男神，光荣的化身），法二,28、58。

Horatius Barbatus, Marcus 马库斯·霍雷修斯·巴巴图斯（据传 449 年任执政官），国二,54。

Hostilius 霍斯提利乌斯，请看 Tullus。

Hyperbolus 希佩伯卢斯（约 420 年希腊大众领袖），国四,11。

Iacchus 伊阿科斯（即 Dionysus 狄俄尼索斯），法二,35（请看注）。

Idaean Mother 伊达之母（拉丁文为 Idaea Mater, 亦称库伯勒），法二,22（请看注）、40。

Impudentia 伊姆普登提亚（罗马神），法二,28（请看注）。

Indus River 印度河（印度），国二,67。

Iphigenia 伊菲革涅亚（阿伽门农和克吕泰涅斯特拉之女；欧里庇得斯的两部戏剧中的主要人物），国一,30（请看注）。

Italy 意大利（拉丁文为 Italia），国二,9、10、28、29；国三,7；法二,42；法三,45。

Ithaca 伊萨卡岛（希腊以西岛屿；奥德修斯的故园），法二,3。

Julius, Gaius or Lucius 盖尤斯或卢修斯·尤利乌斯（传说 430 年任执政官），国二,60。

Julius, Gaius 盖尤斯·尤利乌斯（传说 450 年为十大执政之一），国二,61。

Julius, Proculus 普罗库卢斯·尤利乌斯（传说中的一罗马人；相传罗慕洛斯死后曾在他面前显现），国二,20；法一,3。

Junius Gracchanus, Marcus 马库斯·尤尼乌斯·格拉开努斯（二世纪后期，盖尤斯·格拉古的朋友；公法著作 De Potestatibus《权力论》的作者），法三,49。

Juno 朱诺（朱庇特的妻子和妹妹；众神之女王；亦即希腊的赫拉神），法二,41。

Jupiter 朱庇特（众神之王；亦即希腊的宙斯神），国 ,30、50、50；国二,36、43；国八,17；法一,2；法二,7、10、20、28；法三,43。

Karthago 迦太基，请看 Carthage。

Lacedaemon and Lacedaemonians 斯巴达和斯巴达人（亦即 Sparta；伯罗奔尼撒东南部），国一,25、50；国二,2、15、24、

42、43、50、58；国三，15；国四，3、4；法一，15；法二，39；法三，16。

Laconians 拉科尼亚人（拉丁文为 Lacones；拉科尼亚地区人，位于伯罗奔尼撒东南部，斯巴达为其中心），国五，11。

Laelius Gaius 盖尤斯·莱利乌斯（140 年任执政官；格拉古兄弟的对头，小西庇阿的朋友；哲学爱好者；《国家篇》中对话人物），在《国家篇》中多次出现。

Laenas, Publius Popilius 普布利乌斯·波皮里乌斯·莱奈斯（132 年任执政官；曾多次严厉起诉提比略·格拉古的追随者；123 年由盖约·格拉古提议而被流放），国一，6；法三，26。

Larcius, Titus 提图斯·拉西乌斯（传说 506 年和 498 年任执政官，第一任独裁官），国二，56。

Lares 拉雷斯（罗马土地和家庭之神），国五，7；法二，19、27、42、55。

Latium and Latins 拉丁姆和拉丁人（意大利中西部；罗马位于其内），国一，14、31；法二，33、44；国三，7、41；国六，12；法一，1、7。

Liber 利柏耳（罗马酒神；亦即希腊的狄俄尼索斯或巴克斯），法二，19。

Licentia 放纵女神，法二，42（请看注）。

Liris River 利里斯河（意大利中西部；流经阿尔皮诺的西塞罗的庄园），法一，14；法二，6，残篇 3。

Livian Law 李维法，法二，14（请看注）、31。

Livius Andronicus, Lucius 卢修斯·李维乌斯·安特罗尼库斯（希腊人，272 年作为奴隶被卖至罗马；身获自由后成为教师；将《奥德赛》译成拉丁诗歌；被称为"罗马文学之父"），法二，39。

Locri 洛克里（意大利南部的希腊城市和民族），国二，16；法二，15。

Luceres 卢塞里亚家族（请看国二，14 和注），国二，36。

Lucretia 卢克雷蒂娅（传说中罗马女子，为塞克斯图斯·塔奎尼乌斯奸污），国二，46（请看注）；法二，10。

Lucretius Tricipitinus, Spurius 斯普里乌斯·卢克雷蒂乌斯·特里西庇提努斯（据说 509 年被选为执政官；卢克雷蒂娅之父），国二，46、55；法二，10。

Lucullus Ponticus, Lucius Licinius 卢修斯·里西尼乌斯·卢库卢斯·庞提库斯（74 年任执政官；抗击米特拉达梯国王的指挥官；以生活奢侈闻名），法三，30。

Lucumo 卢库慕（传为罗慕洛斯时的罗马军队领导人，人们认为卢塞里亚家族以他得名），国二，14（请看注）。

Lycaonians 利考尼亚人（在小亚细亚中部），法二，33。

Lycurgus 莱喀古士（传为斯巴达宪法作者），国二，15、18（请看注）、42、43、50、58；国三，16；国四，5；法一，57。

Macedonia 马其顿（希腊以北），国一，23。

Macer, Gaius Licinius 盖尤斯·里西尼乌斯·马塞尔（73 年任保民官；罗马编年史作者），法一，7。

Maelius, Spurius 斯普里乌斯·麦里乌斯（传为富有的平民，440 年的饥荒中帮助平民同胞，因此被长老指控试图夺取王位而被杀），国二，49。

Magna Graecia 大希腊，国三，7（请看注）。

Magnesia 马格尼西亚城（小亚细亚西南部的城市），国二，9。

Mala Fortuna 马拉·福尔图娜（罗马命运女神），法二，28。

Mamilian Law 马米利安法（可能于 165 年由保民官马米利乌斯提出；规定了一位地界冲突的仲裁人），法一，55。

Mancinus, Gaius Hostilius 盖尤斯·霍斯提里乌斯·曼西乌斯（137 年执政官；

专有名词索引 263

136 年与努曼提亚订立了条约却不为元老院承认),国三,28。

Manilius, Manius 曼尼乌斯·马尼利乌斯(149 年任执政官;长于法学;《国家篇》对话中人物),国一,18、20、34;国二,28、29;国三,17;国六,9。

Manlius Capitolinus, Marcus 马库斯·曼利乌斯·卡皮托利努斯(392 年任执政官;384 年因叛国罪被处死),国二,49。

Marcellus, Gaius Claudius 盖尤斯·克劳狄乌斯·马塞卢斯(80 年任执政官;以占卜官成为西塞罗的同僚),法二,32。

Marcellus, Marcus Claudius 马库斯·克劳狄乌斯·马塞卢斯(222—208 年间五次任执政官;第二次迦太基战争中的著名统帅),国一,1;国五,10。

Marcellus, Marcus Claudius 马库斯·克劳狄乌斯·马塞卢斯(166 和 155 年任执政官;西班牙和高卢战争之统帅),国一,21。

Marcus 马库斯,请看 Cicero。

Marian Law 马略法(119 年由保民官盖尤斯·马略提出并通过的法律),法三,38(请看注)。

Marius, Gaius 盖尤斯·马略(156—86 年;119 年为保民官;107—86 年七次任执政官;生于阿尔皮诺;著名罗马将军苏拉的政敌),国一,6;法一,1、2、3、4;法二,56;法三,36。

Mars 马尔斯(罗马战神;罗慕洛斯之父;亦即希腊的阿瑞斯神),国二,4;国六,17。

Masinissa 马西尼萨(238—149 年;北非努米底亚的国王,在第二次迦太基战争中先站在迦太基一方,后转而为敌),国六,9。

Massilians 马西里亚人(居住在马西里亚地区的民族,古希腊时的马西里亚,今称马赛),国一,43、44。

Maximus 马克西姆,请看 Fabius。

Megillus 梅吉卢斯(斯巴达人;柏拉图《法律篇》中人物之一),法一,15。

Melampus 墨兰普斯(希腊神话中的先知),法二,33。

Menelaus 墨涅拉俄斯(特洛伊战争之英雄;海伦的丈夫),国五,11。

Mens 门斯(罗马神),法二,19、28。

Mercury 墨丘利,或译为麦丘立(拉丁文为 Mercurius;岁马商业之神;亦即希腊的赫耳墨斯神),国六,17。

Metellus, Lucius Caecilius 卢修斯·凯基利乌斯·梅特卢斯(251 和 247 年任执政官;第一次迦太基战争中的著名统帅),国一,1。

Metellus Macedonicus, Quintus Caecilius 昆图斯·卡西利乌斯·梅特卢斯(马其顿的)(143 年任执政官;131 年任监察官;在马其顿的罗马军队的统帅;小西庇阿的政敌),国一,31。

Metellus Numidicus, Quintus Caecilius 昆图斯·卡西利乌斯·梅特卢斯(努米底亚的)(109 年任执政官;102 年任监察官;在非洲的罗马军队的统帅;100 年因不愿宣誓支持阿普列乌斯法而志愿流放),国一,6;法三,26。

Miletus 米利都(小亚细亚西南部的城市),国一,22、25。

Miltiades 米太亚德(小的;490 年马拉松之战时雅典的统帅;因远征帕罗斯失败而入狱;在狱中因伤而死),国一,5。

Mons Sacer 神山,请看 Sacred Mount。

Mopsus 莫普苏斯(希腊神话中的先知以及小亚细亚诸城的创建者),法二,33。

Mucius Scaevola, Publius 普布利乌斯·穆西乌斯·斯凯沃拉(133 年任执政官;著名法学家和雄辩家;小西庇阿的政敌),国一,20、31;法二,47、50、52、57。

Mucius Scaevola, Quintus 昆图斯·穆西乌斯·斯凯沃拉("先知";117 年任执政官;西塞罗和阿提库斯的老师;《国家篇》中对话人物),国一,18、33;法一,13。

Mucius Scaevola, Quintus 昆图斯·穆西乌斯·斯凯沃拉("大祭司";95 年任执政官;著名雄辩家和法学家;西塞罗的老师),法二,47、49、50、52。

(Mucius) Scaevola (unidentified) 身份不明的穆西乌斯·斯凯沃拉,法一,1(请看注)。

Mummius, Spurius 斯普里乌斯·穆米乌斯(132 年小西庇阿在亚洲时的同僚;西塞罗《国家篇》中对话人物),国一,18、34;国三,46、47、48;国五,11。

Muses 缪斯,法二,7。

Naevius, Gnaeus 格奈依乌斯·奈维乌斯(罗马著名的史诗诗人和戏剧诗人;死于 201 年),国四,11;法二,39。

Nasica 奈西卡,请看 Scipio。

Navius 奈维乌斯,请看 Attus。

Neoptolemus 涅俄普托勒摩斯(阿喀琉斯之子;特洛伊战争的英雄),国一,30(请看注)。

Nile River 尼罗河,国六,19;法二,2。

Numa Pompilius 努马·庞皮利乌斯(传说中罗马第二任国王和罗马宗教的创建者),国二,25、26、28、29、31、33;国三,47;国五,3;法一,4;法二,23、29、56。

Numantia 努曼提亚(西班牙城市,133 年为小西庇阿攻占),国一,17;国三,28;国六,11。

Oceanus 大西洋,请看 Atlantic。

Olympiad 奥林匹亚(四年一度的奥林匹克竞赛的欢庆地,希腊人用作纪年的办法;第一次奥林匹克竞赛始于 776 年),国二,18、20、28、42。

Olympus 奥林匹斯山(又名色列斯山;虚构的众神的家园),国一,56;国三,残篇 5。

Opimius, Lucius 卢修斯·奥庇米乌斯(121 年任执政官;盖约·格拉古的主要政敌;因贿赂被惩罚和流放),国一,6。

Ops 奥普斯(罗马神),法二,28。

Orithyia 奥里提亚,法一,3(请看注)。

Pacuvius, Marcus 马库斯·帕库维乌斯(生于 220 年;罗马著名悲剧诗人),国一,30;国三,14。

Palatine 帕拉蒂诺山(拉丁文为 MonsPalatinus 或 Palatium;罗马七小山之一),法二,28。

Panaetius 帕奈提奥斯(罗得岛人;约 180—110 年;著名的斯多葛派哲学家;小西庇阿和莱利乌斯的朋友),国一,15、34。

Papirius, Lucius 卢修斯·帕庇里乌斯(传为 430 年任监察官),国二,60。

Papirius, Publius 普布利乌斯·帕庇里乌斯(传为 430 年任执政官),国二,60。

Paulus Macedonicus, Lucius Aemilius 卢修斯·埃米利乌斯·保罗(马其顿的)(168 和 182 年任执政官;164 年任监察官;死于 160 年;著名的罗马将军;168 年在彼得那击败马其顿国王柏修斯;小西庇阿之父),国一,14、23、31;国六,14。

Peloponnesian War 伯罗奔尼撒战争(431—404 年;发生在分别以斯巴达和雅典为首领的城邦同盟之间的战争),国三,44。

Peloponnesus 伯罗奔尼撒(希腊南部),国二,8。

Pericles 伯里克利(约 500—429 年,雅典著名政治家),国一,25;国四,11。

Persians 波斯人,国一,5、43;国三,7、

14、15。

Persius, Manius 曼尼乌斯·佩西乌斯（不详），国一，残篇 1。

Phaedrus 费德鲁斯（伊壁鸠鲁派哲学家；西塞罗和阿提库斯之师），法一，53。

*Phaedrus*《费德鲁斯篇》（柏拉图对话之一），法二，6。

Phalaris 法拉里斯（约活跃于 575 年；西西里岛阿克拉加斯即阿格里根托姆的"僭主"），国一，44。

Phalerum 法勒乌姆（比雷埃夫斯以东的阿提卡地区），法二，64；法三，14。

Phidias 斐迪亚斯（约活跃于 450 年；雅典著名雕塑家），国三，44。

Philip 腓力（359—336 年马其顿国王；亚历山大大帝之父），国三，15；国四，13。

Philippus, Lucius Marcius 卢修斯·马西乌斯·菲力普斯（91 年为执政官；86 年任监察官），法二，31。

Philolaus 菲洛劳斯（意大利南部克罗托纳人；五世纪后期；毕达哥拉斯派哲学家），国一，16。

Philus 菲卢斯，请看 Furius。

Phliasians 菲利乌斯人（即伯罗奔尼撒东北部的菲利乌斯地区的人），法二，8。

Phrygians 弗里吉亚人（小亚细亚中部），法二，33。

Pietas 庇厄塔斯（罗马神），法二，19、28。

Pinarius, Publius 普布利乌斯·皮奈里乌斯（传为 430 年任监察官），国二，60。

Piraeus 比雷埃夫斯（雅典的港口），国三，44。

Pisidians 皮西迪亚人（小亚细亚中南部），法二，33。

Pisistratus 皮西斯特拉图斯（约 560—528 年间雅典的"僭主"），国一，68。

Piso Frugi, Lucius Calpurnius 卢修斯·卡尔帕尼乌斯·皮索·夫埃基（133 年任执政官；罗马编年史作者），法一，6。

Pittacus 皮塔科斯（六世纪早期；莱斯沃斯岛米蒂利尼的立法者），法二，66。

Plato 柏拉图（428—347 年；著名雅典哲学家，学园的创始人），在《国家篇》和《法律篇》中多次出现。

Plautus, Titus Maccius 提图斯·马克西乌斯·普劳图斯（约 254—184 年；罗马著名喜剧诗人），国四，11。

Poeni 请看 Carthage（在有些情况下该词可能指一般的迦太基人）。

Polemon 波勒芒（老学园的哲学家；314—270 年间学园的首领），法一，38。

Pollux 波鲁克斯（请看 Castor），法二，19。

Polybius 波利比乌斯（约 201—120 年；著名历史学家，他以希腊文写的历史描述了迦太基战争；小西庇阿之友），国一，34；国二，27；国四，3。

Polyidus 波利义都斯（科林斯神秘的先知），法二，33。

Pompeius Magnus, Gnaeus 格奈厄乌斯·庞培·马格努斯（106—48 年；70、55 和 52 年任执政官；著名的罗马将军；恺撒在内战中的敌手；48 年在法萨罗被恺撒击败），法一，8；法二，6；法二，22、26。

Pompeius, Quintus 昆图斯·庞培（141 年任执政官；与努马蒂亚订立了条约，却不能为元老院所接受，他自己也只能否认该条约），国三，28。

Pomponius 庞波尼乌斯，请看 Atticus。

Pontus 本都（黑海以南小亚细亚国家），法三，14。

Popilian Clan 波皮里亚氏族（拉丁文为 gens Popilia 或 Popillia），法二，55。

Popilius, Gaius 盖尤斯·波皮里乌斯（107 年有条件地向赫尔维蒂氏族的提古里尼人投降；为保民官盖尤斯·塞利乌斯指控并放逐),法三,36。
Poplicola 波普利科拉,请看 Valerius。
Porcian law 波西乌斯法,国二,54(请看注)。
Porcii, three 三个波西乌斯(第一个可能是普布利乌斯·波西乌斯·莱依卡,199 年任保民官,或者是马库斯·波西乌斯·莱依卡,195 年任大祭司;其他二人无法确定),国二,54。
Postumus Cominius 波斯图穆斯·科米尼乌斯(据西塞罗所传,约在 496 年任执政官),国二,57。
Proculus 普罗库卢斯,请看 Julius。
Publicola 普布利科拉,请看 Valerius。
Publius 普布利乌斯,请看 Mucius。
Punic War, Second 第二次布匿(迦太基)战争(又名"汉尼拔战争",218—201 年),国一,1。
Pyrrhus 皮洛士(318—272 年;伊庇鲁斯国王;280 年入侵意大利;275 年为罗马所击败),国三,40。
Pythagoras 毕达哥拉斯(萨摩斯岛人;约活跃于 530 年;著名哲学家;相信灵魂转世),国一,16;国二,28,29;国三,19;法一,34;法二,26。
Pythian 波锡奥斯(阿波罗的别称,特别当论及德尔斐时),法一,61;法二,40。

Quinctius Cincinnatus, Lucius 卢修斯·昆克提乌斯·辛辛奈图斯(据传 460 年任执政官;458 年被从乡间召来任命为独裁官),国二,63。
Quintus 昆图斯,请看 Cicero。
Quirinal 奎里纳尔山(罗马七小山之一),国二,11,20。
Quirinus 奎里努斯(神化了的罗慕洛斯的名字),国二,20;法一,3;法二,19。
Quirites 奎里斯(意为罗马公民),国一,27。

Remus 雷穆斯(罗慕洛斯之弟),国二,4;法一,8。
Rhamnenses 雷姆内色斯,国二,36(请看国二,14 和注)。
Rhodians 罗得岛人(小亚细亚西南方向罗得岛的居民),国一,47;国三,48。
Rome and Romans 罗马和罗马人,在本书中常出现。
Romulus 罗慕洛斯(神话中罗马的建立者和第一任国王;马尔斯和雷娅·西尔维亚之子),在本书中常出现。
Roscius Gallus, Quintus 昆图斯·罗西乌斯·盖卢斯(死于 62 年;罗马的获得自由的奴隶;著名的喜剧演员;西塞罗就他被指控为奴隶而为他辩护),法一,11。
Rutilius Rufus, Publius 普布利乌斯·鲁提利乌斯·鲁夫斯(105 年任执政官;罗马法学家和雄辩家;斯多葛派的帕奈提奥斯的门徒;《国家篇》的对话人物),国一,13,17。
Rutuli 鲁图利(拉丁早期氏族;罗马南部),国二,5。

Sabazius 萨巴最俄斯(受弗里吉亚人狂热崇拜的神),法二,37。
Sabines 萨宾人(罗马以北意大利诸民族之一),国二,12,13,14,25,36;国三,7,40;法二,3。
Sacred Mount 神山(拉丁文为 Mons Sacer;位于罗马以北的小山,传说神从此山退出便成为平民),国二,58,63。
Salii 萨利祭司团(罗马战神马尔斯的祭司),国二,26。
Salus 萨罗斯(罗马神),法二,28。
Samnium and Samnites 萨谟奈和萨谟奈人(拉丁姆以西,意大利中部),国三,7,40。
Samos 萨摩斯(爱琴海之岛,位于小亚细亚西南方向),国六,2;法二,41。

Sardanapalus 萨丹纳帕路斯(亚述国王；七世纪前期)，国三，残篇 4。

Satum 萨图恩(罗马神；朱庇特之父；亦即希腊的克洛诺斯神)，国四，17。

Saturninus, Lucius Apuleius 卢修斯·阿普列乌斯·萨图宁(请看法二，14 和注)，法三，20、26。

Scaevola 斯凯沃拉，请看 Mucius。

Scaurus, Marcus Aemilius 马库斯·埃米利乌斯·斯考鲁斯(115 和 108 年任执政官；109 年任监察官)，法三，36。

Scipio, Publius Cornelius 普布利乌斯·科内利乌斯·西庇阿(218 年任执政官；218 年在意大利，217—211 年在西班牙与迦太基人作战)，国一，1；国四，11。

Scipio Aemilianus Africanus Minor, Publius Cornelius 普布利乌斯·科内利乌斯·小西庇阿·埃米利安努斯·阿非利加努斯(约 184—129 年；卢修斯·爱米利乌斯·保罗之子；后由普布利乌斯·西庇阿收养为孙；147 年和 134 年为执政官；142 年为监察官；146 年攻占迦太基，133 年攻占努曼蒂亚；著名将领、政治家和文学爱好者；莱依利乌斯、秦伦斯、帕奈提奥斯和波利比奥斯之友；《国家篇》的主要对话人物，本书中常出现。

Scipio Africanus Maior, Publius Cornelius 普布利乌斯·科内利乌斯·大西庇阿·阿非利加努斯(约 235—183 年；小西庇阿之了［原文如此，"了"当为爷爷。——译者注］；205 和 194 年任执政官；199 年任监察官；罗马著名将领；204 年侵入非洲并于 202 年于扎马最终打败迦太基人，第二次迦太基战争由此胜利结束)，国一，1、27；国六，10、15、17、20、26；残篇 3；法二，57。

Scipio Calvus, Gnaeus Cornelius 格奈厄乌斯·科内利乌斯·西庇阿·卡尔沃斯(222 年任执政官；218—211 年在西班牙与迦太基人作战)，国一，1；国四，11。

Scipio Nasica Serapio, Publius Cornelius 普布利乌斯·科内利乌斯·西庇阿·奈西卡·塞拉皮奥(138 年任执政官；于 133 年杀提比略·格拉古；因引起民众的憎恨而被元老院遣往亚洲)，国一，6；法二，20。

Servius Sulpicius Galba 塞尔维乌斯·苏尔皮西乌斯·加尔巴(144 年任执政官；出色的雄辩家)，国二，42。

Servius Tullius 塞尔维乌斯·图利乌斯(传为罗马第六任国王)，国二，37、38；国三，47。

Sestius, Lucius 卢修斯·塞斯蒂乌斯(李维在罗马史第三卷第 33 节中称之为普布利乌斯·塞斯蒂乌斯；传为五世纪罗马贵族)，国二，61。

Sicily 西西里岛，国二，9。

Simonides 西蒙尼得斯(凯奥斯岛人；约 556—467 年人；备受赞美的罗马抒情诗人)，国二，20。

Sisenna, Lucius Cornelius 卢修斯·科内利乌斯·西圣奈(约 120—67 年；罗马史学家)，法一，7。

Smyrna 士麦那(小亚细亚西海岸城市)，国一，13。

Socrates 苏格拉底(469—399 年；著名希腊哲人；柏拉图和色诺芬的老师)，国一，15、16；国二，3、22、51；国三，5；法一，33、56；法二，6。

Sol 索尔(一神名)，国六，9。

Soli 索利(奇里乞亚的城市)，法二，41。

Solon 梭伦(约 639—559 年；备受赞美的雅典立法者)，国二，2、59；法一，57；法二，59、64。

Sparta 斯巴达,请看 Lacedaemon。

Spes 斯佩斯(罗马神),法二,28。

Speusippus 斯珀西波斯(约 395—334 年;柏拉图门徒;老学园的哲人),法一,38。

Stata 斯塔塔(罗马女神),法二,28。

Stator 斯塔特(朱庇特之别称),法二,28。

Stoics 斯多葛派(芝诺约在 310 年创建的学派;其理想为美德和义务),法三,13、14。

Suessa Pometia 苏厄沙·波米蒂亚(位于罗马东南方的拉丁城),国二,44。

Sulla, Lucius Cornelius 卢修斯·科尔奈利乌斯·苏拉(138—78 年;88 年任执政官;82—79 年任独裁官;著名将领和政治家;马略的对头;曾修改罗马宪法以利于贵族),法二,56;法三,22。

Sulpicius Gallus, Gaius 盖尤斯·苏尔皮西乌斯·加卢斯(166 年任执政官;以科学特别是天文学知识而著名),国一,21、22。

Sulpicius Rufus, Publius 普布利乌斯·苏尔皮西乌斯·鲁夫斯(88 年任保民官;离开苏拉一派加入了马略派;出色的雄辩家),法三,20。

Sulpicius 苏尔皮西乌斯,请看 Servius。

Sybaris 锡巴里斯(意大利南部的希腊城市),国二,28。

Syracuse 叙拉古(西西里岛上的希腊城市),国一,21;国三,43、45。

Syria 叙利亚(位于小亚细亚的东南方),国六,11。

Tarentum and Tarentines 塔兰托和塔兰托人(意大利南部的希腊城市),国一,16、59。

Tarpeius, Spurius 斯普里乌斯·塔尔配尤斯(据传 454 年任执政官),国二,60。

Tarquinii 塔尔奎尼(埃特鲁里亚人的城市,位于罗马的西北方),国二,34、37。

Tarquinius Priscus, Lucius 卢修斯·塔奎尼乌斯·普里斯库斯(传为罗马第五任国王),国二,35、37、38;法一,4。

Tarquinius Superbus, Lucius 卢修斯·塔奎尼乌斯(高傲者)(传说中罗马第七任也是最后一任国王),国一,62;国二,28、46、51、52;法二,10。

Tarquinius, Sextus 塞克斯图斯·塔奎尼乌斯(传为前者之子;有强奸卢克雷蒂娅之罪),法二,10。

Tarquinius 塔奎尼乌斯,请看 Conlatinus。

Tatius, Titus 提图斯·塔提图斯(传为罗慕洛斯时代萨宾人的国王,萨宾并入罗马之后与罗慕洛斯分享王权),国二,13、14。

Taurians 陶里亚人(传为黑海沿岸人,常杀异乡人以祭祀阿厄弥斯神),国三,15(请看注)。

Thales 泰勒斯(米利都人,约 636—549 年;哲学家,认为水为万物之源;希腊哲学和数学创始人之一),国一,22、25;法二,26。

Thebes and Thebans 第比斯和第比斯人(希腊中东部维奥蒂亚的城市),国四,4;法二,37。

Themistocles 地米斯托克利(约 514—449 年;著名雅典政治家和抗击波斯人之统帅;471 年被流放;465 年在波斯寻求庇护),国一,5。

Theophrastus 泰奥弗拉斯托斯(莱斯博斯人;死于 287 年;柏拉图和亚里士多德的学生;322—287 年为逍遥学派之首领),法一,38;法二,15;法三,13(请看注)、14。

Theopompus 泰奥彭波斯(希俄斯人;约 378—300 年;著名希腊史学家),国二,58;法一,5;法三,16。

Theseus 忒修斯（希腊传说中的英雄），国二，2；法二，5（请看注）。

Thracians 色雷斯人（在希腊的东北方），国二，9。

Thyamis 提亚米斯河，法二，7（请看注）。

Tiber 台伯河（罗马位于此河畔），国二，4、33。

Tiberius 提比略，请看 Gracchus。

Timaeus 提麦奥斯（意大利南部的洛克里人；毕达哥拉斯派哲学家），国一，16。

Timaeus 提麦奥斯（西西里岛陶罗门尼人；约352—259年；西西里史学家），国三，43；法二，15。

Timotheus 提谟修斯（米利都人；约446—357年；音乐家和诗人），法二，39（请看注）。

Titans 提坦（天与地之子；曾与众神战斗，失败后被囚于冥界），法三，5。

Titian Law 提梯乌斯法，法二，14（请看注）、31。

Titienses 提梯恩色斯，国二，36（请看国二，14和注）。

Titus 提图斯，请看 Atticus。

Torquatus, Aulus Manlius 奥卢斯·曼利乌斯·托库埃图斯（244 和 211 年任执政官；247 年任监察官），法二，55（这一身份值得怀疑）。

Transalpine peoples（对罗马人来说）阿尔卑斯山山外的民族，国三，16。

Tricipitinus 特里西庇提努斯，请看 Lucretius。

Tubero, Quintus Aelius 昆图斯·埃厄利乌斯·图伯罗（118 年任执政官；小西庇阿之侄；帕奈提奥斯的学生；因其法律知识闻名；《国家篇》中的对话人物），国一，14、15、16、17、23、26、29、31；国二，64、65。

Tubertus, Publius Postumius 普布利乌斯·帕斯图米努斯·图波图斯（传为 505 和 503 年任执政官；抗击萨宾人的统帅），法二，58。

Tuditanus, Gaius Sempronius 盖尤斯·森姆普罗尼乌斯·图第塔努斯（129 年任执政官），国一，14。

Tullius 图利乌斯，请看 Cicero。

Tullus Hostilius 图卢斯·霍斯提利乌斯（传为罗马第三任国王），国二，31、53。

Tusculum 图斯库卢姆（位于罗马东南方的拉丁城；监察官加图出生地；卢库卢斯和西塞罗庄园所在地），国一，1；法二，5；法二，30。

Ulysses 尤利西斯（希腊文为 Odysseus，拉丁文为 Ulixes, Ulyxes, 或 Ulysses；伊萨基人；特洛伊战争中的英雄，《奥德赛》中主要人物），法一，2。

Valerius Poplicola or Publicola, Publius 普布利乌斯·瓦勒里乌斯·波普利科拉或普布利科拉（传说帮助驱逐了塔奎尼乌斯（高傲者）；509—504 年间四次任执政官；著名统帅），国二，53、55；法二，58。

Valerius Potitus, Lucius 卢修斯·瓦勒里乌斯·普提图斯（据传 449 年任执政官；大执政官的对头），国二，54。

Velia 维利亚（罗马帕拉蒂诺山之一部），国二，53。

Vennonius 威诺尼乌斯（身世不详的罗马史学家），法一，6。

Venus 维纳斯（罗马爱神，即希腊的阿佛洛狄忒神），国六，17。

Verginius, Decimus or Lucius 德西穆斯或卢修斯·维吉尼乌斯（传为罗马一公民，于 450 年杀死其女维吉妮娅，因其女贞操为大执政官阿庇乌斯·克劳迪乌斯所玷污),国二,53。
Vesta 维斯太(罗马女灶神;亦即希腊的赫斯提娅神),法二,28。
Vestal Virgins 维斯太贞女(主持祭祀维斯太女神的独身女祭司),国二,26;国三,17;法二,20、28。
Vica Pota 维卡·波塔(罗马女神),法二,28。
Victoria 维克托里亚或胜利女神(罗马神),法二,28。
Virtue 道德、美德,国一,21;法二,19、28。
Voconian Law 沃克尼安法,国三,17(请看注)。
Volscians 沃尔西人(居住于罗马东南方向的意大利人),国三,7。

Xenocrates 色诺克拉底(比西尼亚的卡尔西顿人;约396—314年;老学园的哲学家;柏拉图的学生;曾多年为学园首领),国一,3;法一,38、55。
Xenophon 色诺芬(雅典人;约430—354年;著名希腊史学家;苏格拉底的学生,写下有关苏格拉底的回忆),法二,56。
Xerxes 薛西斯一世(约485—465年间波斯国王;入侵希腊且烧毁雅典;480年在萨拉米斯被击败退走),国三,14;法二,26。

Zaleucus 扎勒乌库斯(传说是七世纪时意大利南部洛克里城的立法者),法一,57;法二,14、15。
Zeno 芝诺(塞浦路斯人;约336—264年;著名希腊哲人;斯多葛学派创建者),法一,38、53。
Zethus 西苏斯(宙斯与安提俄帕之子;与安菲翁为孪生兄弟;建筑了底比斯城),国一,30。
Zmyrna 士麦那,请看 Smyrna。

图书在版编目(CIP)数据

国家篇;法律篇/(古罗马)西塞罗著;沈叔平,苏力译.—北京:商务印书馆,2024
(中外哲学典籍大全.外国哲学典籍卷)
ISBN 978-7-100-22879-4

Ⅰ.①国… Ⅱ.①西…②沈…③苏… Ⅲ.①国家理论 ②法的理论 Ⅳ.①D03 ②D90

中国国家版本馆 CIP 数据核字(2023)第 165992 号

**权利保留,侵权必究。**

中外哲学典籍大全·外国哲学典籍卷

**国家篇　法律篇**

[古罗马] 西塞罗　著

沈叔平　苏力　译

商 务 印 书 馆 出 版
(北京王府井大街36号　邮政编码100710)
商 务 印 书 馆 发 行
北京通州皇家印刷厂印刷
ISBN 978-7-100-22879-4

2024年3月第1版　　开本 710×1000 1/16
2024年3月北京第1次印刷　　印张 19
定价:93.00元